「社会に貢献する」という生き方

日本女子大学と災害支援

日本女子大学研究プロジェクト
平田京子 編

ドメス出版

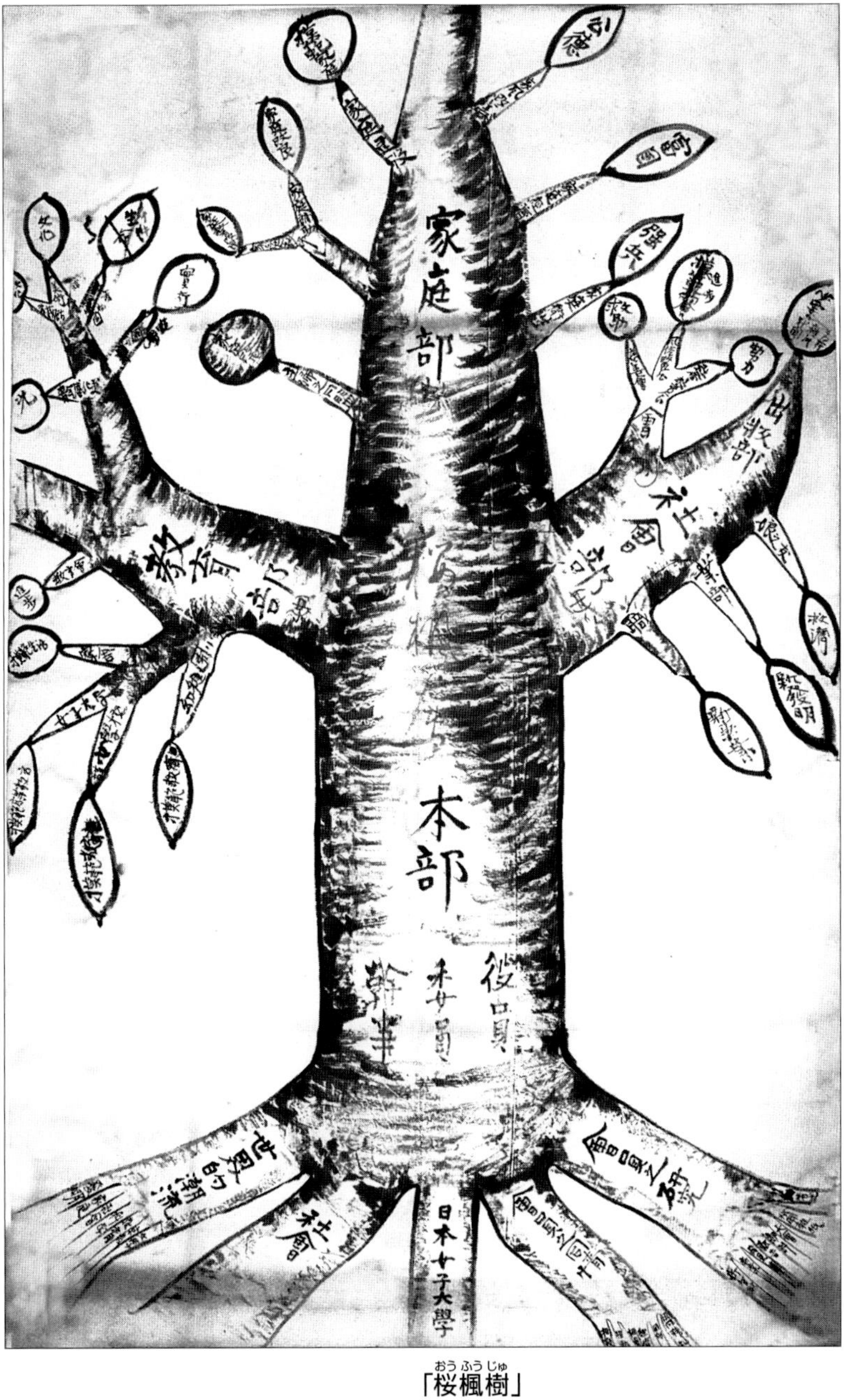

「桜楓樹《おうふうじゅ》」
日本女子大学創立者成瀬仁蔵が自ら書いたと伝わる桜楓樹。卒業生組織の発展を構想したもの（日本女子大学教育文化振興桜楓会提供）

はじめに――「社会に貢献する」という生き方

大学生や高校生の方々は、「元始《げんし》、女性は太陽であった。」という平塚らいてうの言葉を聞いたことがあるだろうか。この2016（平成28）年には2度もNHK朝の連続テレビドラマで取り上げられ、当時の若い女性たちを夜も眠れないほど夢中にさせたことが描かれていた。女性が社会のなかでとるに足らない存在、何もいわず夫に従順であればよいという付属物のような存在として扱われていた時代にあって、女性のすばらしさ、自由さを高らかにうたって多くの若い女性たちの意識を変えていった平塚らいてう。ある意味では「女性たちの心の支援者」ともいえるが、そのたぐいまれな発想で世の中を変えた女性を生み出したのは、日本女子大学というひとつのゆりかごであった。

この大学で教育を受けた第6代学長　上代《じょうだい》タノが学生に繰り返し伝えたのは、「あなたの受けた教育は、あなただけのものではない、社会に還元するためのものなのです」という言葉であった。この言葉は、当時の大学生古川紀美子氏（12回家政理学科1部　275ページ）の心に鮮やかに残っていく。そして彼女は2011年の東日本大震災後にチャリティーコンサートを開き、その利益数百万円を東松島の小・中学校に贈るという支援を、多くの助力者のもとに成功させた。こうした支援活動は、各県に支部をもち、海外まで支部をもつ本学の卒業生組織のなかでも随一《ずいいち》の活動といわれている。そして記憶に新しい2016年熊本地震の後にも熊本県内の多くの卒業生に近況を聞き、被災者同士が語り合う会をいち早く開いて、多くの卒業生の気持ちをひとつにした。

こうした若い大学生が出会った言葉、「社会に貢献するという生き方」への教育は、日本女子大学の創立者　成《なる》瀬《せ》仁蔵《じんぞう》と第2代学長　麻生正蔵《あそうしょうぞう》から連綿《れんめん》と続いている。成瀬は女性の生涯にわたる向上、すなわち天職の重要性を説いたのだった。そして創立者が遺《のこ》した3つの言葉、「信念徹底《しんねんてってい》、自発創生《じはつそうせい》、共同奉仕《きょうどうほうし》」という言葉は、現代に続く多くの卒業生に繰り返し伝えられているが、これも社会貢献の場面で共通する理念である。

女性が生涯にわたって「社会に貢献する」生き方を教えた大学。その薫陶《くんとう》を受けた卒業生は、大地震後に被災者と社会に寄り添いながら、支援活動を広げていった。残念ながらこれまでの大地震で被災者となりながら、他者に手をさしのべようと行動した多くの志ある女性たちがいたことは意外と知られていない。1923（大正12）年の関東大震災から2016年の熊本地震まで、いくつもの勇気ある行動が繰り返されてきた。人を助けることは、実はあなた自身の視野が広くなければできないことである。被災者のことを思い、行動に移していった多くの女性がどんな気持ちで行動を始めたのか、私たち研究プロジェクトでは掘り起こし作業を開始した。そして大学という場はこれからもどのように女性たちを育《はぐく》んでいくべきなのか、リサーチ活動を実施しながら思考していった。

たぐいまれな発想と行動力でしなやかに支えた人々、被災者でなくても被災地とかかわって力強く人々を支援していった人々の活動の思いをくみ上げることで見えてきたこと、その女性たちを育てた環境と、大学教育の関係をひも解こうとしたのが本書である。そして後に続く若い後輩たちのためにまとめることにした。教員と卒業生たちからなるこのささやかな研究プロジェクトは、無名かもしれないがたくさんの勇気ある人々を取り上げて、あなたに贈るメッセージとして集めたものである。

日本女子大学の卒業生・在学生が主として取り上げられているが、それ以外の女性、男性も取り上げられている。読者の皆さま、とりわけ若い高校生や大学生の皆さんには、その人々が切り拓《ひら》いていった「支援するという生き方の選択、その根底にあるもの」を見ていただき、そこから学んでほしい。大学教育がそのときどんな役割を果たせるか。それは私たち大学教員への宿題だが、あなた自身にとっては大学教育を受ける意味を考えていただければと思う。

第1章では、女性による大規模な支援活動として記録の残る、関東大震災を主とした大地震での支援活動と、それを可能にした大学校と卒業生の行動を明らかにする。社会的に弱い立場に置かれた人々への温かいまなざし、たぐいまれな行動力の人々がいたこと、若い学生や卒業生が飛び込み、被災地とつながっていった概要をまとめる。第2章はそれらを実現した創立者の思いである。第3章からは現代を扱う。現代では東日本大震災を取り上げ、現代社会に適した細やかな心配りと寄り添う姿勢について、支援者や地域のリーダーによるインタビューから読み解いていく。日本女子大学で行われた支援活動の一端もお伝えする。

そして本書執筆中の2016年4月に発生した熊本地震。これらを受けて緊急の調査が行われた。一人ひとりの被災者の思いをくみ取り、どのような思いがあるのか、母校と卒業生組織はどのように被災者を支えればよいのか、記述した。

歴史的な部分と現代の支援活動をそれぞれ展望できるようにまとめているため、創立者の具体的な教育方針や大学教育の詳細は省かれている。しかしながら自分の生き方を見直し、「社会に貢献する」という生き方への転換と実践を果たせるようなヒントをちりばめたのが本書である。

支援活動の歴史に関心のある方も、支援者に関心を寄せる方も自由なページから開いていってほしい。

2017年5月

研究プロジェクト代表
住居学科　平田京子

「社会に貢献する」という生き方

――日本女子大学と災害支援　＊　もくじ

第5章　支援を志した人、受けた人が語る

凡例

◦本文の記述は現代仮名づかい、常用漢字を、数字は算用数字を用いた。

◦読みにくいと思われる漢字にはできるだけふりがなを付けた。

◦引用文は、旧漢字は新漢字に改め、仮名づかいは原文に従った。

◦年号の記述は原則として西暦を用い。適宜（　）内に元号を併記した。

◦本文中の人名は、敬称を省略した場合もある。

◦今日の人権意識にてらして適切でない用語や国名などもあるが、歴史的用語として用いた場合もある。

◦団体などの名称は、初出で正式名称を記し、以後は通称・略称を用いた場合もある。

第1章

日本女子大学の災害支援活動の歴史

——大学と卒業生は何を行ったか

1 関東大震災時の支援活動

平田京子

1923（大正12）年の関東大震災（地震名：関東地震）において、被災地となった日本女子大学校およびその卒業生が行ったのは、被災者に寄り添い生活に根ざす、そして多方面に展開した被災者支援活動だった。卒業生は機動力を生かして学生などとともに被災者に寄り添い、細やかに庶民の生活再建を支えていった。そのめざましい支援活動が成果を上げたのは、日常からのさまざまな社会貢献活動と行政との関係、それを高等教育の場で訓練していたこと、全国の卒業生全体に発信する力をもったメディアの存在などがあり、たぐいまれな行動力をもった女性たちが卒業生としてつながっていたことが影響している。

一人ひとりの力は小さいかもしれないが、それが結集するとどうなるか、見ていこう。

1 関東大震災における被害と自治体の対応

当時、東京都は東京府と呼ばれ、そのなかにほぼ現在の23区に相当する東京市があった。関東大震災による東京市の人的被害は、死者・行方不明者は10万5000人余り[1]、負傷者4万2135人、救護中の死者1021人に上る[2]。とくに東京市では、建物の全焼30万1000世帯余り、全壊・半壊約9600世帯となり、倒壊よりも火災による甚大《じんだい》な被害を受けた。『都市資料集成』[3]によると、庁舎の大破を免《まぬが》れた東京府と東京市は、震災当日の9月1日にそれぞれ救護事務を置き、即時震災対応にあたっていた。東京府は震災当日に臨時救済事務委員を指揮して、庁舎前に臨時救護事務所を設置した。東京市も震災当日、構内にテントを張り、非常災害救護事務を設置した。東京市の総務部は各機関との連絡や情報の収集・発行をはじめ他の部に属さない業務を担当した。救護部は配給や生活必需品の販売、医療や遺体処理などの衛生業務、職業紹介事業やバラック管理などの救護事務全体を管《かん》轄《かつ》した。工務部は主に被災建築物の復旧やバラックの建設、道路・橋梁《きょうりょう》・水道などの復旧、焼け跡やがれきの整理を担当し、経理部は会計事務や寄付受付のほか、救援物資の購入・管理や炊き出しを行った。電気部は市営路面電車・電灯施設の復旧や自動車の調達・運営にあたった。

　このように東京府および東京市はそれぞれ臨時救済事務委員、救護事務を立ち上げ、外部組織と連携をとりながら罹災者《りさいしゃ》救援にあたった。この外部組織には、大学や専門学校も含まれており、日本女子大学も主に東京市からの依頼により救援活動に参加した。

2 日本女子大学の被害状況と初期の危機対応

日本女子大学校卒業生が発行した桜楓会《おうふうかい》の機関紙『家庭週報』[4]によると、日本女子大学が受けた被害は、煉瓦《れんが》造りの豊明《ほうめい》図書館（講堂）、豊明館、桜楓家政館の3棟の倒壊、その他校舎の損傷であった（写1、2）。震度は5弱と推定されている[5]。9月1日、大風のような轟音《ごうおん》とともに大地震が襲ったとき学校にいた職員は、校庭に逃れて最寄りの樹木に抱きついて身を守っていたが、講堂は見る間に崩壊した。建物は大きく揺れて大亀裂《きれつ》を生じ、木造建物からは瓦《かわら》が雨のごとく降ってきたとある。

　この倒壊に伴う死者はおらず、休暇中であった学生・教職員で震災による死者・行方不明者は7人であった[4]。学校が休暇中であったこと、当時の東京市のなかでも被害の大きな地域に位置しなかったことにより、大きな人的・物的被害を免れた。そのため大学本体の復旧に人員を割《さ》かれることがなかったことが、支援活動に力を入れることができた理由と思われる。また避難者が学校内に多く避難して混乱をきたすことがなかったことも、活動を促《うなが》す原因となった。このとき建物被害が大きく、避難者が多数押し寄せた東京大学やお茶の水女子大学は、その立て直しや避難者への対応に追われたからである。(6)(7)

被災当日の本学の状況は、2013年に発見された資料「大正拾弐年九月一日　震災善後録　記録係」(8)より、次のような状況であった（表1）。

9月1日の震災当時の在校者は、学校事務所に4名、桜楓館事務所に3名、編輯《へんしゅう》室に2名、園芸部、アパートメントハウス、成《なる》瀬《せ》邸《てい》1名など、合計約20名という少人数であった。校内居住者は園芸部の畑に野宿しながら強い余震におびえ、はるか東南のほうに炎が広がる空をなすすべなく眺めていたが、翌日には一帯が断水しているなかで校内の井戸から汲む井戸水を人々に分け与えていた。

写1　豊明図書館（講堂）の倒壊状況（講堂部分は修理して現存）

この9月2日の夜11時になって当時の校長麻生正蔵《あそうしょうぞう》（第2代）が軽井沢の三泉寮《さんせんりょう》より帰還する。麻生は1日の早朝に東京を発って午後に軽井沢に到着したばかりであったが、地震発生の報を軽井沢にて受けて帰還を即断、川口駅より約11kmを、脚のけがをおして徒歩で帰校したのであった。ただちに校内を巡視して、最寄りの教職員を招集して応急前後処分につい

写2　家政研究館の倒壊

写3　豊明館の倒壊

表1（1） 日本女子大学と卒業生が行った関東大震災発災後の活動と救援活動

日付	活動
1923 年	
9 月 1 日	・午前 11 時 58 分、関東大震災が発生。校内には教職員と桜楓会員合わせて 20 人がいた。校舎の外に逃げた 20 人は揺れが続くなか、桜楓会園芸部の畑に避難し一夜を明かした。
	・麻生校長は軽井沢の三泉寮で行われていた 3 年生の修養会に参加するために軽井沢に向けて東京を発った日であった。麻生が震災の報告を受けたのは軽井沢に着いてからである。
9 月 2 日	・大学に接する道を郊外に向かって避難する罹災者に対し、寮にある井戸から井戸水を提供した。
	・朝鮮人や放火犯の流言が流れはじめ、要請していた巡査に加え、豊川町自警団の協力を得て校内警備を行いながら一夜を明かした。
	・震災によって東京市が壊滅状態であると報告を受けた麻生は学校と学校関係者の安否を確かめるため、ただちに帰京を決断、大学に向けて軽井沢を出立した。途中、荒川の鉄橋が地震の影響で不通であったために、麻生は埼玉県の川口駅から足のけがをおして線路に沿って歩き、午後 11 時に大学に帰校した。帰校直後に校内を巡視し、最寄りの教職員を招集して、応急対策についての協議を行った。
9 月 3 日	・教職員と桜楓会員数名で全学生あてに開校期日についてのはがきを作成、発送を行った。
	・軍の兵士による校内警備も配備された。
	・夜 12 時過ぎに化学館の隣で火事が起き、燃え広がる前に巡査とともに消火活動を行った。
9 月 4 日	・各新聞社発刊の号外によって被害状況と、政府および各団体の活動状況を知った。これを受けて、大学では、近くの教職員や桜楓会役員を招集し事務を開始して、構内警備、罹災者収容等の準備を整え、校舎正面玄関に受付を設け、校長はじめ教職員や桜楓会役員が見舞い、来訪者や避難者への接待を行った。
	・桜楓会員数名は小石川青柳小学校の炊き出しを手伝った。
	・渋沢栄一子爵による大学が受けた被害の視察が行われた。
9 月 5 日	・教職員と桜楓会役員がしだいに揃いはじめ、北海道へ旅行中であった井上秀教授が帰校。
9 月 7 日	・4 日から開始した校務は、本部、警備係、慰問係、糧食係、避難民係、庶務係、書記、会計、記録係 (家庭週報編集部員)、修理係、通信交通運輸調達係、遭難調査係と徐々に整頓されながら組織だてて活動を拡大していった。
	・卒業生および学生のなかで避難を要する者に対し、母校への避難を受け入れることを『東京日々新聞』に広告を掲載し知らせた。
	・桜楓会員へ大学と桜楓会の現状を知らせる方法を協議し、『家庭週報』とはがきの 2 つの方法を検討し、郵便物取り扱いが 1 週間後から開始の予定ということを受け、はじめにはがきでの通達を決定した。
9 月 8 日	・桜楓会員および『家庭週報』読者全員へのはがき送付を終える。
9 月 9 日	・震災記録帳 (震災善後記録、諸通信編集記録)、来訪者名簿、日本女子大学および桜楓会関係罹災者調査名簿をつけはじめる。
9 月 10 日	・会津喜多方仏教青年団員が来校し慰問品が寄贈された。
	・震災善後臨時事務の分担について協議し、役割を決めた。
9 月 11 日	・井上が来校し、桜楓会の救護事業方法について役員と会員とともに相談会を開いた。
	・被服救護部を開設し、会員に衣服地の寄贈、裁縫の手伝いの依頼を通達した。
9 月 12 日	・井上を中心に桜楓会による罹災者救護方法について協議。
9 月 13 日	・本所・浅草・下谷方面の会員と学生家族の罹災状態の調査をはじめた。
	・東京市学務課・霊岸小学校社会部から罹災者救済について桜楓会に交渉が行われた。これを受けて、桜楓会員は各自不要の衣類を持ち寄って、裁縫調整し罹災者へ寄贈するために用意した。

表1（2） 日本女子大学と卒業生が行った関東大震災発災後の活動と救援活動

日付	活動
9月14日	・桜楓会役員によって臨時救護事務の具体案を協議し、衣服部を開始して寄贈品の収集にとりかかる。「罹災者ノ為ニ衣類・切地・綿・手拭・タオル・毛綿類・其他御不用ノ品何デモ御寄贈ヲ願ヒマス 小石川区目白台日本女子大学校 桜楓会臨時救護事務局 衣服部」と書かれたビラを要所に貼り募集した。
9月15日	・桜楓会の井上と出野、丸山が東京市社会局へ救護事業の打ち合わせに向かった。
9月16日	・桜楓会臨時救護事務交渉のために井上、出野、上代と記録係1人が東京市社会局と深川区役所へ出向調査に向かった。
9月17日	・桜楓会救護部は東京市の社会局員とともに深川方面の救済調査に向かった。この方面は東京市によってすでに救援活動がいきわたっているため、東京市と本学および桜楓会が共同で上野小松宮銅像前に児童救護所を開設することを決定し、担当の桜楓会員を選出した。
9月18日	・児童救護所開設のための物品収集を行い、現地には井上・出野・丸山・上代・記録係1人が出向いた。
	・罹災区以外の学生に救護部の手伝いを依頼するはがきを出している。
	・衣服部には東京市から衣服材料品が届けられた。
9月19日	・上野小松宮銅像前に天幕張りの児童救護所が開設された。
	・衣服部に東京市から罹災者救助のための古着類が貨物自動車2台で届けられた。
9月20日	・上野の児童救護所に内務省社会局から局員が活動写真の撮影に来た。
9月30日	・東京連合婦人会の打ち合わせが行われ、市委託のもと罹災児童と乳児を中心として練乳の配布を行うことが決まった。桜楓会は下谷区を担当。桜楓会員と大学在学生有志で配布を行った。
10月1日	・谷中警察の案内のもと、下谷での調査と練乳配布開始。
10月2日	・麻生校長、教職員、寮監、指導者約60人と、大学部全校と高等女学校4，5年の有志約860人で本所区内の世帯調査を行った。
10月6日	・東京連合婦人会の練乳配布の報告と今後の活動について話し合われる。練乳配布に加え、妊産婦の保護、失業婦人への授職についての打ち合わせが行われた。
10月9日	・上野に婦人職業部を開設。
	・児童診療所開設。
10月17日	・浅草玉姫で児童栄養食供給を行う。
	・桜楓会救護部にバラック3棟と建設費が下付される。1棟目は児童救護部および乳児預かり所、2棟目は授産所として上野に建て、3棟目は本郷春木町中央教会堂焼け跡に建て、販売部として使用。
11月25日	・宮内省より綿入れの仕立てを1,500枚依頼される。
11月30日	・綿入れを宮内省に納入。
12月8日	・東京連合婦人会事業の分担調査が終了。世帯調査、嬰児保育の状況、職業の有無および種別をさらに調査。
1924年	
2月17日	・済生会事業の震災後設けられた同会施設の市内各診療所巡回看護および調査のために、手始めとして市内各診療所巡回見学を行い、児童の衛生看護等についての講義を聞いた。
4月22日	・社会事業見学の日。見学場所は上野乳児預かり所、手芸部、栄養食給養所、水道橋赤十字社産院、築地聖路加病院。
11月10日	・桜楓会児童健康相談所開始。

て協議を行った。

翌日の3日（月）には早朝最寄りの教職員と桜楓会役員が参集した。麻生校長の指揮下で、昨夜についで協議を実施した。まず開校延期の通知を印刷し、東京市および市付近の各通学学生に通達した。汽車便にて発送する手はずを整え、さらに他府県下に目下《もっか》帰省中の学生に軽井沢三泉寮を活用して宛名を記入し、発信した。東京は建物倒壊といくつもの大火災で焼け野原となり、本所《ほんじょ》では町の様子さえわからない惨状《さんじょう》を呈していたとき、大学は立ち上がりのための活動を機動的に始めた。またこの日に軍隊警備を願い出て、ただちに周囲警護と校内巡警《じゅんけい》を12回受けた。この日には男性専任教師の夜警の手配も行われた。またこの日から教職員、桜楓会役員出勤見舞い来訪者や避難者に接待を行った。

9月4日には早速、渋沢栄一《しぶさわえいいち》が来訪し、学校の被害状況を巡視している。

9月7日、「卒業生及学生の避難を要する方はお出で下さい」という文言を『東京日々新聞』に広告掲載した。これは翌日に、「その御家族」の文字も追加して掲載された。学校が関係者のための避難所として機能したのである。学校玄関に電灯が初めてついたのは、9月8日であり、震災から1週間後のことであった。

これらの記述からは、初動期に組織の長である麻生校長の行動が迅速《じんそく》であったこと、震災の翌日、夜中に呼び集めて最初の打ち合わせを行うなど、初動期に組織の機動的な立ち上げを図ったことがわかる。これらの迅速な初動体制をとれたことは、当時の教職員の一部が校内の教師館に居住していたこと、校地とその周辺の村に広がっていた寮舎に寮生が生活していたことが関連する。さらに当時の卒業生組織との一体化も功を奏した。

『家庭週報』724号は、生命を全《まっと》うしたわれわれの幸福はいかに大きいか、しかし今われわれは単にこの幸せを喜んでいる時期ではないこと、生き残ったわれわれの双肩《そうけん》にかかる使命を思うと、一刻も早く具体的行動に出なければならないと記している。このとき卒業生に芽生えたのは、貢献という熱い決意であった。

写4　内寮

　また日本女子大学校長をのちに務めた渋沢栄一はこのとき83歳と高齢であり、兜町《かぶとちょう》の渋沢事務所で被災、どうにか難を逃れたが、事務所といっさいの資料などを焼失するという大きな被害を受けた。しかし渋沢は被災者の救援に奔走《ほんそう》した。

　たとえば9月2日、渋沢は内田臨時首相、警視庁、東京府知事、東京市長へ使者を送り、被災者への食糧供給、バラック建設、治安維持に尽くすように注意を与えた(9)。

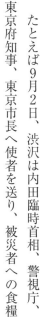

　大学校を来訪した9月4日は、前東京市長で内務大臣に起用された後藤新平から協調会副会長として呼び出された日である。このとき渋沢は、被災民の救護、経済対策（モラトリアム・暴利取締り・火災保険支払い等）について相談を受けると同時に、協調会に復興への全面的な協力を求められている(9)。高齢ながら多忙をきわめていた渋沢栄一が発災後数日に日本女子大に来訪することは、その関心の高さを示すものといえよう。

　協調会などに関する救援ネットワークに大学が関与できたのも、渋沢の影響があったことが推察される。大学単独で支援しようとしても活動の規模を広げることは難しいが、行政を中心とした救援ネットワークに加われたことが大規模な活動を可能にした。また大学が発災後にまず行うべき業務のうち、学生や関係者への対応について、被災地以外の軽井沢夏季寮を活用して対応するなど、後方支援施設を活用した。9月8日には発送を完了するという迅速な遂行《すいこう》が救援活動を加速させた。

3 大学校・学生と桜楓会の震災後の救援活動

まず桜楓会の救援活動について、当時の文献からみてみよう。[10〜13] 震災発生後、桜楓会は早々に東京市からの依頼を受けて主に児童や職業婦人を対象に救援活動を行っていた。まず被服救護部を設けて、全国の会員からの寄付と東京市から届く衣類を整理修復し、罹災者への衣服提供を行った（写5）。全国各地から東京市社会局に届いたのは毎日平均3000点の衣類、それらを整理し物干しのひもを張り（写5）、日光消毒、分類して整理していった。同時に袖無し服が4〜5台のミシンで縫い上げられていった。また届いた着物に袋で縫い付けられて被災者が支援者に返信できるようはがき代が同封されていたり、見舞いの手紙を同封したりと、真心のこもった寄贈品があり、整理に当たった卒業生を励ました。

写5　衣服の整理・修復と提供の様子

当時、上野は東京府内最大級の避難所であった。この上野公園の震災臨時救護所に児童救護部を設置し、罹災児童に給食とおやつの供給を行った。この児童救護部は宮内省の下賜金《かしきん》500円を資金として上野公園にテントを張り、食事材料はすべて東京市から受け、調理からいっさいの世話を桜楓会会員と大学校の学生が協力して奉仕し、9月19日から開始した（写7）。

当時の上野には1万人ほどの避難者がおり、7歳以下の幼児も1000人以上であったが、児童救護部では1日約4000人分の給食と約2000人分のおやつを供給した（写9）[10]。手洗い場では3名の保母が手ふきを持って丁寧に子どもたちの汚れた手や顔を洗った。最初はおかゆやおじやがメニューだったが、乳入りマッシュポテト、卵入りおじや、練乳《れんにゅう》入りカボチャ、シチュー、もみじご飯、滋養《じよう》味噌汁、おやつにビスケットとミルクなど、栄養とおいしさを考えたメニューに進化した。

また隣接する児童診療所で巡回医師による診察を受けさせ、児童の健康回復と体力づくりに尽力した。そ

写6　荷物自動車（東京市からもらったトラックに乗って学生が上野に往復した）

写7　児童救護部の看板が立つテントと罹災者親子

写8　午前8時の玄関前（『家庭週報』に掲載されたイラスト）

写9　上野の天幕食堂で食事を待つ多くの子どもたち

の後、婦人職業部や授産所を設置し、失業女性に編み物・縫い物の生産に従事してもらい、製作品を桜楓会販売部等で販売し、その収益を給料として支払っていた。現代のキャッシュ・フォー・ワーク（注1）にあたる活動である。技術のない者には桜楓会会員が指導にあたり、技能教育の場としても機能していた。また乳児を抱える職業婦人のために乳児預かり所を設け、子どもの体力回復と女性の職業支援を行った。これらの精力的な活動の記録は、桜楓会の発行する『家庭週報』[10–13]に詳しくまとめられた。『家庭週報』は大地震以前から毎週発行され、卒業生と大学校をつなぐ情報発信メディアとして大きな役割を果たしていた。大規模な支援活動と迅速な情報発信がセットになっていたことが特徴である。

こうした桜楓会の救援活動に学生有志が手伝いとして参加することもあった。震災後の混乱時に学生と連携の取れた活動が行えた背景には、当時桜楓会会員が寮監《りょうかん》を務めていたことや、学生が桜楓会でアルバイトとして働いていたことで、すでに卒業生と学生の接点があり、連絡を取りやすい環境がつくられていたことによると思われる。

一方、日本女子大学校は東京市からの委託により、被害が大きかった本所区の罹災者世帯調査を10月2日に行った。この調査には大学校の全学生、附属高女4、5年の有志、教職員合わせて約860人が参加した。

調査方法は、本所全体を3区26班に分け、学生2人を1組として1組約40世帯を調査した。1班には必ず2名の指導（寮監、指導者、桜楓会役員）が付き添い、調査本部を本所区役所内に置いて調査した。当日校門出発が朝の5時半、省電《しょうでん》・市電で被災地に向かい、各受け持ち区引き上げ2時半、本部引き上げ7時というハードスケジュールをこなした。前日の遅くまで調査隊が調査した地図、現地調査の結果をもとに行っている。市役所が用意した調査用紙に以前の居住番地、現在の番地、世帯主姓名、家族年齢・職業、1日の収入、資産や寝具の状況、一家の健康状況、母乳の有無や幼児の健康に注意することなどを記入した。後日追加調査も行われた。

一方上野の児童救護部では、震災発生から60日ほど経過したとき、天長節《てんちょうせつ》祝日に合わせて罹災児童とともに祝う計画が進められ、附属小学校児童からの贈り物として持ち寄った衣類、玩具《がんぐ》等約1000個を用意、トラックで上野に運んだ。バラックから集まってきて会場を埋めつくした小さなお客さま1000人ほどに、赤飯のおにぎりと平目《ひらめ》の煮付けが配られ、罹災児童のための福引きが行われた。

この児童救護部の活動は、内務省救護局から資金提供を受けたバラック建物が完成して内容が整った後（写15）、東京市社会局で事業を引き継ぐことになった。桜楓会の担当者が乳児預かり事業について引き続き主任として残った。1924（大正13）年1月のことであった。その後東京市はこの児童救護事業のうち栄養食の提供については対象を全市小学校に拡大、各小学校に児童栄養食給与所を設けることになる。(14) 一方、桜

写10　目白駅から本所へ（『家庭週報 727』より）

写11　市社会局の依頼により本所世帯調査（『家庭週報 727』より）

馬《は》場《ば》先《さき》門《もん》内《ない》所《しょ》見《けん》

写12　罹災者世帯調査（2点とも『家庭週報』より）

写13　豊明幼稚園より上野のお友だちに贈り物

写14　上野の天幕食堂

写15　上野のバラック竣工（1924年1月）

写16　桜楓会児童相談所

楓会は続いて児童の健康増進を目的とした児童相談所の開設に進んだ（写16）。

4 東京都内の各大学が行った救援活動との比較

関東大震災時には他大学も救援活動を精力的に行った。現在東京都内に本部を置く大学で、震災前に設立された大学が、学外一般罹災者への救援活動を行った内容を各大学の大学史からまとめたのが表2である[15][16]ほか。

この内容を分類したのが表3である。各大学において学部・学科が異なることがひとつの特色を生み出す要因となっている。各大学の設立理念などによって救援活動も自ずと個性を有していた。

女子大学でみてみると、お茶の水女子大学の卒業生組織桜蔭会《おういんかい》は、東京連合婦人会への加入、女性や子どもを対象とした救援活動という点で、桜楓会の救援活動と共通している。しかし児童の健康や女性の就労を

表2　各大学による救援活動の概要と特色（大学名は現在の名称）

大学名	救護活動内容	学部・学科、大学の特質に関わるキーワード
お茶の水女子大学	罹災者状況調査、物品寄贈・配給、罹災小学校のための募金、実務女学校の開設	女性教員養成、修身、教育、裁縫
東京大学	避難者の自治制確立、仮設の電灯・便所等の設備設営、負傷者・発病者・伝染病者の救護、伝染病予防活動	法学部、工学部、病理学、微毒学、血清科学
青山学院大学	負傷者・発病者の救護、罹災民調査、孤児・迷子を収容、朝鮮人保護活動	神学部
学習院大学	構内を開放、休憩所・救護所設置、罹災孤児のための学内での寄付品募集	
慶應義塾大学	構内開放、施設を提供、臨時病院での医療活動	医学部
東京女子大学	罹災者調査、寝具·衣類作成、日曜学校開所、編み物教室	実践倫理、聖書研究
日本大学	生徒中心の救護班を組織、被災民の歯科治療、罹災民調査、死傷者の有無調査	社会科、歯科
早稲田大学	構内開放、法律相談、建築相談、罹災学生・朝鮮人留学生の調査・慰問・保護	法学部、建築学科、哲学科
日本女子大学	児童栄養食供給、児童健康診療所運営、練乳配布、衣服収集・修復・配給、乳児預り所、授産所、世帯調査	生活、家政学、託児所

中心とした救援活動を行った桜楓会とは違い、桜蔭会は子どもや女性への教育という点に着目した救援となっている。同じく女子大学である東京女子大学も、子どもや女性を対象にした活動であるが、日曜学校や

表3　大学の救援活動の分類

大学名	避難場所提供	負傷者手当	医療活動	衛生改善活動	寄付募集	職能救援	精神的救援	生活支援	調査活動	罹災者の自治	人命保護
お茶の水女子大学	○				○	○		○	○		
東京大学	○	○	○	○				○		○	
青山学院大学	○	○									○
学習院大学	○	○			○						
慶應義塾大学	○		○								
東京女子大学						○	○	○	○		
日本大学			○					○	○		○
早稲田大学	○						○	○	○		
日本女子大学					○	○		○	○		

注１　大学付属病院や他の病院と共同で医療行為を行った活動を医療活動とし，その他の医療行為（大学職員による校内での応急処置など）を負傷者手当に分類する。
注２　生活支援は、衣服提供や食料もしくは食事の供給などを示す。
注３　人命保護は朝鮮人や孤児・迷子など特殊な罹災者の保護・収容を示し、その他の罹災者受け入れは避難場所提供とする。

クリスマスプレゼントなど、キリスト教系の学校の特色が表れており、精神的な救援を中心に行っていることがわかる。これに対して、桜楓会の救援活動は、生活に根ざしたものであった。

　日本女子大学の行った救援活動は、原則としては男子のみであった大学にはない、子どもと女性に着目した点で「人」を重視し、子どもと女性とに密接な「生活」に基礎を置く家政学としての特徴がみられる。これからの震災後の救援活動でも、各大学の持ち味を生かした活動が行われることで、それぞれのもつ強みを生かすことができると思われる。

5　桜楓会の社会貢献活動と震災後の救援活動の関係

　桜楓会が行った児童と女性を対象とした救援活動は、児童を預かり世話をする、女性の職業支援をするといったものであった。男性優位の社会情勢のなかで児童と女性に注目し救援を行うには、そうした新たな

視点、実行に移す行動力が求められる。その環境をつくったのが大学と、大学とかなり一体化していた卒業生組織である桜楓会である。

桜楓会は創立者が構想した桜楓樹《おうふうじゅ》をもとに組織化されており、会員を本部と支部に分け、それぞれに家庭部、教育部、社会部の3部を置いて、研究活動に従事した（写17）。家庭部は現在の家庭の状況を調査し、改良点の追求にあたり、教育部は日本の教育の欠点を調べ、善良なる国民育成のための教育の探求に努めた。社会部では実業部を中心に財政の基礎をたて、ここで得た経験をもって女性に実力と地位を与える方法の研究が行われていた。桜楓会の活動の中枢を担う本部には実業部が置かれ、そこでは人格完成の一助として経済的品性の陶冶《とうや》を図り、創始力・組織力を養い、かたわら犠牲《ぎせい》労働の精神を養うことを目的として活動していた。実業部には雑貨部、書籍部、銀行部、製菓部、園芸部、牧畜部の六部が置かれ、事業を展開していた。

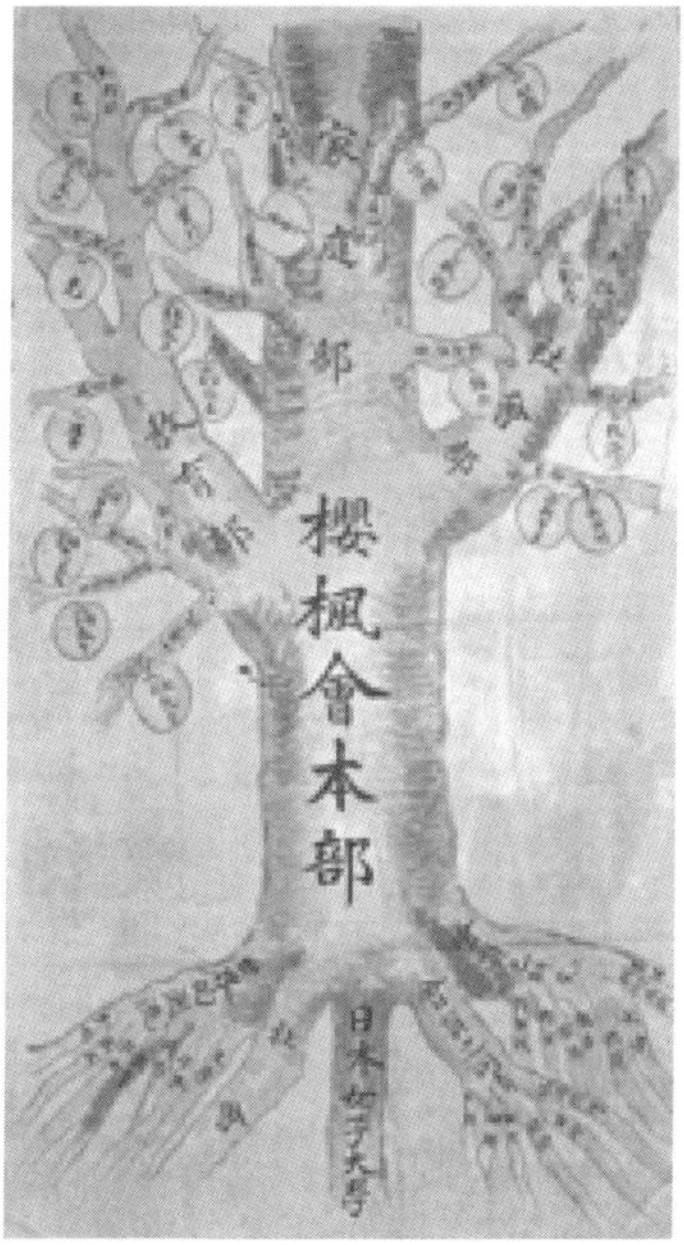

写17　桜楓会の組織構成を表す「桜楓樹」

成瀬はこの実業部に対し、「実業部の目的には色々あるが重なるものは我が校の教育の中に経済的要素、実業的要素を加えるということ、我が国の教育に自営独立の精神を吹き込むというにあって之を為すには労働を貴《たっと》び職業を重んずるという風を養わなければならない。」と説き、当時としてはめずらしい学生アルバイトを雇わせ、学校のなかに「社会」をつくらせた[17]。単なる卒業生の集まりをつくるのではなく、社会貢献できる組織を形成していたのである。

5―1　桜楓会の事業とその概要

会員たちは各部で研究活動に邁進《まいしん》するかたわら、社会事業のために尽力した。成瀬の「健全な社会を作るために、健全な家庭を作り、健全な家庭を作るために、賢明な女子を教育する母校の精神を具体化するところ(18)」という言葉を受け、桜楓会は母校事業発展のために募金活動をはじめ、バザー、文芸会、家政研究館の設立寄付等の活動を行ってきた。

1 バザー、文芸会、夏季講習会

バザー、文芸会は大学図書館の図書の充実を図って開催されたもので、各方面から大盛況となった。バザーは１９０７（明治40）年4月13日から15日まで３日間開催され、1年前の１９０６年4月から全学生が準備にとりかかるほど熱の入った事業であった。バザーで販売する作品の製作のため、技術部を組織して夏季休暇中に編み物、刺繍《ししゅう》、細工物、レース、造花、洋裁等の講習会を開いて作品づくりを行った(17)。

バザーの余興として計画された文芸会には、皇族が来学するほど評判になった。この文芸会の影響で学内での文芸熱が高まり、参加者は練習と準備に明け暮れ、桜楓会会員と学生に連帯感を抱かせた(17)。バザー開催に伴い開かれた夏季講習会は評判となり、その後も和洋料理、英語等の講習に加えて毎年夏に行われるようになった(17)。

2 桜楓会手芸部

桜楓会手芸部は、東京支部が開いた研究会で、洋服裁縫と編み物の2課が置かれ、子ども服裁縫を主として、編み物、フランス刺繍の研究が行われた(17)。

3 桜寮・楓寮、桜楓会共同住宅

桜楓会では明治時代から桜楓会会員を主体に女性のための共同住宅の提供を行っており、女性の社会進出の大きな助けとなっていた。１９０７年12月15日、母校、附属校教職員、桜楓会各部員、研究科生として校内に残る桜楓会会員の住まいとして桜寮を、その後、１９０８年2月1日在京会員のための楓《かえで》寮を開寮した。楓寮は欧米の婦人ホームをめざしたもので、会員以外にも会員の紹介で寮生一同の承諾《しょうだく》を得た婦人の

写18　桜楓会共同住宅（『写真で綴る桜楓会の100年』より）

入寮や上京会員の宿泊も行っていた(17)。

1921（大正10）年5月には桜楓会会員を主体とした単身有職婦人のための安住所として桜楓会共同住宅が開所された。この共同住宅は日本の共同住宅の先駆的住宅で、個室41室、食堂、集会所、日本室、事務室、玄関、電話室、化粧室、浴室、台所、洗濯場等文化的設備を有し、フランク・ロイド・ライトの弟子遠《えん》藤《どう》新《あらた》によって設計された洋風木造3階建ての建物であった(17)（写18）。

4　共励夜学会、桜楓会夜間女学校、桜楓女子夜学校

共励夜学会《きょうれいやがくかい》は1910（明治43）年10月に社会部によって寮の女中に教育を受けさせるために開始された。それまでは各寮の教育係の寮生が行っていたが、秩序だった教育を受けさせるためとして、桜楓会が担うことになった(17)。夜学会は1911年度からは学外の希望者も受け入れるようになり、のちに発展し、桜楓会夜間女学校となった（写19）。

この共励夜学会が桜楓会夜間学校へと発展する前

に、1921（大正10）年10月17日に巣鴨《すがも》託児所に開かれた桜楓女子夜学校の存在も重要である。巣鴨の女子夜学校は小学校を出てすぐ働きに出る少女らのために開かれた学校で、共励夜学会よりも広く社会に目を向けた学校であった。女子夜学校では工場に通う人、家事手伝いをする娘、家庭の主婦に実際に役立つ知識と技能と信念を養うために年齢制限なく入学を認め、本科、普通科、選科を設けて行われていた。

共励夜学会が発展した桜楓会夜間女学校は、1925年9月15日文部省の認可を得て大学の校舎内に開校された。夜間女学校は尋常小学校を卒業し、高等女学校に進学を希望するも事情により女学校への入学が叶わない人のために、夜間を利用して高等普通教育を授け、主として人間向上の道を図ることを目的としたものであった。(17)

5　桜楓会託児所

桜楓会託児所は1913（大正2）年6月27日に小石川区久堅《ひさかた》町にある長屋で開所された。この事業は桜

写19　桜楓会夜間女学校

楓会第1期の社会的活動として即時勤労者に喜ばれるものとして、アメリカ留学で影響を受けた井上秀《ひで》幹事長によって発案されたものである。(17)

この託児事業の主任を任されたのは桜楓会会員の丸山千代《ちよ》であった。丸山は託児事業の中心に立って活動し、託児所発展と細民《さいみん》地区の生活環境改善に貢献し、また震災後の救援活動においても活動の中心に立ち指揮をとった人物であるため、丸山の活動についても簡単にここで取り上げ、59ページ以下で詳述する。

小石川区久堅町の桜楓会託児所（以下、小石川託児所と略）では、家計が苦しく共稼《ともかせ》ぎを希望するが子どもがいて稼ぎに出られない家庭の女性のために、満2歳から6歳までの子どもを朝7時から6時まで預かり保育と教育を行っていた。子どもを預り育てるという活動はほかにもあったものの、教育を行うという託児所はなかった。

この小石川託児所では、行儀や礼儀の教育が行われ、また当時の最新教育法とされたモンテッソリ教育法が、武市綾子の協力により実践されており、最新の教育が受けられる貧民層向け託児所として名が知れわたっていった。(19) こうした託児生活をはじめて1年が経った頃の1914年9月14日に託児所近くの川が氾濫《はんらん》し、細民地区に大きな被害をもたらした。丸山はただちに託児所を避難民に開放し、芋や米の買い出しをして炊き出しを行った。そして、水が引くのを見計らってビスケットを手土産に託児所の子どもたちの家を一軒一軒訪ね歩いて安否《あんぴ》を確認してまわった。(20)

こうした丸山の献身的な活動が評判となり、入所希望者が増え、遠方からやってくる人も出てきたため、桜楓会は託児所移転に踏み切り、移転費用捻出《ねんしゅつ》のために慈善音楽会を東京音楽学校で開催した。この慈善音楽会は移転のためという目的だけをもって開催されたのではない。『家庭週報』に「この催しが動機となって、従来の託児所が発展するばかりでなく、今後、将に、我が国に必要となるべき労働者児童教育、及びその家庭改善の事業が、益々拡張せられて、そこに、桜楓会の大いなる使命が全うせられること、及び、これに同情せられたる人々が、益々こういう事業に、興味を向けられて、その発展を助力せられんことを、希望するのである。[20]」というこの事業の意義が掲載され、将来を見据えた活動であったことがわかる。音楽会での収益と、皇后葬儀による代々木葬場殿《さいじょうでん》御下賜《ごかし》用材、東京府による恩賜金《おんしきん》をもって東京府巣鴨字宮下町の長屋地区に新たな桜楓会託児所（以下、巣鴨託児所と略）が設立された。

　巣鴨託児所では定員を80人に増やし、より多くの子どもを受け入れた。ここでも丸山は主任を任され、引き続き託児生活に明け暮れた。丸山は小石川時代までの保育・教育を行うだけでなく、貧しい家庭の劣悪な環境を整えるために、そうした家庭の親を集め、親の会・母の会を設けて、貯金箱を渡して貯蓄を奨励し、逓信省《ていしんしょう》の役人を招いて簡易保険の話を聞かせ、また、伝染病予防法や衛生観念の指導、協力的な医師による健康相談を実施していた。

　また娯楽とは縁遠い人たちのために、活動写真会や娯楽会を催し、桜楓会会員に本の寄付を募り、夜間読書倶楽部《くらぶ》を開設した。これらの活動は近隣住民にも開放し、丸山の活動は地域に開いた活動へと発展していったのである。こうした活動が高く評価され、東京府慈善協会から保育分科会の主任を任ぜられた。

　この頃、恵まれない人々のための施設づくりや活動が全国的に盛んに行われるようになり、大学生のなかでも奉仕活動を行う気運が高まっていた。託児所にも奉仕精神をもった学生ボランティアが集まるようになり、日本女子大学をはじめ、東京大学、東洋大学、早稲田大学、慶應義塾大学の学生がきていた。この学生ボランティアが中心となって復習会を開き、小学生の子どもたちを集めて宿題や勉強を見ていた。復習会では勉強だけでなく、ゲームや歌も教えていたため子どもたちにとって教養だけでなく、団体での活動の楽しさを学んでいく場となっていた。この復習会は日曜学校や母と子のピクニックなどで自然に触れ合う機会をつくり、情操教育へとつながっていった[19]。

　巣鴨での託児事業を行っているなか、１９１７（大正６）年10月１日に東京大風水害が起こった（東京府の死者６４４名、行方不明１１３名）。１９１４年に小石川託児所での洪水災害での救援経験のある丸山は、桜楓会による救援活動の中心にたち、桜楓会が設けた4カ所の桜楓会臨時託児所で救援の指揮をとった。このときの被災者救済には、有力者を中心とした東京風水害救済会、華族《かぞく》婦人たちからなる罹災民救助会などの支援も行われていた。[21]『家庭週報』の記者は、被災地の知人訪問時の現地の状況など多くの記事を書き、10月18日には臨時託児所の設置の詳細、場所の選定、必要資金などを記事にまとめ、具体的な支援計画を会員に向けて広く発信したため、寄付者も影響を受けた。[22]多数の子どもたちを預かった4カ所の臨時託児所は11月30日に閉じられた。

この風水害での経験をきっかけとして、1920年1月6日東京府が貧民救済事業として設けた、日暮《にっぽ》里《り》の「長屋式小住宅」地区の一角に、桜楓会は日暮里第2託児所（以下、日暮里託児所と略）を設置した。この日暮里託児所は開設のために慈善音楽会を開催して資金募集を行っていたが、東京府との共同事業であったために東京府による援助も受け、保育内容、設備ともに充実した託児所となり、ここでも地域に密着した隣保《りんぽ》事業が展開された。[20]

6 『家庭週報』

『家庭週報』は1904（明治37）年6月25日から桜楓会と日本女子大学の機関紙として発刊された。毎週発刊され、桜楓会による研究報告、大学事業の報告、バザー・講習会などの宣伝等が掲載された。家庭週報編集部は大学構内に建てられた桜楓館に置かれ、大学のできごとなどの情報を得やすい環境にあった。

5―2 桜楓会が行った関東大震災後の救援活動

桜楓会が行った関東大震災後の救援活動は次の3つが代表的である。

1 衣服救援

衣服救援は桜楓会がもっとも早期に取り組んだ救援活動であった。東京市や桜楓会会員から届く衣服類、衣服地の分類、整理、消毒、修復を行い、東京市とと

写20　地方から送られた衣類の仕分け

もに罹災者へ配給していた。罹災者のための衣服には、桜楓会手芸部員が考案した改良ベビー服も含まれており、罹災者の生活効率を上げる工夫を凝《こ》らした衣服製作であった。桜楓会手芸部での手芸研究の成果が生かされ、講習会や『家庭週報』を通して会員の交流と技能向上を促《うなが》しており、多くの会員がこの衣服救援に携《たずさ》わるきっかけとなったと考えられる。

2　女性職業救援

婦人職業部、上野手芸部、婦人授産所《じゅさんじょ》では、震災によって職を失った女性たちのために衣類・布団類の製作の仕事を与え、販売部でのそれら製作品の売り上げを給与として女性たちに渡しており、女性の生活再建支援と自立支援を行っている。またここでは、まだ裁縫や編み物の技術が未熟な少女、婦人に対して、のち のち裁縫で生計を立てていくことを見越して桜楓会会員の指導により技能教育が行われていた。さらに乳児を抱える女性には乳児預かり所で子どもを預かり、就労環境を整えていた。

女性の職業支援に関しては、つねに桜楓会が取り組んできた内容である。高等教育を受けた女性でも就職は容易ではなかった時代、桜楓会は会員に対し実業部での職場提供を行って、女性の自立できる環境をつくり続けていた。また夜学校では高等教育を受けられない女性に対して教育活動を行っており、これらの事業から得た視点や経験が救援活動においても役立ったと考えられる。

3 児童救援

児童救援活動では震災臨時救護所で給食とおやつの供給をはじめ、さらに内務省からのバラック下付《かふ》に伴って設置した児童栄養食給与所での食事救援を行い、児童診療所も設置して栄養不良児の健康回復と体力づくりを行っている。乳児預かり所を設けて世話をし、医師による診察を受けさせて子どもの健康に努めている。大学校内に設置した桜楓会児童健康相談所での専門医による診療活動も継続して行われ、健康な児童の育成に努めている。

この活動にもっとも類似するのは、丸山千代を中心とした託児所事業である。託児所は、細民地区の日差しも満足に得られない劣悪な環境のなかで育つ子どものために、庭のある場所で開所されている。そして児童への衛生教育や、親のための衛生講習を行って生育環境を整えることを促し、健康的な児童が育つよう活動している。託児所では牛乳、救援活動では給食とおやつの供給という食による健康増進を図っている点、医師による健康相談の場を設けるといった点で共通している。

また上野での児童救援については十分な準備期間があったわけではない。9月1日の大地震発生後、大火災などで混乱していた東京市にあって、市からの被災者支援についての打ち合わせや本学教員の支援先探しは12日頃から始まっており、14日には早くも桜楓会役員の罹災者救護の会議が行われた。東京市とは土・日を問わず会議を進め、17日には当初目的と定めた深川方面で支援が充足していることを確認、18日に上野で開設準備を行い、19日に開設した。並行して桜楓会は

写21　寛永寺一室における授産部の編み物

写22　寛永寺授産部布団縫い（『家庭週報 727』より）

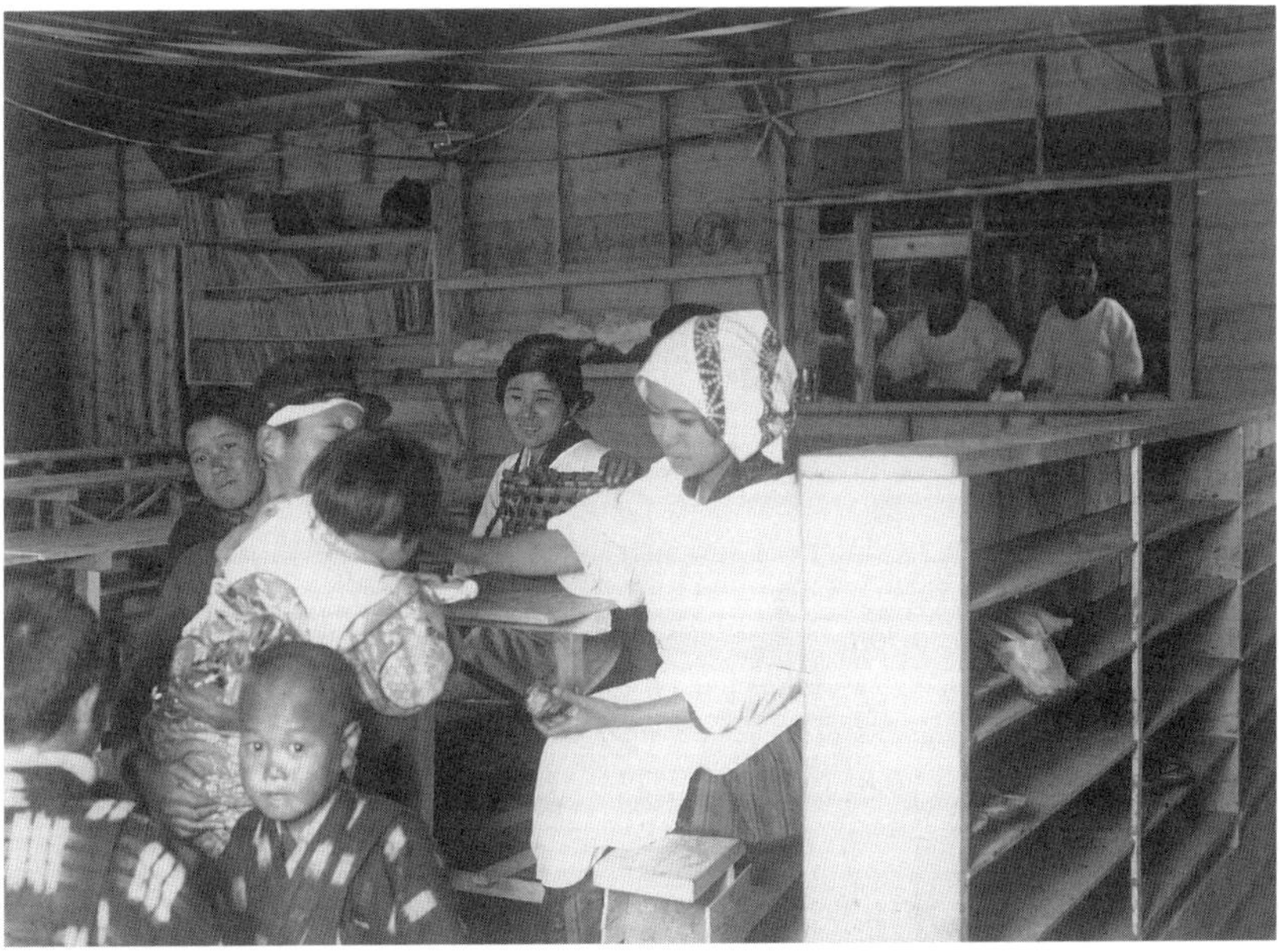

写23　児童救護部栄養食給与（『家庭週報 730』より）

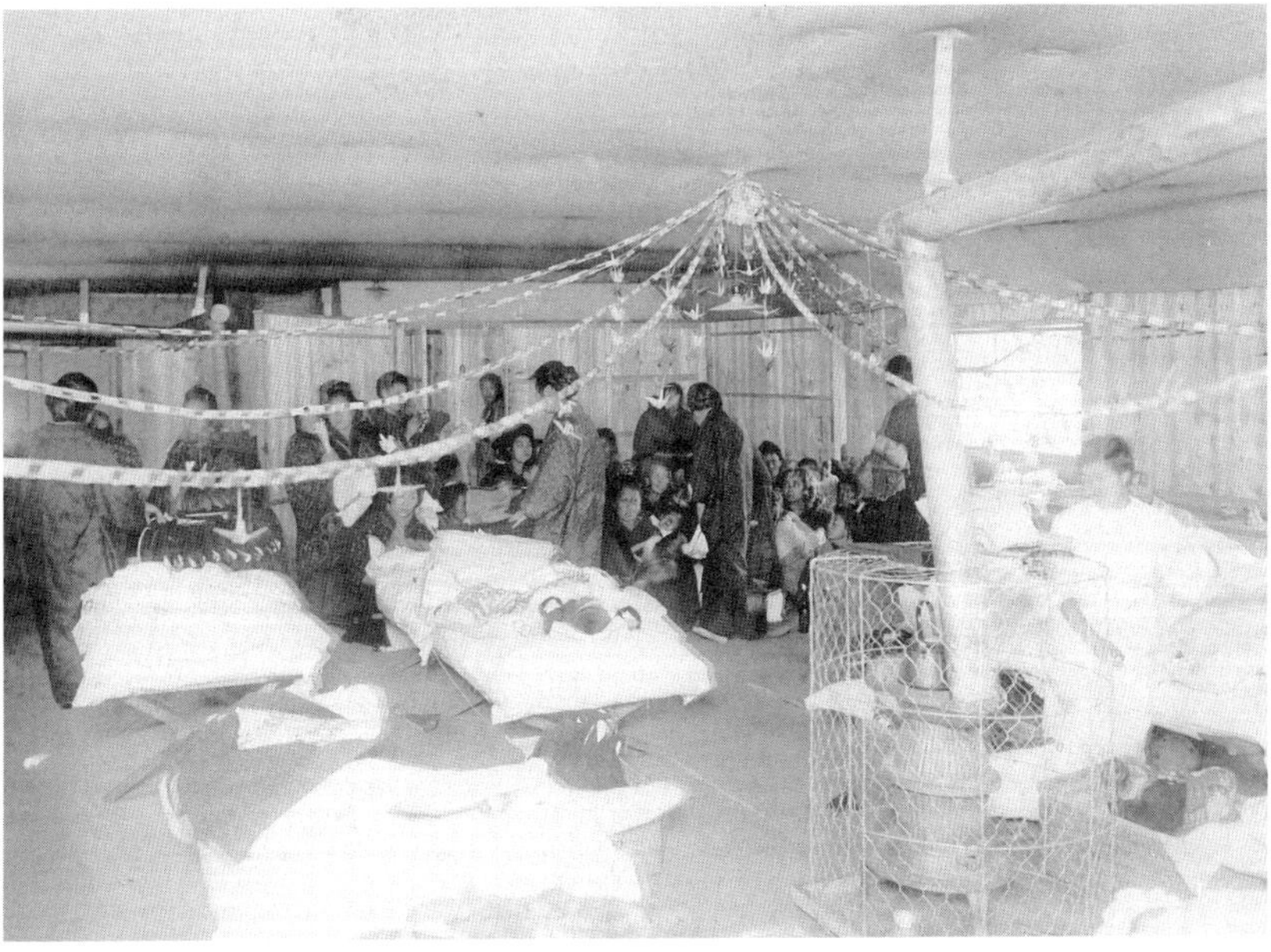

写24　上野のバラック内部（『家庭週報 735』より）

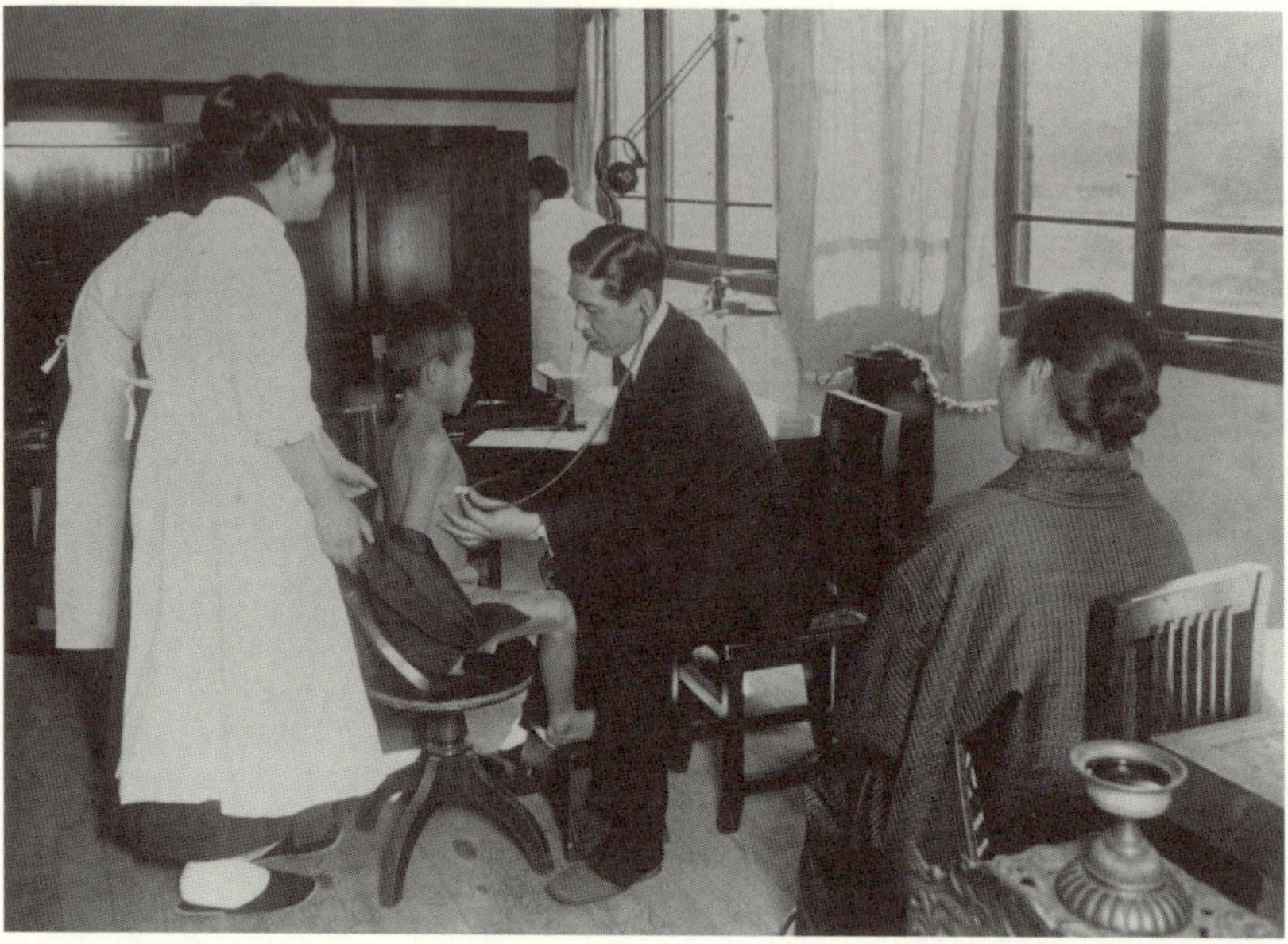

写25　巡回医師による診察

会員の安否確認作業を、大学本体は学期再開の準備や建物の修理を行いながらの上野開設であった。

5―3　桜楓会と日本女子大学の人脈による救援活動への後援

関東大震災にまつわる救援活動は桜楓会の日常の活動による経験が根底にある（図1）。しかし経験があるといえども、救援活動を行う場を獲得できなければ実行に移すことはできない。また継続的に救援活動を行うには多くの物資と資金が必要となってくる。桜楓会の救援活動においても桜楓会内部だけでなく、東京市や震災《しんさい》善《ぜん》後《ご》会《かい》等から物資の供給や資金援助が行われている。

救援活動では食材、衣類、バラック等が公的機関から提供された。東京市からは食材や衣類が提供されるだけでなく、救護所でともに救援活動を行っている。震災前の桜楓会の活動を見ると、桜楓会託児所の事業は久堅町や巣鴨での風水害救援活動をきっかけとして公的に評価され、主任の丸山が国策にかかわるほど公

図1　桜楓会の事業と救援活動の関係

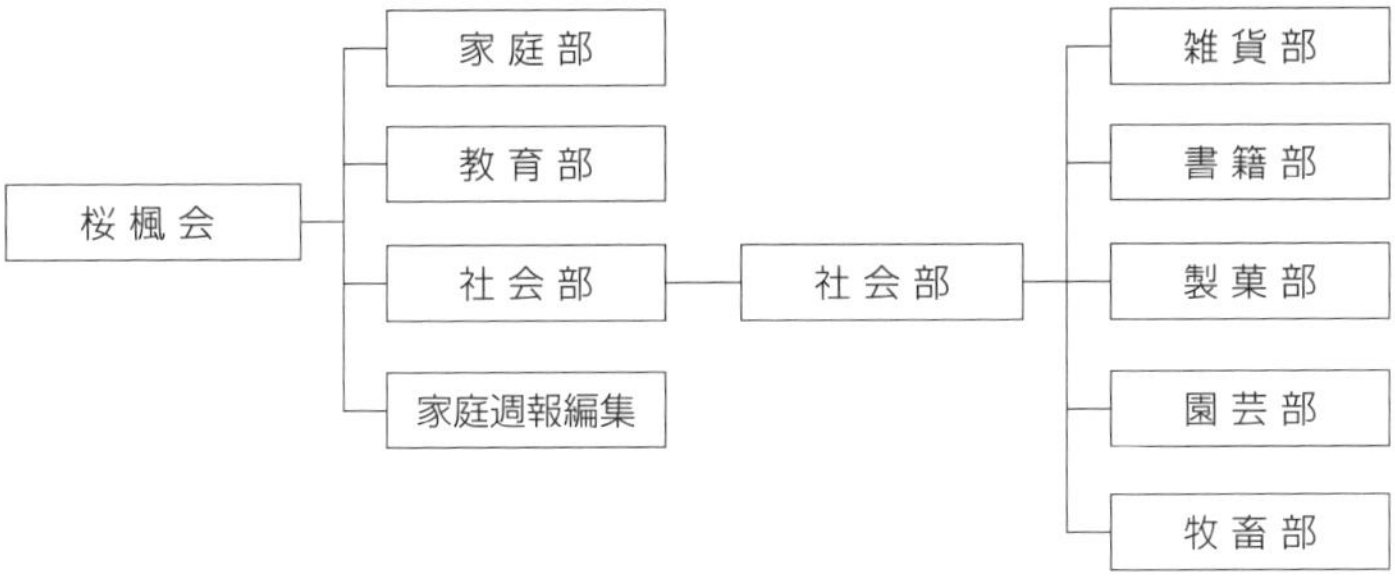

的機関からの信頼を得ていた。また文芸会には皇族が来校した。これは文芸会の試演を鑑賞した大学創立委員土方久元《ひじかたひさもと》（政治家で宮内大臣を務める）によって、皇族に桜楓会の活動が伝えられたために注目された。託児所事業は世間の評判から注目を集める形となっているが、バザーは土方が関与することで皇族、国の中央機関に知られていた。

そのほか小石川区に提出している「明治34年～昭和19年日本女子大学校職員名簿」によると、中央省庁と関係をもつ人物が大学講師として複数在籍しており、大学の活動がそうした人物により伝えられていた可能性もある。

大学関係者のなかで桜楓会の救援活動に直接援助した人物として、大学評議員渋沢栄一がいる。渋沢は震災後、内閣より直接救援活動の要請を受け震災善後会と協調会を指揮し救援活動にあたった。渋沢は民間組織による救援団体として立ち上げた震災善後会での活動にとくに力を入れており、国内外を問わず物資提供資金援助の要請に奔走《ほんそう》した。『渋沢栄一伝記資料』[23]には震災善後会での議論内容について記載されており、桜楓会に対し寄付金の配当を決定したこと、託児所設置の件を決議事項のなかに入れていることから、桜楓会の事業が評価されていることが見てとれる。

このように桜楓会の事業を援助し、そしてその成果を中央機関に伝えることができる人物とつながりを有していたことが桜楓会の救援活動を円滑《えんかつ》にしたひとつの要因である。

6 当時の学生が記した「実践倫理《じっせんりんり》」講義への感想

創立当初、大学の教育理念には成瀬仁蔵と麻生正蔵の教育理念が大きく反映されており、この2人が教《きょう》鞭《べん》をとった実践倫理の授業は教育理念をもっとも映し出した講義であったといえる。彼らの教育は、学生にどのように伝わったのだろうか。卒業研究でこれらの講義を受講した卒業生の感想を『大正の女子教育』[24]から抽出したものがあるので、抜粋して紹介する。[25]

以下は、まず創立者 成瀬の講義を受けた学生たちによる感想である。[24]

・「(前略)四年間の熱心な先生の御訓話《ごくんわ》でおぼろげながら人の歩むべき道しるべ、生活信条を会得《えとく》し、数知れぬ苦難に打ち克《か》つことができました。」

・「学生にとって最も重要な厳粛《げんしゅく》な授業でした。(中略)実践倫理によって自覚し、使命と責任に燃え、信念をうえつけられました。」

・「(前略)自分の理想に対する信念を固くし、徹底する事を教えられ、又内在する自己を見出し新しいものを創造していかなければならないことを教えられました。高等女学校時代、画一《かくいつ》主義の教育でご無理ごもっともの教育から抜け出すことはなかなか困難でしたが、将来いかに生くべきかを教えていただき現在まで大きな指針となりました。」

・「成瀬先生は教育の理想を宗教に結び、哲学に結んで話され、古今東西《ここんとうざい》の問わず世界的知性を養い、その中から人間の生き方、隣人への奉仕を教えられた。自己の謙虚な生活、精神があれば、神の叡智《えいち》の世界を永久に求めていけるというお言葉が印象的であった。(中略)講義はクラスの修養会《しゅうようかい》に連らなり、実践倫理が当時の日本女子大学の教育と校内の機能・運営の中心となっていたと思う。」

・「(前略)校長先生はよく国家の問題、世界の問題を教えて下さいました。広く世界に目を開き、自分の進む道を教えていただいた事を、一生感謝しております。」

・「成瀬先生の実践倫理の時間は、人生の一大真理とも云うべき先生の大思想を、日本人たるわれわれに母校の娘としてのみでなく、国民として、社会人として、人として、人類として生きていく道を力説して下さった大事な時間であった。（後略）」

・「婦人の天職《てんしょく》に就き、あるいは現代婦人の行くべき道、婦人の在り方、果ては信仰につき信念につき諄々《じゅんじゅん》と説かれました。今なお耳朶《じだ》に残っており、いつまでも私の心の糧《かて》となっております。」

・「わからない事が多かったが、目を開け、社会、世界を見て進めと繰り返されたことは生涯私の根になった。」

・「（前略）何か一貫するものが大きな力となっている様な事はうなずけて、（中略）四年間、成瀬先生に教えられたことはやがて一生の指針となった事を感謝しています。」

・「先生はいつも、宇宙の中の自己の存在が如何《いか》に大切なものであるかを力説され、自分の生れた意義を自分自身で切り開いて行くと同時に他人をも大切にして生きる事を説かれました。（後略）」

・「（前略）失敗しても失敗しても熱心に努めて行きたい、このような根気と申しますか、真心と申しますか、そういうような気持を年をとりました今も何とか持っていられますのも、先生のご熱心なお講義をきかせていただきましたおかげでございます。」

・「（前略）先生にお接ししたことが私を啓発し、人生の発火点となりました。」

また、第2代校長　麻生正蔵の講義を受けた学生たちの感想は次のようなものである。(24)

・「遠大《えんだい》な宗教に近い程の熱心なお講義が四年間を通じて深く心に残り印象深く思い出され、自分の心の心棒《しんぼう》はやはりそれによって培《つちか》われたと現在でも思っている。」

・「先生の信仰、又哲学の深いお話、十七、八才位の時の、あの新鮮な驚きと喜びを忘れることができません。私の一生を通じて求め続ける求道《ぐどう》の道の燈火《とうか》となりました。」
・「『人類の最高の理想の姿は母性愛の進化した愛の心によって創り出された世界でなければならない』というお言葉がすべての思想を貫くものと信じております。」
・「人間として女として真の生き方について、繰り返し教えを受けました。現時点におきましても、その信条が誠に正しいものであったと思います。自分を生かすためには、他を生かすことであると、生きる限り信じて居ります。」
・「創立者の精神維持と発展に力を入れられ、創立者の燃えるような力を温かく保持されたように考えられます。」
・「麻生校長の平和主義と申しましょうか、広い人類愛に徹したお考えが記憶に残っていて、現在の私の生活信条となっているように思います。」
・「社会情勢を知り、それに対する態度等を教えられました。」
・「人生について、又女性として指導的立場に置かれる私共の使命、責任というものをひしひしと感じさせられました。」
・「自分の物の考え方、大きく言えば人生観、特定の宗教にとらわれない広い意味の真の信仰等、人生に処する態度の根本的なものを植えつけられていただけたと思っている。」

といった感想をもつ者が多かった。こうした成瀬、麻生の講義を肯定的にとる学生が多くみられるが、批判的意見も見られる(24)。

・「少し飛躍的な講義が多かったです。もう少し系統的に講義を受けたかったと思います。」
・「先生は教育者であっても、思想家ではないので講義の論理も飛躍する事が多い。しかし情熱と、なんとなく夢のある講義で面白く伺いました。」
・「(前略)当時の講義はあまりにも雲の上の感じがいたし、ノートもどう取ってよいかわからず、五里《ごり》霧中《むちゅう》でした。」
・「大きな講堂で全学年の生徒が一緒に講義を受けましたせいか、何となく興味が持てないエピソードの上にノートの提出をせまられたりで、大分困った次第です。（後略）」
・「一つの考え方を押しつけられるより、いろいろな思想を聞かされて、自分自身で考えさせていただく方が生き生きしたのではなかったかと思います。」
・「教授との問答が全然ないのは淋しい気がした。」
・「リーダーの先生方が実践倫理の時間をあまり神聖視しすぎておられ、緊張しすぎていたので重苦しい空気がありました。」
・「入学当初は何やら難しく、今までの生活とは全く違ったことを伺うようで苦痛だったこともあります。年と共に自分にも理解され共感もあり、（中略）力強い生活の指針となっていることを感謝しております。」
・「むずかしい言葉の講義は大変難解で、正直な所、感動を受けるというより苦痛であったように記憶しているが、それを具体化する修養会によっていつか心の底に動くものが芽生えているのに気付き、今に至るまで根をはっている。」
・「学生時代は特に興味も関心も薄かったと思いますが、卒業後現在も、宗教、哲学、文学或いは科学等に関心を持ち、常に何かを学ぼうとする意欲を持ち続けていることは、実践倫理の講義で広く社会に眼を向けて物を考える基礎をつけられた為と思います。」

学生時代には実践倫理の講義に対して批判的意見をもっていた者も年を重ねるにつれて、また経験を経ることで講義で説明された考えを受け入れた学生も多くいる。成瀬と麻生、双方が学生に与えた印象は多少異なる性格を見せているが、「隣人への奉仕」、「他人をも大切にして生きる事」、「自分を生かすためには、他を生かすことである」といった他人を思いやる心を身につけさせ、「社会、世界を見て進め」、「社会と個人」、「社会情勢を知り」、「社会に眼を向け」など、社会を意識させる教育が行われた。これらに加えて「使命」、「責任」、「信念」という理念が生まれ、社会貢献の基礎的な概念が学生一人ひとりのなかに構築されたことが読み取れる。

そしてそれは、「人の歩むべき道しるべ」、「現在までの大きな指針」、「心の糧となって」、「生涯私の根」、「一生の指針」、「人生の発火点」、「自分の心の心棒」、「求道の道の燈火」、「他を生かすこと」、「人生に処する態度の根本的なもの」という言葉となり、学生生活のみならず生涯にわたる人生の指針となっていた。

おわりに

当時の女性は社会的弱者という立場でありながらも、日本女子大学だけでなく各女子大学がめざましい組織的救援活動を行っていた。卒業生を中心とした桜楓会の支援活動は震災前から着実な成果を上げ、東京市や震災善後会等からの援助により資金的にも支えられていた。救援活動の物資提供に大きくかかわっていた東京市とは、託児所で功績を残した丸山千代を通してつながっており、震災善後会による児童救援への資金援助には、震災善後会副会長であり、大学評議員の渋沢栄一による助力が大きい。このように桜楓会があらゆる援助を受けながら活動ができた背景には、桜楓会や大学がさまざまな有力者とのつながりをもっていたことが関係している。

また関東大震災前から大学と桜楓会の活動には、つねに社会貢献の精神をもつような実践的教育と、実現に向けて組織的に活動することを重視した教育や関連活動が存在した。バザーのための作品制作にほぼ全学生がかかわるなど、制作に伴う種々の経験と協働の訓練を積んでいたのである。

さらに大正時代における社会事業への関心の高まりと、麻生正蔵がアジアで初めて実現した1921（大正10）年の社会事業学部の創立が関連していると思われる。現在の人間社会学部社会福祉学科の前身である。そこでは教授であった生江《なまえ》孝之《たかゆき》などの人的ネットワークも関連していた可能性がある。また大学教育のなかで、成瀬仁蔵が行った実践倫理の授業、大学の専門科目における教育内容から、学生や卒業生が大いに影響を受けており、各個人の信念や意識の醸成《じょうせい》もこれらの救援活動の実現を後押ししたことが考えられる。

　現代においても、つねに社会に目を向けて実践し、共同で作業にあたり、活動を成し遂げることを大学生の責務として学生自身が認識することが、さまざまな社会活動への原動力となる。そのためには大学という組織としての危機管理体制を整え、教育理念に基づく教育と学生の経験を積むこと、社会活動に貢献する卒業生の存在、人的ネットワークの構築などが重要である。

注1：キャッシュ・フォー・ワーク（Cash for Work）は、「労働対価による支援」と訳され、被災した方々みずからが復旧・復興のために働き、対価が支払われることで復興を促す支援プログラムのことを意味する（参考：一般社団法人キャッシュ・フォー・ワーク・ジャパン）。

引用文献

（1）自然科学研究機構　国立天文台編『理科年表』2013年、丸善出版、2012年11月30日

（2）東京百年史編集委員会『東京百年史 四巻』東京都、pp.1087～1118、1972年3月31日

（3）東京都『都市資料集成』六巻、東京都、pp.5～6、2005年7月29日

（4）家庭週報編集事務『大地震と私共の学校』桜楓会、724号、1～2面、1923年10月5日

（5）武村雅之『関東大震災　大東京圏の揺れを知る』鹿島出版会、2003年5月30日

（6）「お茶の水女子大学百年史」刊行委員会『お茶の水女子大学百年史』「お茶の水女子大学百年史」刊行委員会、1984年5月31日

（7）東京大学百年史編集委員会『東京大学百年史〔一〕通史』東京大学、初版、1985年3月1日

（8）日本女子大学成瀬記念館：未発表資料三四　大正拾弐年九月一日震災善後録　記録係、成瀬記念館2014、No.29、pp.60～66、2014年7月8日

（9）木村昌人：〝民〟の力を結集して震災復興を―渋沢栄一に学ぶ、http://www.shibusawa.or.jp/eiichi/earthquake/earthquake01.html、2011年4月11日

（10）家庭週報編集事務『家庭週報』724号、1923年10月5日

（11）家庭週報編集事務「上野の救護部に加えられた婦人救護部と児童診療所」桜楓会、725号、12面、1923年10月19日

（12）家庭週報編集事務「東京連合婦人会の練乳配給」桜楓会、725号、3面、1923年10月19日

(13) 家庭週報編集事務「震災別記」桜楓会、727号、11面、1923年11月16日
(14) 家庭週報編集事務「富士の裾野に開く東山林間学校を観る」桜楓会、758号、4面、1924年8月22日
(15) 長尾半平『創立十五年回想録』東京女子大学、1933年7月10日
(16) 学校法人青山学院『青山学院九十年の歩み』、青山学院大学、1964年11月16日
(17) 桜楓会八十年史編集委員会『桜楓会八十年史』社団法人・桜楓会、初版、1984年4月21日
(18) 中村政雄『日本女子大學校四十年史』日本女子大學校、1942年4月20日
(19) 遠藤寛子『天使はひそやかに』PHP研究所、初版、1981年7月13日
(20) 山中裕子「櫻楓会託児所と丸山千代、らいてうを学ぶなかで 3」日本女子大学 平塚らいてう研究会、pp.206～220、2011年9月10日
(21) 家庭週報編集事務「救済会の協議」桜楓会、437号、2面、1917年10月12日
(22) 家庭週報編集事務「風水害罹災地へ臨時出張託児所設置」桜楓会、438号、1面、1917年10月19日
(23) 植村甲午郎：『渋沢栄一伝記資料』第三十一巻、渋沢栄一伝記資料刊行、pp.360～370、1960年5月30日
(24) 日本女子大学女子教育研究所『大正の女子教育』国土社、初版、1975年5月20日
(25) 竹中庸子「桜楓会と日本女子大学が行った関東大震災発生後の救援活動の研究」日本女子大学住居学科卒業論文、2013年度

2 桜楓会による関東大震災の安否確認

山中裕子

1 迅速な調査開始

『家庭週報』（以下,『週報』と略）は早くも10月5日に724号を発行、大地震発生からわずか1カ月余り後のことであった。多大な損害で業務停止状態の印刷所が、「義侠的《ぎきょうてき》に萬難《ばんなん》を排し」熱意に応《こた》えてくれたと「編集だより」は記している。とはいえ印刷能力の早い回復は望めず、通常B4判の半分である縮小判の体裁《ていさい》で、16ページにわたり母校の現状など崩れた豊明《ほうめい》館《かん》の生々しい写真を掲載して、事の重大さが報じられた。なかでもひときわ注視したのが「日本女子大学・桜楓会《おうふうかい》罹災者《りさいしゃ》調査報告」の第1報である。調査は母校教職員および学校関係者をはじめ、桜楓会会員および附属高女卒業者、そして在校生を対象にその安否を調

写1　震災後の第1報『週報』724号の1面。修復不能と診断された煉瓦造りの無残な豊明館

査するため、連日被災地区に入って罹災者を尋ね歩いた結果であった。

「まず災害の最も甚だしかった本所《ほんじょ》・浅草を訪れたのは9月8日で、見渡すかぎり焦土と化した本所区はもとより、其の町名を知るよしもなく、勿論《もちろん》番地など明確に分かる筈《はず》もないが、所々に立てられた姓名とその立退先を記した立札に依《よ》って辛《かろ》うじて探し当てる外はない」。この冒頭文《ぼうとうぶん》通り、調査は地震からたった1週間後の余震の続くなかを、担当の職員に男性が同道したり人を派遣したりして、連日のように現地に入った。調査報告の内容は以下の通りである。

（1）紙面には氏名、出身（回生、学部など）、住所、住宅被害状況、安否《あんぴ》（家族も）、立退先住所が掲載されている。在校生（大学部、附属高等女学校、附属豊《ほう》明《めい》小学校、附属豊明幼稚園）に関しても情報は同様であり、10名余りの罹災学生は各学寮に寄宿した。罹災者ほぼ全員の立退先住所が明記されている点は驚嘆《きょうたん》に値する。

（2）掲載は第一報の『週報』724号から725号（10月19日発行）、726号（11月2日）、727号（11月16日）、728・729合併号（11月30日）、729号（12月14日）までの2カ月半で6回連続であった。729号がダブッているのは混乱時ゆえであろう。

（3）安否を確認して掲載された人数は、724号が191名、725号は205名、726号は36名、727号は39名、728・729号は6名、729号が2名で総数479名である（このうち家屋倒壊《かおくとうかい》または全焼の在校生67名については氏名の公表はないが総数には加算している。その他、被害状況は不明だが新住所に移動した12名についても総数に加算した）。

（4）総数の内訳は①教職員並びに学校関係者（19名）、②桜楓会会員（160名）、③附属高女卒業生（50名）、④在校生は大学部（152名）、附属高女（63名）、豊明小学校と幼稚園（11名）、⑤桜楓会特志会員（5名）、⑥『週報』の一般講読者（7名）、これは『週報』が会員のみならず広く婦人を啓蒙《けいもう》する公刊紙であったことによる（以上54ページの表を参照されたい）。

（明治四十五年六月廿五日 第三種郵便物認可）（毎週金曜日）家庭週報第七百廿五號 大正十二年十月十九日（五）

日本女子大學 櫻楓會 罹災者調査報告

教職員並に學校關係の罹災者

□今井慶松氏(箏教師)は家屋全焼せしも幸に無事。立退先 牛込市ヶ谷谷町六八。

□岡部長職氏(評議員)は本郷金助町の邸宅全焼せしも幸に無事。立退先 府下府中町八幡。

櫻楓會員罹災者

▲一回生

□高部静子氏(横濱)は家屋全焼せしも無事 立退先 神奈川青木町七軒町、魚善氏方。

□蒲池はるゑ氏(鎌倉大町)は家屋半倒潰せしも無事。夜分は隣家に宿泊せらるゝ由。

▲二回生

□丹羽鏡子氏(鎌倉長谷)は洋館は傾きしのみなれど日本館は全部倒潰の事。目下東京赤坂青山北町七ノ二、細谷氏方に寄寓。

□織田美和子氏(横須賀旭町)は震災は免れしも近火のため全焼無事。立退先 横須賀中里一四三。

▲三回生

□河原井とき子氏(府下大森)は家屋倒潰せしも無事。目下 府下大森新井宿九三五に居住。

▲四回生

□二上衣枝氏(麹町大手町)は家屋全焼せしも幸に無事。

□松下よし子氏(横濱)は吉田町の診察所は倒潰全焼せしも、ト枚町の居宅半潰火災は免れ一同無事。

□前田静江氏(横須賀旭町)は家屋全焼せるも無事。立退先 横須賀中里一四三。

▲五回生

□岡枝ふく子氏(鎌倉材木座)は家屋倒潰せしも無事。鎌倉材木座上河原一五九ノ二の新宅に轉居。

▲六回生

□道明乙女氏(本所外手町)は家屋全焼と共に一旦被服廠跡に逃げ、更に隅田川中に避難し、九死に一生を得しも、母堂並に令嬢(六歳)は生死不明。御道明氏は負傷せらる。立退先 府下代々幡町代々木九六七ノ三九秋葉氏方

□土田八重子氏(府下荏原郡)の夫君重傷を負ふ。

□山崎よし子氏(芝高輪)の舘並に姪二人鎌倉に於て壓死。

□村岡なを子氏(横濱)は家屋全焼せしも幸に無事。立退先 神奈川青木町秦町一七五八、山口氏方

□雨宮三峯氏(横須賀中里)家屋大傾斜して使用に耐えず。目下同番地隣家に同住。

□石原鶴子氏(横須賀中里)は家屋半潰、長男隣家倒潰の下敷となりて左足大腿骨を折られ目下加療中。立退先 横須賀佐野二四〇。

▲八回生

□土屋孝子氏(赤坂田町)は家屋全焼せしも無事。立退先 麻布廣尾町五七、磯野長蔵氏方。

□岡崎謙子氏(横濱)は家屋全焼せしも幸に無事。立退先 横濱市外、高島町電線會社氣付。

□山内ちかの氏(横濱)は家屋全焼せしも無事。

□佐藤あや子氏(鎌倉扇谷)は家屋傾斜せしのみにて無事。目下 埼玉縣熊谷町、野村氏方に滯在。

▲九回生

□馬場千代子氏(日本橋)は家屋全焼せしも無事。目下 芝新門前町一三に居住。

▲十回生

□田澤萬里子氏(深川大和町)は家屋全焼せしも幸に無事。立退先 千葉市本町三ノ五四五。

▲十一回生

□杉坂みち子氏(鎌倉)は家屋倒潰せしも無事。立退先 福岡縣山門郡大和村六合齋本氏方。

□安田信江氏(横濱)は家屋倒潰せしも幸に無事。目下 横濱市岡野町一〇〇、竹内氏方。

□桑田つね子氏(鎌倉扇谷)は家屋全潰せしも無事。立退先 千葉縣香取郡高岡村 大和田。

▲十二回生

□堀内静子氏(横濱)は家屋全焼。立退先 神奈川西自樂園内駒習氏方。

□早見二十一氏(鎌倉大町)は家屋全焼せしも無事。立退先 京都市外深草町西ノ内早見レイ子氏方。

▲十三回生

□岡山孝子氏(芝田村町)は家屋全焼せしも無事。府下千駄ヶ谷五三一、中村鍛氏方に寄寓。

▲十四回生

□帆足環氏(築地明石町)は家屋全焼せしも幸に無事。立退先 府下池袋四四二。

□大庭政子氏(鎌倉小町)は家屋倒潰して一時家族全員其の下になりしも一同無事。目下邸内の假小屋に居住。去月十日長男尚熱の爲死亡。

▲十五回生

□殿村文野氏(神田)は家屋全焼せしも幸に無事。目下 小石川白山前町、白山道場居住。

□加藤静江氏(横濱)は家屋大破損夫君微傷。目下 東京牛込區南山伏町、宇佐美久瑚氏方に寄寓。

□猪瀬りゑ子氏(鎌倉材木座)は家屋五寸位前方に出でしも無事。從前通り材木座來迎寺前の新居に居住。

▲十六回生

□中村遠子氏(芝中門前町)は家屋全焼せしも幸に無事。立退先 芝區芝浦日之出町一〇、同商會内。

▲十七回生

□山崎いま子氏(芝明舟町)は家屋全焼せしも幸に無事。目下 府下淀橋町角筈一四八泉鰹氏方に居住。

▲十八回生

□小口みちゑ(神田猿樂町)は家屋全焼せしも無事、立退先、長野縣諏訪郡平野村字下濱

□深津こと子氏(横須賀)家屋全潰。十一歳長女自家倒潰の難は免れしも海上の勤め先なる高女に赴かるゝ途中家屋倒壊の下敷となりて即死。立退先 横須賀高等女學校内

▲十九回生

□大道寺愛子氏(鎌倉大町)は家屋大傾斜せるのみにて倒潰を免れ無事。

□小林久子氏(鎌倉)は家屋倒潰全焼せしも幸に無事。立退先、滋賀縣愛知郡稲枝村大字小田苅、小林吟右門氏方

□淺井さみ子氏(横濱)は家屋半潰全焼せしも無事。立退先横濱市弘明寺町二七〇、臨晉下。

□堀内りよ子氏(横濱)は家屋半潰幸に無事 住居從前通り。

▲二十回生

□五代かず子氏(芝愛宕町)は家屋全焼せしも幸に無事。目下 支那山東省青島益都路六九に居住。

写2　『週報』725号に載った日本女子大学校・桜楓会「罹災者調査報告」の第2報

表1　「家庭週報」724～729号に掲載された安否確認調査結果

「週報」号数 発行日	教職員並びに学校関係者	桜楓会会員	附属高女卒業生	在校生				桜楓会特志会員	一般購読者	住居移動者	総数（名）
				大学校	附高女	豊明小学校	豊明幼稚園				
724号 10月5日	16	78	30	43	24						191
725号 10月19日	2	42	13	75	39	10	1	5	6	12	205
726号 11月2日		30	5						1		36
727号 11月16日	1	4		34							39
728～729号 11月30日		5	1								6
729号 12月14日		1	1								2
合計（名）	19	160	50	152	63	10	1	5	7	12	479

（5）住宅被害の状況を全焼と家屋倒壊に限って分類してみると、全焼は東京府在住者が145名、府下は10名、神奈川県が34名で総数は189名に達し、残念ながら焼死者が出ている。市内でもっとも被害甚大《じんだい》は神田・日本橋地区で48戸、次が麹町《こうじまち》の21戸、芝の20戸、築地・京橋地区の19戸、浅草が11戸、本郷が10戸、赤坂が5戸であった。市内最大の焼失被害があった本所・深川地区は11戸であるが、焼死者3万6000人を数えた被服廠《ひふくしょう》跡の猛火に巻き込まれた桜楓会会員が数名いたのは痛ましい。

2　被服廠跡の大惨事

その1人は山内とき（9回家政）で、逃げまどう本《ほん》所《じょ》区民を誘導し身をもって猛火と闘った警察署長の妻であった。責を負って夫は焼身自殺をとげ、妻ときと幼子もともに焼死が確認され一家3名が被服廠跡で落命した。ほかに、本所にある社屋で執務中だった小泉登美（20回国文）と近森瑞江（20回家政）の新卒の2

人は、手を取り合って被服廠跡に避難したが、大混乱のなかではぐれて、小泉は半身に重傷を負いながら3日目に救出されたが、近森は行方不明と報じられた。また、附属高女出身の柳井和子の家は、一家11名中8名が同じく被服廠跡で行方知れずとなり、和子はその後死亡が確認された。本所に住む森初（15回英文）は最近まで『週報』編集部員として「週間雑記」を担当していたが、家屋全焼で被服廠跡に避難し、両親と夫の一家4名の生死は未だ不明。

一方の家屋倒壊は、市内の被害者がわずか2名であるのに対して、神奈川県内は50名、と多い。被害が集中しているのは山や崖《がけ》が多い鎌倉・逗子《ずし》地区で21戸、続いて横浜・横須賀地区の17戸、小田原の6戸である。9月1日はまだ夏休み中であったことから、避暑地や別荘で落命《らくめい》した本人や家族も見受けられた。

新卒の黒柳琴（20回師範家政）は姪とともに小田原の実家で圧死《あっし》、宇田愛（5回英文）は避暑先の房州で子息を圧死で失い、本郷の本宅は全焼、本人も負傷した。伊豆伊東で家屋流失した方が1名あり津波被害だろうか。附属高女4年生の松岡のぶ子と妹の豊明小学校4年生の美恵子の姉妹は、横浜の波止場《はとば》へ米国に旅立つ長姉を家族親族ともども見送りに出たまま行方不明になったが、その後姉妹の死亡が判明した。船を見送った後、火に追われたらしいが、とっさに船に乗り込んで助かった人もあったという。ほかに横浜では、佐藤茂子（附属高女出身）が火災でいったんは本願寺別院広場に避難したものの、四方から火焔《かえん》に囲まれ一家4名が焼死した。

12月14日発行の『週報』729号は「追悼・慰安会」の見出しで、「悲痛なる最期をとげられた9名の人々を追悼し、かつ学校関係者、卒業生並びに学生の罹災者を慰安する会」が、惨禍《さんか》の日から百カ日目にあたる当日を機として開催された、と報じた。壇上《だんじょう》にかざられた黒枠の写真の山内とき、山口久子、黒柳琴、森初、柳井和子、近森瑞江、佐藤茂子、松岡のぶ子、松岡美恵子（順不同）らの御霊《みたま》に対し麻生《あそう》校長は「私共は故人の抱負を受けついで故人の意志を実現して行かねばならぬ」、「遭難された方々の体験を聞いて、それを心の糧《かて》として私共の生活の中に、たえず鞭《むち》打つところの原動力としたい」と語った。そしてこの号をもって安否確認作業はひとまず終了したのである。

3 報道の使命に燃えて

たった2カ月間で479名の安否確認を、しかもただならぬ状況下で迅速に成し遂げた原動力は、いったい何だったのだろうか。

その1つは、ほかならぬ業務担当者の熱意である。10月5日発行の724号に掲載された「震災別記――善後処分録」にある9月7日付の欄に「本日より震災善後 記録係を置く、家庭週報編集部員これに当たる」の記述があり、冒頭の引用文にもあるように翌8日には早速本所方面を訪れている。同じく9日付には「震災記録帳二冊を備える。その1、震災善後記録 2、罹災者調査名簿」とあり、これら一連の業務担当は『週報』編集部員であったことが判明した。本格的な調査開始は、同12日付に「週報部より本所方面の災害視察に出向、明日より東京市内を手始めに桜楓会員罹災者の現状調査を始める」とある。同13日付は「本日より本所、浅草、下谷《したや》方面の会員及び学生家族の罹災状態調査にかかる」。同18日付「日本橋・浅草方面へ調査員、慰問者を出す」、19日付「罹災区京橋、本郷の学校関係者を調査及び慰問に出向」というように、実に連日の激務であったと推察する。

2つ目は、『週報』が文字通り毎週発行の過酷な週刊紙であったことによる。9月1日の地震発生時、夏期休暇中の校内の教職員・桜楓会員は20名ほど、幸いみな無事であったが、「正門前には電線が悉《ことごと》く切れて網のように路上に横ぎり、崩壊した煉瓦《れんが》の下敷となって惨死《ざんし》した通行人の鮮血があたりに流れて凄惨《せいさん》な光景であった[1]」。難を逃れた20名のなかには、『週報』編集部員3名の氏名も記録されており、休暇とはかかわりなく日頃より多忙な編集部であったことは容易に想像できる。それは『週報』が文字通りウィークリーであり、コピーやファックスのない当時でもB4判の

写3　週刊紙としての使命に燃える『家庭週報』の編集室

写4　すべて女性の手で発刊の『家庭週報』、エプロン姿の発送作業

広告込みで16ページを毎週発行し、加えて広告とりから発送作業まですべてを桜楓会員である女性の業務として、こなさねばならなかったからであった。

「編集する側の苦労は並大抵のものではなかった」(2)と述懐する編集者もあったが、しかしたえず活字の重要性を認識し根性を培《つちか》ってきた彼女たちは、被災地の無残な現場を前に、いっそう報道の使命を掻《か》き立てられたに相違ない。編集部の総力を挙げて安否確認を遂行し、タイムリーなニュース性と速効性を可能なかぎり発揮したといえる。実に見事な安否確認報道であった。

その要因については、といえば次の中嶌邦《なかじまくに》の記述に注目したい。「ジャーナリズムの力を早くから意識していた成瀬は、拡大するジャーナリズムに積極的に対応」し「学生達にも積極的に発表し印刷化することを勧めている。それは卒業生会桜楓会による『家庭週報』の発行に結びついた。『家庭週報』は単なる一機関紙ではなく、広く社会への発信を意図するもの」(3)であった。日頃の報道の使命がいみじくも生かされたこの「罹災者調査報告」は、歴史の貴重な記録として高く評価されてよいのではないか。

ほかに、当時最寄会と呼ばれた近隣の小グループが確認調査に役立ったのではないかと推測される。桜楓会支部より小単位の会員同士のご近所付き合いだったことから、立退先などの情報を把握しやすかったと思われる。3年前の東日本大震災の際には、支部からの正確な情報がもっとも信頼できたとの報告もあり、今後の対策の1つは、身近な会員の情報をいかに支部が把握《はあく》できるか、また、本部は豊富な個人情報を確実に管理できる桜楓ネットワーク構築のために、会員の関心をいかに呼び込むことができるか、課題は大きいが、1世紀も前の見事な安否確認に学ぶところは多い。

引用文献

(1)『家庭週報』724号1面　1923年10月5日
(2)渡辺美保「『家庭週報』の変遷」『女性ジャーナルの先駆け』(社)日本女子大学教育文化振興桜楓会　2006年、p21
(3)中嶌邦「ジャーナリズムへの対応」『あなたは天職を見つけたか』日本女子大学　2008年、p47

3 桜楓会託児所主任・保母 丸山千代の救援活動

山中裕子

はじめに

10万5000人もの死者・行方不明者を出したおおよそ一世紀前の関東大震災で、日本女子大学校と卒業生組織桜楓会《おうふうかい》が連携《れんけい》して行った支援活動は、突出《とっしゅつ》してめざましいものであったことが当時社会的に評価されたが、最近、陰の貢献者として桜楓会託児所初代主任保母丸山千代（6回教育）の名が急浮上し、そのリーダー的行動がにわかにクローズアップされている。活躍を裏づけるように、2014（平成26）年に公開の学内未発表資料「震災善後録《しんさいぜんごろく》」によると、上野公園内に設けられた児童救護所などの設営準備について、東京市社会局と事前協議するために桜楓会役員と行動をともにする丸山の姿が記録されている。

丸山千代は1887（明治20）年5月28日に旧米沢藩家臣の家に生まれ、父は藩直営の米沢製糸機械会社の要職にあって、国会初の議員としても活躍したが、丸山自身は「幼少の時から厳しい父母の膝下《しっか》で武家の家風である質実剛健《ごうけん》、質素倹約、勤労第一の躾《しつけ》を受け[1]」て育てられた。1男5女の恵まれた家庭にもかかわらず姉妹2人が聾唖者《ろうあしゃ》だったことから、丸山はハンディを負う弱者のために生きることを幼くして決意しており、成瀬仁蔵《なるせじんぞう》の教えを受ける以前から犠牲的奉仕の精神に富む少女であった。ゆえに丸山のこの重い宿命は、桜楓会託児所の重責を担う主任保母としての献身と、決して無縁でなかったといえよう。

当時の託児所は貧しい子を預かる慈善事業であり、貧富の格差が顕著《けんちょ》になった明治後期に、貧民救済のひとつとして誕生したことに始まる。一般的にはおざなりの一時預かり所にすぎなかったが、1913（大正2）年、スラム化した貧民集落にオープンした桜楓会託児所は、丸山の斬新《ざんしん》な着想と実践により、近代託児教育の起点としてその後のセツルメント活動を促すなど、社会に与えた影響は多大であった。丸山の功績は次の点にあるといわれる。

第1は、子守的な託児所にモンテッソリ（『日本女子大学学園辞典』の表記に準ずる）教育法を取り入れるなど、保育内容を飛躍的に向上させ、発展させたこと。第2は、託児所の活動を近隣の貧民家庭など地域全体に拡大し、復習会や夜学校を設けて託児以外の貧しい子どもたちにも生涯学習の途《みち》を拓《ひら》き、同時に貧民地区の親たちの生活環境を改善するなど必然的に、いわば未開拓の隣保《りんぽ》活動に取り組んだこと、に集約される。

震災発生後の丸山の行動をたどると、弱者救済の託児現場でたえず献身的に行動する彼女の、その果敢な活動の延長線上であったと推察できる。

そこで本稿においては、時代に先駆けた桜楓会託児所設立の経緯と背景を考え、そのうえで丸山の保育・教育・隣保活動が具体的にどのようなものであったかを時系列に明らかにし、そして本題の救援活動を生み出した誘因《ゆういん》を託児現場の活動のなかに探ってみた。未知の桜楓会託児事業に挑戦したパイオニアとしての丸山の艱難辛苦《かんなんしんく》が、未曽有《みぞう》の震災時にどのように生かされ、どのような成果をもたらしたのだろうか。

1　スラム街にできた桜楓会託児所

1　このままでよいのか、無策の貧民救済

この当時、わが国は日清・日露戦に勝利していっきょに近代産業を推し進め、職を求めた人々が大都市に大挙流入した結果、景気の激しい変動に伴って失業者が街に溢《あふ》れ、またたく間に貧困層を生み出した時代であった。一年中垢《あか》だらけの子どもたちが野放し状態で街をうろつき、その日暮らしの人々が陽の差さない小屋に折り重なるように暮らす貧民街（スラム街）

が、明治末期には市中のあちこちに出現し、劣悪な環境は社会的保護政策もないまま、まったく放置されていたのである。桜楓会が託児事業を決断した最大の根拠は、この貧民救済にあった。つまり草創期の日本女子大学校の教育的バックボーンが大きく影響したのだった。

創立者の成瀬仁蔵は女子高等教育の先駆者ではあったが、大学校創立以前から「吾天職は、教員にあらず、牧師にあらず、社会改良者なり。[2]――」と日記に認《したた》め、貧困の格差に腐心《ふしん》した人物である。それゆえ、同窓会設立を熱望する第1回生に対して成瀬校長は、卒業後も学び続けることの意義、そのためには社会に根ざした活動体としての同窓会の使命を説いた。最後に学生たちの自発的な決意を見きわめ、ようやく同窓会組織・桜楓会は誕生を許された。こうした経緯からしても、自国の無策の貧民救済に心痛であったことは想像に難《かた》くない。

また成瀬には卒業生の社会貢献に、女性の特質である奉仕の心を生かすべきとの思いがあった。成瀬の遺志はのちの社会事業学部設置に受け継がれるが、そのきっかけの多くは自身の米国留学にあった。「成瀬は、アメリカの女性の親切やすぐれた面を眼のあたりにして[3]」女性が特有する慈愛について「――然れば婦人の天職は第一ニ之を養ヒ、以て世を感化スルニアリ[4]」と日記に記し、またこうも語っている。「人類全体の為に、進んで一身を犠牲にすると云ふ精神は、男子よりも、婦人の方が、もう一層強く、一層自然的のもので[5]」と。日本女子大学校創立から7年後の1908（明治41）年、成瀬は教育が大学のなかだけでなく広く社会や家庭にも拡大されるべきとした大学拡張論を展開、その担い手は女子高等教育を授《さず》かった者の使命であると示唆した。

一方で、桜楓会の機関紙であった『家庭週報』（以下、『週報』と略）は、野放し状態の貧民救済に対して学内外の著名人によるさまざまな啓蒙記事を掲載して、社会的弱者に対する会員の関心を促《うなが》し、対策を模索している。たとえば児童教育に警鐘《けいしょう》を鳴らす高島平三郎や慈善事業・社会事業の必要性を説く留岡幸助らの談話や寄稿、教師ミス・フィリップスによる「英国女子大学生の貧民救助事業」の記事、また桜楓会社会部による各地の貧民街や岡山孤児院ルポ、貧民窟に住む石井十次記念愛染園《あいせんえん》の富田エイ（5回英文）の「薄幸児《はくこうじ》の将来」、本学社会事業学部創設に深くかかわった生江孝之《なまえたかゆき》の記事などがそれであり、成瀬が期待した通り、桜楓会は社会意識を十分に備えた活動体に成長していった。

その頃、2年間の米国留学と欧州の視察から帰朝し、彼の地で知ったハルハウスやセツルメント活動に感銘した桜楓会幹事長井上秀《ひで》（1回家政、第4代校長）は、「家計が苦しくても、手足まといの乳児があり、出るに出られない労働者の妻の共稼ぎ」(6)を支援しなければ貧困は解決しないと腹案《ふくあん》を示し、成瀬校長の「大学拡張の実践の場」(7)として、託児所設置はただちに実行に移された。そして、桜楓会託児所主任保母の白羽の矢は、突然丸山千代に当たったのである。

2 まず働く母親をサポート

米沢高等女学校を卒業した丸山は、1906（明治39）年に日本女子大学校教育学部第二部（通称博物科）に入学した。幼な心に「不幸な姉妹達の杖になる」(8)と誓った通り、生理衛生や心理学など将来の聾唖《ろうあ》教育に重要な必修科目のほかに教育学、児童研究、保育法、教授法を積極的に習得して人生の目標に邁進《まいしん》した。2年生で列席した第5回卒業式で先の成瀬校長の告辞「大学拡張論」を学び、よりいっそう決意を固めたことだろう。翌年6回生として卒業、ただちに聾唖教育に取りかかるつもりが、級友大橋広《ひろ》（3回英文、6回教育、第5代校長）が勧める健常児の教師の経験こそ必要、との忠告に従い逗子《ずし》小学校に奉職する。しかし、腎臓病を患《わずら》い無念の帰郷。やがて病が癒《い》えると250余名の女工の取締役を引き受け、社長の娘でありながら女工らと寝食《しんしょく》を共にし、生活習慣の改善、読み書き、精神面の指導などに自身の時間を割くことを厭《いと》わなかった。このときの体験を綴った丸山の手記（「桜楓会通信」38号）から推測すれば、師の大学拡張論を身をもって実践した試練は、のちの貴重な学習体験になったはずだ。

　だが数年後、丸山家は父の急逝《きゅうせい》により全財産を没収され、すでに家を飛び出した兄に代わり、聾唖の姉妹ともども家族全員の生活が25歳の丸山の双肩《そうけん》にかかった。恵まれた人生は、突如住む家もない没落の境遇に転じたのである。偶然にも時を同じくした桜楓会からの保母就任の強い要請に丸山は、固く誓った聾唖教育を断念できず、辞退を決意して着の身着のままで

写1　学生時代の丸山千代

写2　貧民長屋に誕生した小石川久堅町の最初の桜楓会託児所

上京するが、再三の説得についに承諾する。当初から桜楓会が最適任と目した丸山の起用こそ、託児事業成功の第一歩であった。

「太陽のない町」といわれ、極貧の人々が暮らす小石川氷川下の貧民地区付近の久堅《ひさかた》町に、僅《わず》かばかりとはいえ庭付きの長屋1軒（6畳2間、4畳、3畳）を借り受け桜楓会託児所がオープンしたのは、1913（大正2）年6月27日であった。これまで託児所という名称はなく（当時、本学評議員であった渋沢栄一が命名）[9]、まして公営託児所ゼロの時代に[10]、とくに貧しい幼児を預かるこの種の事業は日本において未だ稀有《けう》であった。それだけに創立僅か13年目の新設女子大学校の、しかも同窓会が着手する新事業に、社会は期待とその多難な行方に注目した、と『讀賣新聞』『新女界』などマスコミは報じている。

しかし世間的には異色の船出だが、事業着手の基底《きてい》には成瀬のめざした家庭改良から社会改良への明確な展望があり、当初からまず女性の就労支援を第1とした点に注目したい。働く母親に配慮した、主に次のよ

写3　広岡郁子寄贈のモンテッソリ遊具を使った幼稚園並みの託児教育

うな規則が提示された。託児時間は夏が早朝6時から、冬は7時からで、ともに18時まで。正月と盆以外、毎月1日と15日のみの休日。託児の年齢は満2～6歳まで、20名が定員。弁当と1銭のおやつ代と5厘の積立金（受取人は託児家庭）以外は無料、などであった。

3 モンテッソリ法による能力開発

託児が始まると、無教育な親のもとで野放しに育った子どもたちの保育は、想像以上の体力と忍耐の日々であったことが『週報』に寄せた丸山の手記「託児所の日記」からうかがわれる。「秀ちゃん、元禄の着物はどうしたのと言うと、あのね、父さんが雨が降っているのでお金儲けてこないのよ。元禄の袂《たもと》の着物はね、お倉に入っているの。アタイのおべべはこれきりなの、と言って毎日汗と垢ににじんだなりで来る」[11]。

銭湯《せんとう》にもいけない子どもたちの手足を洗って毛虱《けじらみ》退治《たいじ》、耳垂《みみだ》れや感染症の眼病や腫物《はれもの》などの手当てが朝の日課となった。子どもたちは室内では障子《しょうじ》の桟《さん》によじ登り、屋外では他家に忍び込んで草花をむしり、

写4 こざっぱりと遊びやすく考案された上衣（筆者注：スモック）を着て緊張気味の託児たち。1920（大正9）年、内務省主催の児童展覧会出品作のモデルとして撮影された（一般社団法人 日本女子大学教育文化振興桜楓会提供）

ボーフラを口に入れようとする。一瞬も目が離せず粗《そ》相《そう》の始末と洗濯に追われる日々だった。が、丸山は礼儀作法や言葉づかいなど厳しく、そして辛抱強く躾《しつ》け、下働きのおばさんの手助けを許さなかった。その結果、子どもたちは自分のことは自分でする生活習慣や年上の子が年下を世話する協調性が身に付き、ほとんど興味を示さなかったお絵画きや唱歌や遊戯《ゆうぎ》に興じるまでに成長した。

この急成長に丸山は「教育の致し方でどんなによい人にもすることが出来る[12]」と確信を強めた。はたして第2代校長麻生正蔵《あそうしょうぞう》が『週報』などで熱心に紹介し、その後附属豊明《ほうめい》幼稚園が取り入れたモンテッソリ教育法の導入を、学友武市綾子（6回英文）の強力なサポートを得て決意する。開所から僅か一年、時代に先駆け最新の方式を取り入れた日本初の託児所は世間を驚かせた。しかし実際試みてみると、予想通り貧しくても子どもたちに本性・能力の違いはなく、将来の可能性を期待させることが判明、丸山の自信と意欲は確実に増大していく。

1年後「母校の製菓部から送って頂いた甘いパンの屑《くず》を子供たちは珍しげにおいしい、おいしいといって頂く。先生も食べてご覧と無理に口に入れてくれる[13]」ほど微笑ましい情景に変わり、育児経験のない独身の丸山が、無心の幼子のしぐさを愛《いと》おしむ記述が多くみられる。とくに丸山は子どもの成長をよく観察し、一人ひとりの無邪気な発達ぶりをリアルに生き生きと綴っている。署名入りだけで34編、確実に丸山と思われるものを加えると約40編余が貴重な資料として『週報』に遺された。

４　川の氾濫《はんらん》で捨て身の行動

1914（大正3）年9月14日、大雨で託児所近くの川が氾濫して貧民地区に被害がおよんだ。丸山はとっさに託児所を開放し避難民に蒸《ふ》かし芋や衣類、そして躊躇《ちゅうちょ》する我が身を恥じながら自分たちの寝具も提供する。米を買い作業員を雇い、その日暮らしの困《こん》窮《きゅう》家庭に握り飯10個に沢庵《たくあん》を添えて配らせた。翌日は水の引いた一面悪臭のなかを、泥水《でいすい》に足をとられながらビスケットを抱え、丸山は託児の安否《あんぴ》を尋ね歩いたという。丸山の機転と捨て身の行動は、たちまち評判となって遠方にも広がり、入所申し込みが絶えない事態となった。

かねてより貧民救済を事業目的の第一とする桜楓会にとって、託児増員の要望は当然喜ぶべき反響ではあったが、しかし大きな借家への移転にはかなりの費用を必要とした。そこで桜楓会は「慈善事業とは言え、いつ迄か社会の同情者の寄付にばかり俟《ま》つことはわが会の本意とする処《ところ》ではありませぬ(14)」との積極的な決意を表明し、上野の奏楽堂《そうがくどう》に一流の洋楽・邦楽の演奏家を集めて2日にわたる慈善音楽会を成功させた。『週報』２９９号に掲載された成瀬校長の次の巻頭言は、事業の社会的使命を確信し、将来を見据えた熱意溢れるものであった。

「この催しが動機となって、従来の託児所が発展するばかりでなく、今後、将《まさ》に我が国に必要となるべき労働者児童教育、及びその家庭改善の事業が、益々拡張せられて、そこに、桜楓会の大いなる使命が全うせられること、(中略)その発展を助力せられん事を、希望するのである」。

5 近隣の貧困層におよぶ託児教育

音楽会の収益のほかに、昭憲皇太后《しょうけんこうたいごう》葬儀の折に使用された代々木葬場殿の一部用材の御下賜《ごかし》、加えて東京府からの共励金《きょうれいきん》(以後継続)など、浄財《じょうざい》を投じた新しい託児所は１９１５(大正４)年に北豊島郡巣鴨の長屋集落に完成した。定員は20名から80名に増員され、借地１３０坪に新家屋63坪、浴室も備えられて週2度の入浴が可能になった。

子どもたちは日増しに健康になっていったが、そこには不衛生な家庭環境の改善に取り組んだ、丸山独自の大胆な発想と実践があった。まず医師による健康診断を開設し耳鼻科・歯科の専門治療を実施、さらに臨時のおやつや牛乳の配給、寄贈ミシンによる簡易服の縫製など託児の健康的発育に最大の注意を払った。次に「コドモ会」を開き、近隣の友だちを招いて歌や遊戯の発表と交流の場をつくり、しだいに地域の子ども

写5　巣鴨字宮下町の長屋集落に完成した桜楓会第1託児所

たちが参加する「公開コドモ会」に発展させていく。
その一方で無知な親たちのために「親の会」「母の会」を作り、理学博士を招いてハエが媒介《ばいかい》する伝染病予防を指導し、また逓信省《ていしんしょう》の役人による簡易保険の話を聞かせ、自前で用意した貯金箱を渡して家計に役立つ貯蓄を奨励、そのために格安古着バザーを開催した。そして娯楽に乏しい人たちを活動写真上映会やクリスマス会に招待し、さらに桜楓会会員に本の寄贈を募り、働く親のための夜間読書倶楽部《くらぶ》を開設する。その他、人望があった丸山は身の上相談にも親身にのり、代筆まで引き受けた。

こうした人々に寄り添う丸山の着想と行動は、しだいに託児所の垣根を超え、さらに事業の枠を超えて地域住民参加型の幅広い地域活動、いわゆる隣保《りんぽ》活動へと具体化されていく。その評判はやがて行政機関の知るところとなり、丸山は新設の東京府慈善事業協会から「保育分科会の主査」に任命され[15]、内務省の嘱託を受けて関西方面の貧困救済事業を視察するなど、保育ばかりか貧困対策の強力なメンバーとして認められ

写6　貧民救済の公営日暮里小住宅地に建設中の桜楓会第2託児所

写7　天才ピアニストといわれた日本女子大学教授の久野久子の託児所後援演奏会

た。連合主査会をはじめ、府下託児所委員会、全国救済委員会など公的な会合はもっぱら広く清潔な巣鴨託児所が利用され、行政の人脈は必然的に構築された。このネットワークはあらゆる支援活動で効果的に機能したと推察される。

6 公的信頼を確実にした救援活動

1917（大正6）年の秋、有名な東京大風水害は死者・行方不明者1300人の惨事となり、桜楓会は東京府慈善協会に協力して罹災地4カ所に設置した臨時託児所の支援に取り組んだ。すでに協会との交流をもち、また3年前の洪水災害での優れた救援経験をもつ丸山は、桜楓会本部の要請を受け先頭に立って指揮にあたり、約2カ月間をドブ色の深川を中心に水害地に泊まり込みの活動を続けた。『週報』442号は現場の記者からの報告を次のように伝えている。

丸山さんが乳呑児《ちのみご》を抱えて出ていらっしゃいました。こちらにはこんな小さな子供まで23人もおりますから、なかなか手がかかります。そりゃあ、おむつの世話までですとも。乳呑児でなくても随分始末の悪い子もありますけれど、そんな事苦にしていて出来る仕事じゃありません。それより今度、この周囲の家を訪問してその悲惨の極《きわ》みを見せられましてね。こういう人達のために、もっとどうにかならないものだろうかと、気が気でないんです。

続けて、蔓延《まんえん》する伝染病や貧困対策の遅れを指摘し、古ござに転がる病人、空俵の上の死人の山など悲惨な現場の様子に不安を隠さない。「救済の手を広げる余地がいくらもあります」と、進まぬ国の対応を批判し、丸山自身が国策の救済事業にかかわっているとはいえ、思うに任せぬ行政の壁への無念さが伝わる。

桜楓会の組織力と丸山の沈着《ちんちゃく》な指揮は、この災害でさらに中央官庁の厚い信頼を得る結果になり、丸山は翌7年には東京府慈善協会救済委員に任命されて、貧民街における生活実態調査などの報告を行い、実力を大いに発揮したことがうかがわれる。桜楓会と丸山の一連の活躍で、桜楓会並びに託児所に対する公的な高い評価はほぼ定着したといってよい。

託児所の必要性が高まるに伴い、桜楓会は無理を承知の託児所増設をまたも迫られ、巣鴨に続き第2託児所が1920（大正9）年に日暮里《にっぽり》に完成した。幸い東京府慈善協会が貧民救済事業として建設した「長屋式小住宅」地区の一角213坪を、優先的に借りた66坪の建物が完成する。桜楓会の各種募金活動のほかに東京府の特別補助金が下付され、すべてに充実した理想の託児所は全国でも四指に入り、見学者が絶えなかった。丸山は巣鴨第1託児所同様、日暮里第2託児所の主任保母も兼務する。この開所と同じ1920年に桜楓会は社団法人格を取得、女性の同窓会としては異例の社会的活動体として認められた。

2　巣鴨託児所内に桜楓女子夜学校誕生

1921（大正10）年には二つの画期的な教育機関が新設され、その一つが社会事業学部（児童保全科・女工保全科）の船出であった（第2章3項に詳しい）。学部開設には丸山の高い評価も貢献したといわれてい

写8　桜楓会夜間女学校

表1　夜学校の変遷

大学校内に開設	設立年	巣鴨託児所内に開設
10月　共励夜学会（別名 夜学校）	1910（M43）	
	1921（T10）	10月　桜楓女子夜学校
	1923（T12）	9月　関東大震災のため閉鎖
9月　桜楓会夜間女学校（夜学校が発展）	1925（T14）	4月　（勤労男女のための）桜楓会巣鴨夜学校
	1928（S3）	7月　巣鴨託児所閉鎖のため閉鎖
3月　西生田移転準備で閉鎖	1939（S14）	

る。桜楓会託児所は児童保全科の学生や卒業生の見学先、実習先となり「丸山千代先生の献身的な働きに感銘した[16]」との学生の感想も寄せられた。

　時勢はすでに慈善事業から公的社会事業の転換を意図したものの、欧米に遅れた日本の福祉政策が、未だ現場の丸山たち保育従事者に粉骨砕身《ふんこつさいしん》の日々を押し付けていた事実は、丸山の手記「託児所の実際」に詳しい。どこまでも奉仕の精神を貫く姿に魅了されて、のちに丸山の下で働き、保育の世界で活躍した後輩は少なくない。とはいえ、在職は総じて短期間であったようで、多様な活動を展開する託児所は、まさに寸暇《すんか》もない厳しい労働を保母たちに要求せざるをえなかったのである。

　二つ目は、同じ年にスタートした桜楓女子夜学校である。巣鴨託児所の夜間を利用して、桜楓会東京支部と新卒の18回生が協力して開校したものだった。夜学校誕生の経緯は、この年の桜楓会研究テーマ「児童問題」を討議するなかで、「貧児は障害児と同じ特殊児童[17]」であるから特別の救済が必要であるとの結論にいたり、過酷な労働下にある女工や下働きの少女を対象に立案されたのである。

　年齢制限をなくし、できるだけ入学者の便宜を図り、実際に役立つ知識と技能と信念とを養うことを目的とした。教科は日常訓・国語・算数（珠算、筆算）・英語・音楽（唱歌）・裁縫・家事（衣食住、看護、経済、衛生、育児）などかなり広範で、とくに少女に英語教育は当時としてめずらしい。実際託児所の「コドモ会」では夜学校の生徒による英語の対話劇が上演されており、勉学の成果を発表する機会づくりにも丸山の工夫がうかがえる。

　初年度の入学者は29名、翌年の3月には巣鴨託児所の出身者のなかに、中学入学を志願する者1名、女学校志願者2名、女子夜学校志望者は数名あり、特殊児童研究の担当代表として開校に熱心に協力した丸山は「託児所を出てからも指導し、一人前になるまで見届けねば託児所の働きも徹底しない[18]」の決意をもって、貧困ゆえの教育格差の是正にいちだんと熱を入れた。

3 関東大震災の救援活動

1 活動の成果と誘因を丸山の手記に追う

1923（大正12）年9月1日、関東地方を直撃した大地震の発生時、丸山は脚部の神経痛を患《わずら》って自宅で静養中であったが、ただちに巣鴨託児所に駆けつけた。以下は、震災から約1カ月半後の10月19日発行『週報』725号に掲載された丸山の手記「震災後の託児所より」の概要である。当時の丸山たち託児所がとった機動的判断と行動は次のようなものであった。

巣鴨託児所は壁の一部が破損した程度で子どもたちも無事であった。翌日から保母の先生たちは託児の家々を見舞い、さらに久堅町時代の子どもの家々を訪問、いずれも無事を確認した。発生から3日目、捨て子と赤児5名を預かる。数日後には託児たち40名ほどが元気にやってきた。一方で不通になった日暮里託児所から3日ぶりに全員無事の連絡があり安堵。4日目に作業員とともに日暮里にたどり着くと、そこは周囲の長屋からの避難民で溢れかえり、不衛生このうえない。柱が曲がり板戸の腰板はすべて外れてかなりの被害だが、今朝はお産が2組、庭には重篤《じゅうとく》の子どもが臥《ふ》すありさま。焼失した家の子どもを尋ね歩くが、なかなか見当たらず、結局焼けた家は3軒、傾いた家が数軒あった。家族のなかの死亡者や失職者の数は巣鴨よりひどい。

託児所に連れて来られた赤児は、いずれも乳を離され乱暴に扱われて病になり、夜も寝ずに看病した甲斐なく一人が死亡した。納棺して菊の花で飾ってあげる。この児の死によって気を打たれ、全快の後は再び引取るつもりで3児を思い切って大学病院に預けた。数日後には遊戯室を仕切って済生会の出張所を開き、医師の受診を可能にした。

これらのうち、救援活動の成果につながったと思われる誘因を探った。

（1）安否確認が巣鴨、日暮里両託児家庭だけでなく、託児所第1号の小石川久堅町の、実に10年も前の託児家庭にまでおよんでおり、成長した託児や親たちとの

写9　1日400食を作った児童救護所の台所（日本女子大学教育文化振興桜楓会提供）

写10　テント食堂の粗末なむしろに座る子どもたち

交流が隣保活動を通じて継続していたのだろうか。いずれにせよ、丸山には「この街でおおくの子らの母であった丸山ちよ先生」と刻《きざ》まれた顕彰碑《けんしょうひ》が「〜細い路地をくねくねと曲がりながら進んだ小さな小さな遊び場、南大塚1丁目児童遊園の一隅」[19]の元巣鴨託児所近くに建立《こんりゅう》されていることからも、文字通り母と慕われた丸山であれば、成長した子どもたちの安否まで確認したとしても不思議はない。それは地域密着型の利点とはいえ、住民と丸山の変わらぬ信頼の証ではないだろうか。

(2) 避難民で溢れた非衛生な日暮里託児所は、数日後に貧しい病者を一斉に治療する済生会が所内に入り改善された。これは先述した過去の大洪水で、伝染病の恐ろしさを知った丸山の配慮が、蔓延《まんえん》を防ぐ誘因となったと思われる。

(3)「親は失職に苦しんでいる」一方で、「貯金してある者は下げて早速の資本にした」とあり、託児所の規則にある1日5厘の積立貯金が過去の水害時はもちろん、今回も貧困家庭に役立った。貯蓄習慣の指導こそ誘因であろう。

(4) 乳児の死亡は丸山に大きなショックを与え、親のない子たちを温かい家庭に引き取ってほしい、との広告が『週報』紙上に掲載された。まさに弱者を徹底的に救済する丸山の願いにほかならない。つまり丸山が終生貫いた慈愛の心が、活動全体を支えた原動力につながっている。

(5) 桜楓会全体の支援については第1章1の項に詳しいので省くが、とくに丸山がかかわった上野公園内に設置された児童救護所は、9月17日から罹災児童に給食とおやつの供給を開始している。その際の丸山の活躍は、冒頭で述べた通り行政側と行動をともにし、市の依頼から僅か4日で救護所がオープンしたことからみても、その経験と人脈が生かされたと推測できる。

他方、生前の成瀬校長は、健康児の出生は母体の栄養摂取《せっしゅ》に因《よ》るとの見解をもち、とうぜん食育は日本女子大学校教育の重要な柱の一つであった。託児所では卒業生が経営する興眞《こうしん》牛乳の寄付を受けて1日1人1銭の材料費で、蒸《ふ》かし芋や手作り団子などのおやつ提供が行われていた。したがって児童救護所設営は、こうした日頃の食育が生かされた、1日400人分の栄養食と200人分のおやつの提供を可能にしたのである。

2「役所になぜ婦人がいない」と痛烈に指摘

震災の翌年に開催された第21回桜楓会総会議事録に、こんな記述がある。結成された東京連合婦人会との連携についての、井上理事長の報告のなかに「～なにしろ東京連合婦人会は震災後、桜楓会の後に動き出したものでありますので、活動がかち合い」「本会は責をつくしました」が「十分にできなかったことは不満足に思います」、とある。児童救護所を素早く開所した本会とにわかづくりの東京連合婦人会とは、支援活動のキャリアに大差があったのは否《いな》めないが、なぜ有効な連携体制がとれなかったのか、あらゆる指揮権をもつ行政側に責任はないのだろうか。

そこで丸山が述べた、以下の率直で批判的な意見に注目したい。「さて此の際、我々は何を為すべきか。大正6年の暴風雨の時は4カ所に臨時出張所を、各社会事業団体と合議の上で設けたのであった。此の度は如何《いか》に、と府へ伺《うかが》ったが、専《もっぱ》ら配給に集注され、まだまだそれどころではなさそうだ[20]」（傍点は筆者）。

事態を重くみて迅速な対応策を期待した丸山と指揮力が欠如《けつじょ》した行政の現場、丸山はそのギャップを見逃さなかった。

さらに「此《こ》の度《たび》深く感じたのは、役所に婦人が入っておったらと思うことであります。親切な手がもっと早く行き渡っておったらと思います[21]」と歯がゆさに加え、乳児を救えなかった無念さも滲《にじ》ませる。災害時にもっとも弱く、真っ先に支援を必要とする子どもと女性、この者たちをケアする女性が救済する行政の現場になぜいないのか、これは丸山の痛切な抗議ではなかろうか。結局、行政側は皆無の女性の手を桜楓会の協力で補ったのである（79ページ参照）。

４ 復興後の桜楓会託児所はどう変わったか

１ 再開を待ちかねた稼ぎ手の母親たち

託児所では、親を亡くした幼児を引き取り、保母の先生たちは小学校の炊き出しや看病に行き、託児所宛の寄贈品を分配し、と地域住民の救援に明け暮れた。丸山は桜楓会本部の中心的役割を担いながら、託児所再開に向け一室を確保、巣鴨託児所に続いて10月８日には日暮里託児所も開所した。待ちかねた稼ぎ手の母親たちにとって、いまや託児所は生計のために欠かせない存在であり、桜楓会がめざした家庭改良の認識は順調に浸透《しんとう》したと思われる。

震災の翌年、日暮里託児所の大がかりな修理が終了、一方巣鴨は隣接の工場跡地１０８坪を新たに借り受けて１１１坪の増改築が完成した。これは隣保活動の拡充を視野に入れた、発展的計画が下地にあったのではないか。だが、公的な資金援助をもってしても折からの物価高騰により、桜楓会は基本金を取り崩し、巨額の費用捻出《ねんしゅつ》に一丸となって対処した。これまでの社会貢献が、震災後の市民の託児所への期待感を一気に加速させたからである。

２ 生涯学習の場・巣鴨夜学校スタート

先の巣鴨託児所内に設置された桜楓会女子夜学校は、震災で入学希望者が激減したため閉鎖した。その後、内務省社会局より牧賢一を主任に迎えたことから、男女を問わず、なお勉学を望む働く若者のために、社会人としての学識と実務知識の習得を目的にした桜楓会巣鴨夜学校が、１９２５（大正14）年４月より新たに開校した。修業年限は1年、月謝は1円として、本科は英語、国語漢文、珠算、商業要項、商業簿記、法制経済、世界史、世界地理、修身。また女性向けの裁縫専修科は裁縫、家事料理、編み物、国語のほか、希望者には本科の学科を随意併修させることを許可した。

講師には帝大、東洋大、早大、慶大、国学院大、美大、日女大などの若手現役教師、学生や出身者たち、ほかに内務省社会局、日本興業銀行など社会人も協力

写11　1964（昭和39）年の叙勲者に「孤高の“スラムの母„」丸山千代の名が（浴風園にて）

した。初年度の在籍生徒数は男子20名、女子19名。このうち18名が無事修業し、向学心に燃える4名はさらに研究科に進んだ。震災後、生涯教育の場が学内の夜間女学校とは別に、託児所内に継承された意義は大きい（71ページの表を参照）。

　こうして、丸山の悲願であった貧しい子どもたちの教育の機会均等は、紆《う》余《よ》曲《きょく》折《せつ》ながら進展をみたのであった。

　広く機能的な建物に復興した託児所は、夜学校をはじめ復習会、日曜学校、母子ピクニックなどあらゆる活動を地域住民に開放、その結果、丸山の「信念に溢れた捨て身の活動に魅せられて[22]」共鳴する学生や成長したかつての託児たち、そして夜学校の学生など多くの若者がボランティアとして協働し、本格的なセツルメント活動に変貌していく。いまや地域の核となった託児所は震災以前にも増していちだんと貧困層の住民の篤い信頼を背負うことになった。

おわりに

桜楓会の救援活動の多くは、丸山の豊富な託児経験をベースに、桜楓会の組織力と機動力をフルに活用して行われた、といえよう。とくに東京府慈善事業協会の主査に抜擢《ばってき》され、内務省など行政官庁の会合に出席するようになった丸山は人脈と情報を活用して、より効果的に救援活動を促進させた。だが、丸山自身はむしろ社交下手で掛け引きや交渉上手でもなかったが、弱者への直情的ともいえる熱い思いが彼女を動かしたのだ。そのためにはあらゆるネットワークを駆使《くし》し、不可能を可能にする「天才的な叡智《えいち》の閃《ひらめ》き」(23)があったようだ。

たとえば、子ども健康相談の開設には校医前田園の格別の厚意を仰ぎ、知能検査では高名な滝乃川学園の石井亭一の指導のもとに実施し、好成績を得たことで歌好きの少女を音楽評論家兼常清佐宅に下働きとして預けて保育学校に合格させるなど、枚挙《まいきょ》に暇《いとま》がない。たえず託児の将来を気づかったように、罹災児童もまた託児と同じ弱者として丸山が慈しみ面倒をみたことも、先の通りである。

すでに述べたように「役所に婦人が入っておったら〜」、と記した現場の丸山の声を男性社会はどのように受け止めただろうか。女性不在の役所に代わって子女支援に精力的に取り組んだ日本女子大学校および桜楓会の活動は、行政側の記録にはほとんど見当たらず、見事な社会貢献はいつしか歴史のなかに埋没している。役所は女性の力をその場かぎりで都合よく利用しただけなのだろうか。それは次の事実とかかわりがあるように思えてならない。

震災後の不穏な社会でしだいに強まった思想取り締まりの煽《あお》りを受け、「学生や夜学校の勤労青年たちが多く出入りする巣鴨託児所は、危険分子の温床と誤解され、当局にマークされた」(24)こともあり、さらに託児所の必要性を知見した時の政府が、躍起《やっき》となった託児事業の推進をめぐり、1928(昭和3)年、巣鴨第1託児所は志半ばで閉鎖に追い込まれた。これまでの協力関係を一変した東京市の理不尽な託児政策と、困惑した桜楓会の板挟みになった丸山の苦悶を誰が予測したことか。

閉鎖の年の3月11日付けの日刊各紙には「女子大学の井上秀子女史に脅され」、女史が「開き直る始末に助役は相手は女であると持て余し」「～桜楓会の如き営利的に経営（筆者注：桜楓会託児所は終始慈善事業）せるものに何の遠慮を要するぞ」など女性軽視の活字が躍《おど》り、市予算委員会席上で飛び交った発言は、品性を欠いた三流芝居のように報じられた。つまり当時の男性社会にとって、高学歴の女性の存在は実に目障りであり、当然出る杭《くい》は打たれる結果になった。

桜楓会託児所の歴史は、つねに財政的危機や男性社会の厚い壁など時代のうねりに翻弄《ほんろう》されながらも、丸山を先頭に弱者救済を実現したのは間違いのない事実であった。桜楓会あっての丸山千代、だが、丸山なくして託児所の発展はあっただろうか。

一世紀前とは比較にならないほど情報が氾濫している今日、丸山が培った地域住民との緊密な信頼関係をどう構築していけばよいのか、その展望が問われようとしている。各大学が取り組む施設の一般開放は近年めずらしくない。そしてまた学生が主体となって地域と連携した活動を進めるための調査、研究が、日本女子大学においてもすでにスタートしている現状があり、今後に期待したい。

引用文献

（1）牧賢一『丸山先生の生涯』1969年　p2（非売品—この冊子は丸山の碑の序幕式に配られた）。牧賢一（1904～1976）は1925年に内務省社会局を経て桜楓会巣鴨託児所に就職。その後、諸般の事情で丸山の個人経営となった巣鴨託児所（のちの西窓学園）の主事として丸山を補佐。戦後は全国社会福祉協議会初代事務局長に就任、「シャキョウの神様」といわれるほど活躍した。
（2）青木生子『いまを生きる成瀬仁蔵—女子教育のパイオニア』講談社、2001年　p66
（3）同右　p67
（4）同右に同じ
（5）『成瀬仁蔵著作集Ⅱ』日本女子大学、1976年　p701
（6）『井上秀先生』（社）桜楓会出版・編集部、1973年　p742
（7）中嶌邦『成瀬仁蔵』吉川弘文館、2002年　p159
（8）近藤喜美子他5名「日本女子大学桜楓会託児所と丸山千代女史」『社

会福祉 第四集』日本女子大学家政学会・社会福祉学研究会、１９５７年 p88
(9)『日本女子大学校四十年史』日本女子大学校、１９４２年 p４８８
(10)河合隆平、高橋智『戦間期日本における保育要求の大衆化と国民的保育運動の成立』東京学芸大学紀要 教育科学第五五集、２００４年 p69
(11)丸山が託児所の出来事を綴った日記は、『家庭週報』２３１号から始まり40余編を数える。タイトルはまちまちだが、本稿では全部を「託児所の日記」と総称した。この日記文は『家庭週報』３８１号より抜粋
(12)丸山千代子「桜楓会託児所にて」『桜楓会通信』44号、１９１３年 p80
(13)『家庭週報』２７７号
(14)『家庭週報』２９５号
(15)牧賢一「スラムにおける保育所の誕生と発展」『保育の友』１９５９年6月号、p19
(16)『日本女子大学社会福祉学科創設50年史』１９８１年 p90
(17)『家庭週報』６２０号、６２４号、６３３号
(18)『家庭週報』６５４号
(19)拙稿「時代を切り拓く卒業生・桜楓会託児所保母主任丸山千代」『成瀬記念館』No.30 日本女子大学成瀬記念館、２０１５年 p66
(20)(21)丸山千代子「震災後の託児所より」『家庭週報』７２５号
(22)牧賢一『丸山先生の生涯』１９６９年 p6
(23)牧賢一「丸山千代女史を語る」『幼児の教育』１９３３年7月号、p54
(24)同(19)、p64

参考文献
丸山千代「託児所の日記」『家庭週報』２２６号、２７７～９号、２８６号、２８９号、３４８～９号、３８１号、４５４号、４７７号、５０１号、５６４～５号、６１９号、他
武市綾子「桜楓会託児所に於ける経験」『家庭週報』２９６～７号、２９９～３０３号
『桜楓会八十年史』（社）桜楓会、１９８９年
『写真で綴る桜楓会の１００年』（社）日本女子大学教育文化振興桜楓会、２００４年
『新女界』第5巻7号
丸山千代「託児所の実際」『幼児保育』1月号 １９２１年
吉田久一『新・日本社会事業の歴史』勁草書房、２００４年
遠藤寛子『天使はひそやかに』ＰＨＰ研究所、１９８１年
岡田正章編『保育に生きた人々』風媒社、１９７１年
郷地二三子「丸山千代」『社会事業に生きた女性たち――その生涯としごと』ドメス出版、１９７３年
福田弘子、佐々木浩子「丸山千代 ともしびをかかげて」『風の交叉点3――豊島に生きた女性たち』ドメス出版、１９９４年

4 関東大震災以後の支援活動

石川孝重

1 関東大震災以後の支援活動の概況

関東大震災では大学自身被災者となりながらも、大規模な支援活動を行った卒業生と大学、在学生であったが、これ以後の大地震や台風・洪水等の自然災害では、『家庭週報』を見るかぎり記事数が激減する。『家庭週報』の記事のうち災害にかかわる内容を地震または災害ごとに区切り、表1の年表にまとめた。

1927（昭和2）年の北丹後《たんご》地震では、大学全体で集めた赤誠《せきせい》（おそらく見舞金と思われる）を被災地に近い全関西婦人連合会（当時は全関西婦人聯合會。1918年に大阪朝日新聞社が開催した第1回婦人会関西連合大会を1923年に改称[1]）に送り、活動のための資金として提供したと思われる。記事内ではこれらの資金から連合会が被災地の児童に教科書を収集し、授業を可能にするための資材などの提供を行っている。教育への支援である。

全関西婦人連合会は西日本全域の中産階級の女性を中心に300万人もの会員を擁《よう》し、戦前では世界でも最大規模の女性団体であった。その大会には日本女子大学の井上秀《ひで》や平塚らいてうがかかわっていた。当時の交通事情や社会環境では、多くの女性が遠方で支援活動を行えるような状況ではなかったことが推測され、このような見舞金を送る形式が採用されたのかもしれない。

表1　大地震と日本女子大学および桜楓会の行ったこと

西暦（和暦）	地震名	M	死者	項目	出典
1927 年 （昭和 2 年）	北丹後	7.3	2.925 名	・幼稚園、小学校、女学校、大学部教職員一同の赤誠を送った 10 円 27 銭を関西婦人連合会に送付 両陛下は金 5 万円を京都府に、金 1 千円を大阪府に寄付 米国より 1 万円、米国赤十字より国務省を通し 5 万ドル 関西婦人連合会は北丹後震災地の児童に全国から教科書を 13 万冊募集した テント、バラック、焼け残った寺院などで授業	『家庭週報』880 号
1933 年 （昭和 8 年）	三陸地震津波	8.1	3,064 名	・3 月 9 日より 1 週間三陸震災同情週間とし、母校学生一同節約して、同情金および古着を集めた ・三陸震災地寄付金　桜楓会、桜楓会東京支部、若葉会合計 532 円 85 銭を岩手県桜楓会盛岡支部を通じて送付 三陸震災義援金累計　16 万 7,900 円を突破 北海道・青森県災害義援金報告　64 万 6,650 円 30 銭 北海道・青森県災害義援品　3 万 973 個	『家庭週報』1168 号 『家庭週報』1170 号
1943 年 （昭和 18 年）	鳥取	7.2	1,083 名	・日本女子大学校教職員、生徒一同並びに桜楓会本部より震災御見舞として 700 円也を、鳥取支部幹事宛送金 ・会員被害調査表 ※ 戦時中であるため、桜楓会は女子の動員（女子挺身隊など）の、あっせんをしていた 学校工場の開始	『家庭週報』1602 号
1944 年 （昭和 19 年）	東南海	7.9	1,223 名	※『家庭週報』1613 号（昭和 19 年 11 月）より 1614 号（昭和 21 年 1 月）まで休刊のため資料なし	
1945 年 （昭和 20 年）	三河	6.8	2,306 名	※『家庭週報』1613 号（昭和 19 年 11 月）より 1614 号（昭和 21 年 1 月）まで休刊のため資料なし	
1946 年 （昭和 21 年）	南海	8	1,330 名	※ 終戦翌年の混乱期のため、記載なし 引揚者への義援 桜楓会費の臨時追加願い	
1948 年 （昭和 23 年）	福井	7.1	3,769 名	・福井地方震災見舞金　在京各回生、各支部より計 7,610 円 富山支部幹事より福井市幹事へ ※ 新制大学誕生で『家庭週報』では大学昇格祝い 各市学生同盟の出動　20 数団体 600 余名築堤工事や子どもたちのケア 毎日新聞に北陸震災学生救護隊結成なるの記事、「日本女子大学」の記載はなし	『家庭週報』1602 号 福井烈震誌（昭和 53 年）福井市発行
1960 年 （昭和 35 年）	チリ地震津波	8.5	142 名	・「津波災害御見舞申し上げます」 御見舞金を取り次ぐ ・被災各支部へ御見舞金 1 万円ずつ送付	『桜楓新報』106 号 『桜楓新報』107 号
1968 年 （昭和 43 年）	十勝沖	7.9	52 名	・「十勝沖地震御見舞申し上げます」 被災会員の状況把握	『桜楓新報』202 号
1995 年 （平成 7 年）	兵庫県南部	7.2	6,437 名	・「謹んで阪神大震災の御見舞を申し上げます」 ・桜楓会から 200 万円のお見舞いと会員皆さまからの義援金のお願い ・桜楓会会員と通信在学生の被害状況把握 ・被災者に対する特別入学試験の実施 ・阪神大震災被災者ホームステイ & ケア推進・支援活動に対する協力のお願い ・義援金のお願い ・阪神地方被災会員に対する桜楓会費免除について ・現地よりの状況報告 ・福祉の復興計画を強く発言（高齢者、障害者） ・義援金 662 万 1,800 円（4 月 30 日終了）	『桜楓新報』519 号 『桜楓新報』520 号 『桜楓新報』521 号 『桜楓新報』522 号 『桜楓新報』523 号

2　見舞いと見舞金中心の活動への転換

この傾向は1933（昭和8）年の昭和三陸地震でも同様であり、このとき特筆されるのは、1週間の同情週間で節約し、同情金と古着を集めたことである。また桜楓会東京支部、若葉会などの関連組織が桜楓会盛岡支部に送金した。遠方に卒業生組織のネットワークを活かして見舞金を送り、現地で活用してもらう仕組みはこのころには完成していたことが想像される。

これ以後にも大地震は発生するが、戦時中のため大学、桜楓会自体の活動が縮小されており、『家庭週報』も休刊を余儀なくされた。しかし混乱期といえる1946年の終戦翌年にも引揚者への義援金を募っていることから、卒業生組織の募金活動の原動力は後世に引き継がれた。たとえば見舞金の記事は終戦3年後である1948年の福井地震でも見られる。卒業生組織の活動はこうして遠方の地震については、桜楓会の被災地支部を通じて見舞金の形で送金されるという形が一般化したようである。古着などの物資に関する記述はまったくといっていいほど記事には見られなくなった。被災地の卒業生組織を活用する、そこが効率的に活動する、あるいは資金を支出するというアイディアは、これからも継承《けいしょう》すべきと思われる。各支部がそれに対応できるかが問われている。

またもう一つの活動として、被災者への見舞い状を郵送するという活動の効果があげられる。1923（大正12）年関東大地震では被害のなかった軽井沢の三泉寮《さんせんりょう》（大学の夏期寮）に場所を移しての見舞い状の作成、印刷と郵送作業が大地震後迅速に行われた。これほどの大規模な活動ではないが、見舞い状を送ることで卒業生が日本女子大学を身近に感じるきっかけにもなった。2011（平成23）年の東北地方太平洋沖地震（東日本大震災）ではこれらの活動が引き継がれ、支援活動のきっかけとなった。

参考文献

（1）石月静恵：「大阪朝日新聞にみる女性問題（2）——全関西婦人連合会に関する史料を中心に」『桜花学園大学人文学部研究紀要』第5号，pp.155～170，2003年3月31日

第2章

社会貢献に対する創立者の思いとその実現に向けて

1 成瀬仁蔵と社会貢献活動

片桐芳雄

1 「人は何故に社会的ならざる可らざるか」

1 「社会のために尽す」

日本女子大学創立から3年後の１９０４（明治37）年11月13日、成瀬《なるせ》仁蔵《じんぞう》は設立されたばかりの桜楓会《おうふうかい》第7回例会で、「人は何ゆえに社会的ならざるべからざるか」という講演を行った。

このなかで成瀬は、「社会を組織している以上は、その社会の一人として何か世のために、また人のために尽しているという確信がなくては無意味なる生涯を送ることとなるので、われわれは是非この社会のために尽す所がなくてはならぬ」（傍点・片桐）と語った。

「世のために、また人のために尽しているという確信」は、個人性を否定することによって生まれるのではない。成瀬は、右の言葉に続けて「しかして、これをなすのに最も大切なことは、おのれの適性を発見して、その本分を、全うすることであります」（同）と述べた。

「非常に活動するにはPrivate（独居）が必要です。社会のため、団体のために大いに尽さんとする者は、時として閑静なる山の中にも入らねばなりますまい。……自身でする、自ら奮《ふる》って起つという決心がないならば、何事もできないものであるということを忘れてはなりません」。

それでは、社会のために尽すということ（社会性）と個人性との関係は、どうなるのか。両者は対立するのではないか。

成瀬が桜楓会第7回例会で行った講演は、この問題

成瀬仁蔵

日本女子大学校

に正面から答えようとするものだった。

2 個人性（「個人主義」）と
社会性（「社会主義」）という問題

成瀬校長は、講演の冒頭で次のように述べた。

「先刻からいろいろ皆さんの御話を伺いましたが、この個人主義ということと社会主義ということとについて、よくお分かりになったような、また、お分かりになっていないような点も見受けられます。あるいは、とうてい解釈のできぬものとしておいでの方もあれば、じゅうぶん了解しているというような方も、おありのようですが、私はさように簡単なものではないと思います、のみならず、かかる簡単な考えが、あなた方の修養を妨げているかとも見えるのです」。

当時、日露戦争のさなかであった。

西欧列強《れっきょう》に学びながら近代国家の建設をめざすという国家目標が、日清戦争の勝利によっていちおう達成されると、国民の間に大国主義的な意識が芽生えて

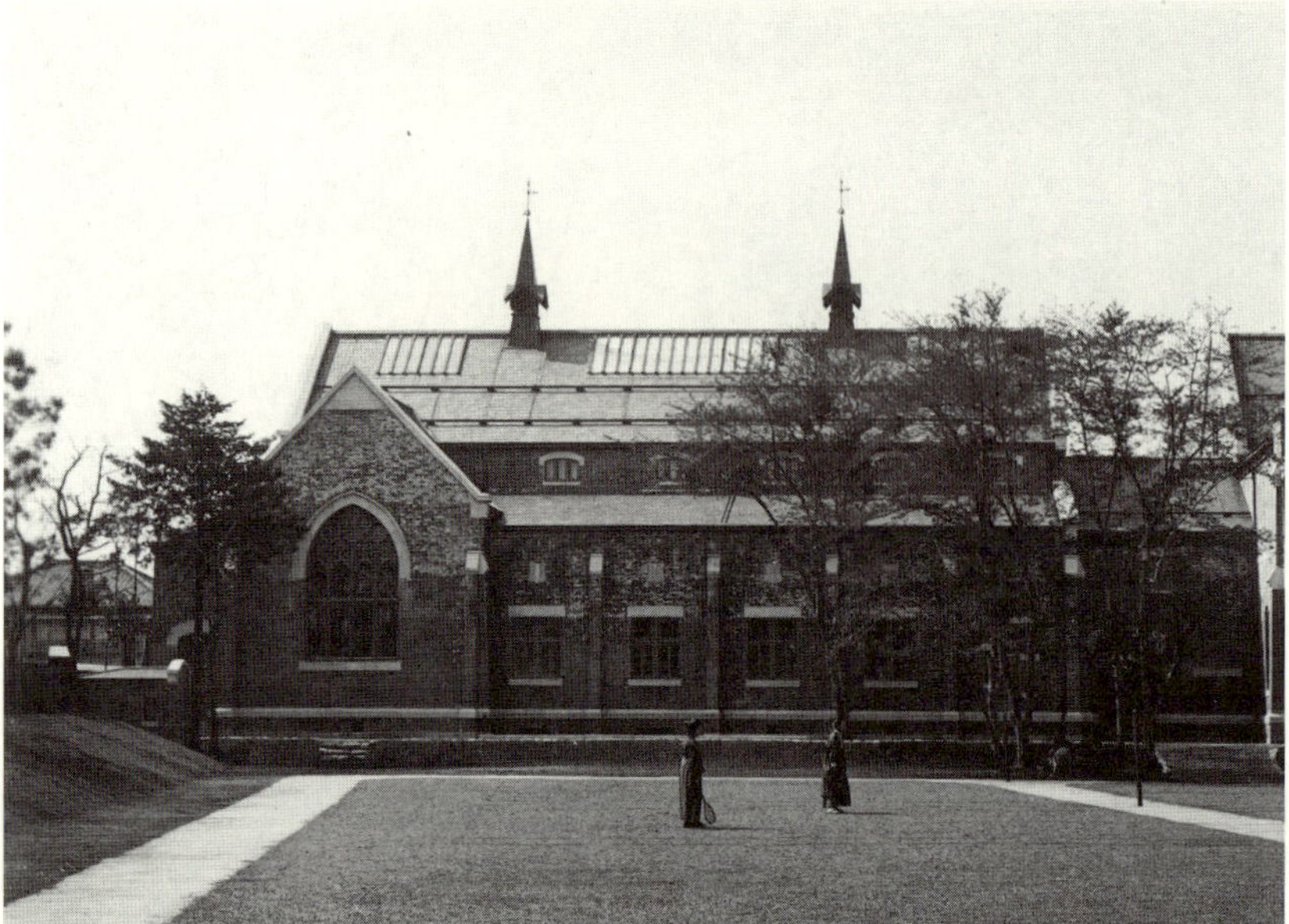

豊明図書館

きた。それは同時に、個人性の意識を、青年たちに芽生えさせることにもなった。「末は博士か大臣か」、「国家のため」に生きるという人生目標は、青年たちの、当然の目標ではなくなった。

「万有の真相は唯だ一言にして悉《つく》す、曰く『不可解』」という言葉を残して、将来を約束されたエリート青年が、日光の華厳《けごん》の滝から身を投じた。生きる意味、学ぶ目的がわからなくなった。青年の心の空洞化が問題とされ、「煩悶《はんもん》青年」が流行語となった。

他方、社会主義的な運動も起こってきた。

個人のために生きるのか、社会のために生きるのか、「個人主義」か「社会主義」か、という問題が、日本女子大学の学生たちにとっても、関心事になった。

3「個人性」と「社会性」との関係

成瀬は、個人性重視（個人主義）か、社会性重視（社会主義）か、という問題は、歴史的に衝突・調和を繰り返してきた、と述べる。そして両者の関係をどう捉《とら》えるかについては、四つの考え方がある、という。

第1は、純正個人主義である。個人を第一に、すべては、個人を中心に考えるべきだ、とする。しかし成瀬はこの考え方を否定する。

第2は、二元論。「個人主義」と「社会主義」とは矛盾・対立し、それが歴史的にも繰り返されてきた、と考える。これは、多くの人が陥《おちい》りやすい考え方だが、これも誤りだ、と成瀬は否定する。

第3は、原人個人主義。社会は個人を起源として発達したものである、個人から社会が生まれたのだから、社会主義のほうが進歩していると考える。この考え方も、成瀬は否定する。

かくして成瀬が主張するのは「社会的能力説」である。個人主義と社会主義とは、対立するのではなく、相即《そうそく》するものである。成瀬は次のように語る。

「我々の諸能力中の一部分に社会的能力というものがあり、また他の部分に個人的能力というものがある。故《ゆえ》に我々一身に二つの傾向を有しているのである。すなわち一は社会的、一は個人的の傾向である」。

成瀬によれば、われわれ人間には、本来、社会的と個人的との二つの傾向が備わっている。だから両者は、対立し合うようなものではない。どちらかに偏《かたよ》るべきでもない。「健全なる個人主義は、健全なる社会主義であり、健全なる社会主義は健全なる個人主義である」。「この主意より言えば社会は個人のため、個人は社会のためである」。まさに、One for all, all for one なのである。

2 「人として」「国民として」——成瀬仁蔵の女子教育論

1 成瀬仁蔵の夢

成瀬は「広き意味で言えば、われわれの能力はすべて社会的である」とも語った。

この時代、とくに女性は、良家に嫁げば、「奥様」といわれ「奥方」といわれた。外には出ずに、「内助の功」を発揮することが求められた。外に出れば、「でしゃばり」といわれた。社会的関心などは、ないほうが良い、と考えられた。

成瀬は、このような女性像を批判した。まさに「人として」「国民として」、社会の問題にも関心をもち、積極的にかかわる女性を育てようと考えた。

成瀬は、アメリカ留学中の日記に、「吾《わが》生涯ニ可成《なすべき》事」と題して、次のように記した。

「吾目的ハ、吾天職ヲ終ルニアリ。吾天職ハ、婦人ヲ高め、徳ニ進ませ、力と智識錬達を豫《あた》へ、アイデアルホームヲ造らせ、人情を敦《あつく》シ、国ヲ富《とま》し、家ヲ富し、人ヲ幸ニし、病より貧より救ヒ、永遠の生命を得させ、罪を亡ボシ、理想的社会ヲ造ルニアリ。（人類改良モアリ）」。

成瀬仁蔵

「人類改良」を含む「理想的社会」の創造という、まことに壮大な夢である。そのためには、まず「国家ヲ富し」、その基礎となる「アイデアルホームヲ造ら」ねばならない。

成瀬は、このような壮大な夢を、幾度となく日記に記した。

「アイデアルホーム」の主体となる女性は、徳も智も「錬達《れんたつ》」の者でなければならない。そのような女性を育成するためには、単なる「女子教育」ではなく「女子高等教育」が必要である。成瀬は、帰国後の目標を、女子大学の創設に据《す》えた。その夢に胸ふくらませながら、三年間の、貧しく苦しい留学生活を耐えた。

成瀬仁蔵

成瀬にとって「女子高等教育」は、「理想的社会」創造のための一階梯《いちかいてい》であった。

2 原点としての幼少年期

成瀬が抱いた、このような壮大な夢の原点は、彼が生まれ育った山口県吉敷《よしき》（現在の山口市吉敷）の幼少年時代にさかのぼる。

明治維新を10年後に控えた幕末の長州・吉敷。先輩たちは、こぞって倒幕《とうばく》運動に参加した。その先輩たち

澤山保羅

澤山保羅

をまぢかに見ながら、成瀬は、「男と生れたからは、いつでも国家のために命を捧ぐべきものである」と思った。「自分も人と生れたのであるから、大いに志を立てて世界を動かすようなことをしたい」と考えた。

　成瀬を女子教育へと導いたのは、故郷の先輩で、父親の私塾の生徒でもあった5歳年長の澤山保羅《さわやまぽうろ》であった。彼は、15歳で討幕軍に参加し、明治維新後アメリカに留学してクリスチャンとなって帰国した。故郷吉敷で澤山と逢った成瀬は、その高潔な生き方に強いショックを受けた。澤山に付いていくことこそ、壮大な夢を実現する道だと考えた。

　19歳のとき大阪に出て、澤山が創立した梅花《ばいか》女学校（現在の梅花女子大学）の教師になった。澤山の期待を受けた成瀬は、日本人ただ一人の教員として献身的に働いた。生徒の、教育はもちろん、生活全般の世話まで、あらゆる仕事を引き受けた。実質的な校長であり用務員であった。この体験が、彼の女子教育への出発点となった。

3『婦女子《おんな》の職務《つとめ》』

　梅花女学校教員時代、最初の著作『婦女子の職務』を出版した。

　『婦女子の職務』で成瀬は、女性の「重任《おもきにん》」として、「教育の重任《おもきにん》」と「家の重任《おもきにん》」の2つをあげた。そして「嫁《よめいり》して子なきもの、あるいは嫁《よめいり》せざる者に

は、国に欠くべからざる大切なる職務《つとめ》あり」と記した。「教育の重任《おもきにん》」の一つに、幼稚園・小学校・女学校の教育や慈善活動・病人看護等の、「公《おおやけ》の教育」をあげた。「公《おおやけ》の教育」は、母であるか妻であるかとは関係なく、女性が果たすべき重要な職務である、と主張した。

福澤諭吉など、明六社《めいろくしゃ》を結成した当時の啓蒙思想家の女性観は、結婚して子どもを産むことを当然の前提としたものだった。良妻賢母になることによって、初めて、女性は男性と対等になり得る、というのだった。

それに比べて、結婚しない、あるいは子どものいない女性にも、「大切なる職務《つとめ》あり」と主張する成瀬の女性観は、時代を先取りしたものだった。ここにも、澤山保羅から学んだ女性観が反映していた。

アメリカ留学から帰国した成瀬は、1898（明治31）年に、第二の著書『女子教育』を出版して、女子高等教育の意義を論じた。『婦女子《おんな》の職務《つとめ》』の女子教育論は、この本にも受け継がれた。

「女子の主要なる天職は賢母良妻たるにありとする

も、その一生は必ずしも妻母たるの境遇のみに止らず。又た娘嬢たるの境遇あり、寡婦たるの境遇あり、個人として働くべきの境遇あり、国民として行ふべきの境遇あり。実に然り、女子も亦人なり」（傍点・原文）。

日本女子大学の建学理念、「人として」の女子教育論であり、「国民として」の女子教育論であった。

3　日本女子大学の教育

1　「実業的社会的教育」

成瀬仁蔵にとって、個人性と社会性とをともに兼ね備えた女性をいかに育てるかが問題であった。そこで彼が日本女子大学の教育で取り組んだのが「実業的社会的教育」であった。彼は1905（明治38）年3月の『家庭週報』第20号に掲載した「我校の教育方針に就て」という文章で、その意義を次のように述べた。

ここでいう「実業教育」とは、一般にいわれるような、職業と直結した「実業教育」ではなく、また単なる手《しゅ》指《し》の教育としての「実技教育」でもない。「実業教育」の範囲には、文学も音楽も美術も含み、その目的は、知育、情育、徳育、体育を完全なものにすることにある。自発的で実際的な活動を通して、おのずから、理解力、選択力、想像力、発明力、観察力を養うのである。

たとえば、調理を教えるのも、単に魚や肉や野菜の料理を教え、煮炊きの方法を教授するにとどまらない。調理を通して、「理化学応用の能力」を啓発するのである。衛生面や経済面の工夫を、自らの実体験を通して会得《えとく》させるのである。

牧畜、園芸によっても、「動植物発育の実際と生物進化の状態」を、知らず知らずのうちに理解することができる。これらの活動は、「微妙なる天然の法則」を認識する一助にもなる。

成瀬は、創設したばかりの日本女子大学の教育について、具体的に、次のように記した。

「園芸、牧畜、料理等の各部あり、文学に関する各種の団体あり、また高級生のために製菓部あり、書籍及び雑貨販売の実習的事業部あり、これによりて

牧畜部が飼育していた牧場

運動会

本校裏門外にあった温室（園芸部）

寮生の草取り

自己の頭脳を、手足をもって、実物について各種の練習をなし、あるいは天然の事物に触れて、文学的思想を誘発し、あるいは社会の実務に接して、その趣味を悟ると共にこれが利用の法を明らかにし、講究、判断、選択、理解の力を養い、これをSelf expressするの習慣を養わしむ」。

2 教育の実際と将来の夢

じっさい、日本女子大学では、学生の「自治生活」が重視され、代表者係、料理係、文芸係、記録係、会計係、研究係、体育係、整理係、園芸係などが置かれた。これらの活動は、寄宿舎生活とも連携して、活発に展開された。

文芸係は、国文・英文両学部合同の文芸会へと発展し、古典の朗読や英文の暗誦、あるいは合唱やピアノ演奏などを行う恒例行事となった。体育係は、日本女子大学の活動としてすっかり有名になった運動会を企画運営した。園芸係のもとには、牧畜部や養鶏部が置かれ、鶏舎《けいしゃ》2棟や蜜蜂1箱のほか、のちには牛も飼われた。

以上の活動は、卒業後には、より本格的になった。桜楓会には実業部が置かれ、雑貨部、書籍部、銀行部、製菓部、園芸部、牧畜部の6部が開かれた。

他方､学生の自治的活動としては､学年縦断的な「縦の会」と、学部横断的な「横の会」が組織された。学生たちの自主的な運営のもとで、各学期に2、3回会合を開き、各自の発表や相互交流が行われた。

成瀬はさらに、次のような将来の夢も語った。

「将来の施設としては、校内に庭園を構えて池あり、畑あり、小丘あり、花園あり、広場あり、小道あり、家畜を放ち、牛羊を養う。風致によりて詩歌文章を学び、地形によりて地理を学び、実物によりて博物を学び、以《もっ》て遊ぶべく、以て学ぶべく、以て運動すべく、以て労働すべく、趣味と教訓と併せてこれを得しむるを期し、しかして、下は小学校より大学部に至るまで、いたずらに学科を注入するを避け、思考の材料と暗示を与え、自修的自動的に自然の本能の啓発せんことを期するにあり。」

「実践は教育上最良の要素」とは、成瀬の主著『女子教育』にある言葉である。学生たちの実践に根ざす、理想の学園が夢見られた。

3 「天職」――個人性と社会性とをつなぐもの

成瀬は、「わが女子大学においては、まず個人性をつくり、次に社会性を養い、しかして一つの天職を見出さしむることに務むるのである」と語った。

「天職」は、個人性と社会性とをつなぐものである。そのためにはまず、自らの「適性」を発見せねばならない。適性を発見するためには、自分を知り、社会を知らねばならない。それによって、自分が、社会の一員として、どのような役割を果たすことができるかを、知ることができるからである。「実業的社会的教育」は、そのためにある。自学自動して、適性を発見し、それにふさわしい「天職」が見出される。それが社会の一員としての自らへの「確信」となる。

成瀬の時代、女性の「天職」の主要なものは、賢母良妻となることであった。それ以外に、女性の「天職」と呼び得る仕事は、限られていた。

「天職」としての賢母良妻になるために、成瀬は、結婚について、女性たちが、受け身にではなく、主体的に考えることの必要を説いた。相手を知り、選び、判断する。そして結婚後は、大学で学んだ知識・技能を生かして「研究的生活」「経済的生活」「道徳的精神的生活」を追究する。そうすることによって、賢母良妻は、個人性と社会性をつなぐ「天職」にふさわしいものになる。

もとより女性の「天職」は賢母良妻に限らない。成瀬の視線の先に、「人として」「国民として」、さまざまの、女性の「天職」が広がっていたことはいうまでもない。

4 問題の展開――自愛と他愛、愛国心と博愛心

個人性と社会性の問題は、その後も成瀬が学生に向かって説きつづけた問題であった。

1906(明治39)年10月24日の実践倫理の講義では、「自愛と他愛及び愛国心と博愛心」というテーマ

実践倫理（明治末頃）

が取り上げられた。それは、全校的行事である運動会、文芸会、バザーの意義を通して、個人性と社会性の問題を、さらに深くまた広い視点から論ずることにあった。

成瀬はここで、これらの全校的行事の目的は、「諸氏を自動的に活動させ、全体のために一致協力するところの力を固くさせる」ことにある、それは同時に、社会学、心理学、教育学、倫理学等の学問を学ぶための「実験場」でもある、これらの学問は、ただ書物を読むだけではなく、「自動的」な経験を通してこそ、より深く学ぶことができるからである、「自動の精神」は、これらの行事におけるさまざまな「発表」の機会を通じても養われる、と語り、「最も勉《つと》むべき点は、自愛と他愛との関係を最も善くして、理想を実現することで、それはすなわち、我々の目的である。この理想を実現するために、運動会、文芸会、バザー等の境遇をかりることは、誠に必要なことである」と論じた。

自愛と他愛とは、正反対であるかのようであるが、そうではない。極端な自愛と極端な他愛は正反対だが、完全なる自愛と完全なる他愛は、結局は一つなのである。

成瀬はさらにこの問題を、愛国心と博愛心との問題へと展開する。

「極端なる利己心が個人の修養の上に害のあるように、極端なる愛国心は、国家としてははなはだ弊害《へいがい》のあるものである」。

「我々の抱懐《ほうかい》する愛国心は、世界的平和を目的とし、敵国に対する正義、人類全体の共同によりて得る運命を目的とする、すなわち世界全体の発達、人類全体の勝利を目的とするのである」。

自愛が他愛と一致するように、愛国心は博愛心と一致する。

5 三綱領と社会貢献活動

その後も一貫して、学生たちの、個人性と社会性という問題に対する関心は強く、成瀬は、実践倫理の講義等で、何度もこの問題に言及した。

たとえば1908（明治41）年11月11日の講義。

「その次に個人主義と社会主義。これは二年のある組から出ましたのでござりますが、極端なる個人主義と極端なる社会主義とのために、長らく力が出なかったということである。この極端なる個人主義と極端なる社会主義と相容れないということは、双方ともに誤りであります。これはよく出る問題でありますが、例えば個人主義の人は、人と共同することは無益であるということがあり、また社会主義の人は、個人の修養を重んじないという傾きがある。けれども個人の修養、個人の学問というものは、孤独的に出来るものではないということは、私もたびたび申しました。また社会性が、個人の修養を怠って出来るものではないのです。今日まで、社会、国家のために、犠牲となって偉業を成し遂げたという人は、最も深き、個人の修養をしている者である」。

また1909年3月17日の講義。

「今年は独立ということを言い、または意志の自由ということを説いたのです。それであるから、深く深くということを奨励いたしました。その結果、個人ということに傾くのは、当然のことであります。真の力を養うために個性に重きをおく、個性を発揮するために銘々の長所を伸ばすことに勉めた、ということは申すまでもありませんが、しかし、この個性ということが、極端になると利己になる。利己になると、これは最早《もはや》誤っている、または、不健全に陥っているということは、言うまでもないことである。故に、真の個人発揮ということは、どういうことによって出来るかと言えば、この、個性と社会性との調和によって出来るのである。我々の心の中に、必ず、この両方の真性《しんせい》があるということは、もう疑いはない。その両方面が調和する、協同する、一致するというところにある」。

成瀬仁蔵が掲げた三綱領（成瀬による自筆）

個人性と社会性とは、「調和」「協同」「一致」する。それはわれわれの心の中に、必ずある「真性」を発見することによって可能になる。

社会性と個人性とを、ともに確立するためには、まず、自ら学び、自ら動くことが必要である。自学自動することによって、完全なる個人性と完全なる社会性が確立し、各個人の適性を生かした、「天職」が発見される。

自学自動主義教育は、成瀬の生涯を貫いた教育論であり、日本女子大学は、それを実践するために創設された場であった。そこで獲得した「信念」は、「自発《じはつ》創生《そうせい》」と「共同奉仕」によって、「徹底」されるであろう。のちに、個人性原理は「自発創生」、社会性原理は「共同奉仕」という標語に表現されたのだった。「信念徹底」「自発創生」「共同奉仕」。三綱領こそ、日本女子大学生の社会貢献活動の原動力なのである。

2 渋沢栄一の公益思想——「論語」と「算盤」

片桐芳雄

渋沢栄一《しぶさわえいいち》は、『青淵百話《せいえんひゃくわ》』の「社会に対する富豪の義務」と題する文章で、次のように述べた。

「いかに自ら苦心して築いた富にしたところで、富は即ち自己一人の専有だと思うのは大なる見当違いである。要するに人は唯一人のみにては何事もなしえるものではない。……これを思えば、富の度を増せば増すほど社会の助力を受けているわけだから、……できる限り社会のために助力しなければならぬはずと思う」。

渋沢栄一は、500以上の、多種多様の企業や経済事業の設立や経営にかかわり、日本の産業化に絶大な貢献をした。まことに、「日本資本主義の父」と呼ばれるにふさわしい活躍であったが、同時に、彼は、600以上の、公共事業や社会事業にも積極的に協力した。

なかでも、もっとも注目すべきは、困窮者《こんきゅうしゃ》、病者、孤児、老人、障がい者の保護施設、東京養育院の経営・支援であろう。彼は、死去するまで50年余にわたり、院長を務めたのであった。

渋沢栄一は、1840（天保11）年、武蔵国血洗《ちあらい》島《じま》村（現在の埼玉県深谷市）に生まれた。生家は豪農だが、藍玉《あいだま》などの商業活動も行っていた。江戸に出て剣術を学び勤皇《きんのう》の志士と交流した。倒幕運動に参加して京都に上ったが、これに行き詰まり一転して一橋家の家臣となった。一橋慶喜《ひとつばしよしのぶ》が将軍になると幕臣《ばくしん》となり、慶喜の弟に随行してフランスに渡航した。在欧中に幕府が倒壊し帰国したが、明治政府に出仕を命ぜら

渋沢栄一

れ、種々の、維新改革に携《たずさ》わった。１８７３（明治６）年に官を辞し、その後はもっぱら民間にあって経済活動に従事した。

このように渋沢の前半生は、まことに変転きわまりないものであった。そのなかで彼は、現実主義的で合理主義的な才覚を磨いた。それを支えたのが、幼いときに学んだ儒教の精神だった。

「論語の教訓を標準として、一生商売をやってみようと決心した」。退官して経済活動を開始するにあたって、渋沢は、このように決意した。「義利合一」が彼の信念であった。

「富をなす根源は何かと言えば、仁義道徳、正しい道理の富でなければ、その富は完全に永続することが出来ぬ」（『論語と算盤』）。

道徳（義）と富（利）との根源は一つである。論語と算盤《そろばん》は、かけ離れているようだが、一致せねばならない。算盤（経済）は論語（道徳）によって支えられ、論語（道徳）は算盤（経済）を必要とする。渋沢の説は、道徳経済合一説とも呼ばれた。

「論語と算盤」は、渋沢栄一の思想を語る、代名詞となった。

渋沢栄一の現実主義的で合理主義的な精神は、女子教育においても発揮された。

「女子の学問する場所には、高等女学校以上のものがないとしては、あまりに女子を侮辱《ぶじょく》している。たとえ女子であろうとも、学ぼうとすれば大学もあるというようでなくては、今日の時世と釣り合わぬではないか」（「女子教育の本領」『青淵百話』）。

渋沢栄一は、成瀬仁蔵の日本女子大学創設に、積極的に協力した。

大隈重信《おおくましげのぶ》の紹介で成瀬と会い、設立への協力を約し、第1回発起人会に出席し創立委員に選ばれた。会計監督を引き受け、しばしば多額の寄付をするとともに、寄付金集めの先頭に立った。学校の建築委員や教務委員に就任し、女子大設立の構想段階から関与した。

大隈重信

1901（明治34）年4月20日の開校式では祝辞を述べ、その後もしばしば学校を訪れた。卒業式や桜楓会などで講話を述べた。自ら命名した純洋風の学生寮「晩香寮」を寄付した。成瀬仁蔵らとともに、女子教育振興と寄付金集めのため、1910年には信越地方、11年には京都・大阪など関西地方を遊説《ゆうぜい》旅行した。

このように、渋沢栄一の日本女子大学への協力は、単に経済的支援にとどまらず、教学の内容にまでかかわるものであった。麻生正蔵《あそうしょうぞう》校長辞任後、死去するまでの短期間ではあったが、第3代校長に就任したのは、当然であった。

もっとも渋沢は、当初から成瀬の女子教育観に全面的に共鳴したわけではなかった。彼は『成瀬先生追懐録』のなかで、次のように述べている

「私が同君とお目にかかった最初の印象は、まことに珍しく気力のある人という感じでありました。けれども、どこやら人間の練りが足りないといったような感じがして、このまま世間へ出て、果して、人

が相手にするかというふうに思いました。女子教育に対する持説を聞くというと、なかなかしっかりしたものがあったが、私はどちらかと言えば、漢籍で修養してきた人間であるから、やはり、『女子と小人は養い難し』というような考えを持っておる。私がたまたま成瀬君と論議すると、『あなたまでそんなことを言われては、はなはだ困る』とほとんど泣かんばかりに訴えることがありました」。

渋沢の女性観は、女子の特性は「貞操《ていそう》、従順《じゅうじゅん》、優《ゆう》美《び》、緻密《ちみつ》、耐忍《たいにん》」にあり、これらの性格を完全に有する女子が、真の女子である、というものだった。彼の女子教育観は、いわゆる「良妻賢母」論に限定されていた。これは、「人として」を第一に挙げた成瀬の女子教育観とは、似て非なるものであった。

しかし渋沢は、「多少は言い争うようなこともありましたが、だんだんに成瀬君の熱心な精神に引き入れられていったのと、自分の最初疑問としていたことも次第に分かってきたのとで、終《しまい》には、これでなくてはならぬ、と考えるようになってきました」とも述べている。

彼の現実主義的で合理主義的な精神が、そうさせたのであろう。彼は次のようにも語っている。

「女子も男子同様、国民としての才能、知徳を与え、ともに相助けてことをなさしめたならば、従来、五千万の国民中、二千五百万人しか用をなさなかったものが、さらに二千五百万人を活用せしめることとなるのではないか。これ、大いに婦人教育を起さねばならぬという根源論で、いまや日を追って女子教育の盛大になって行くのも、全くここに起因することと思う」（「女子高等教育論」『青淵百話』）。

単純明快、まことに、現実的で合理的な判断であった。

渋沢は、「自己を愛する観念が強いだけに、社会をもまた同一の度合いをもって愛しなければならぬことである」と語っている（『青淵百話』）。このような「自己」と「社会」に対する認識は、意外なほど、成瀬仁蔵と重なり合う部分が多い。

成瀬が晩年に尽力した帰一《きいつ》協会の活動に対しても、

アジア初のノーベル文学賞受賞者でインドの詩人タゴールと成瀬仁蔵

渋沢は、もっとも深き理解者だった。信仰の出発点がキリスト教か儒教かの違いはあったが、宗教の「究極の道理は一つであるから、これを統一した宗教はできぬということはあるまい」「各宗教を合同統一したる大宗教は起こらぬであろうか」（「統一的大宗教」『青淵百話』）という想いでは共通していた。

帰一的な宗教の先に、世界平和を夢見ていた点でも両者は共通していた。渋沢は、日米親善や国際交流に尽力し、外国からの訪問客をしばしば日本女子大学に案内した。大学が開いたタゴールの歓迎晩さん会にも出席した。成瀬没後のことになるが、国際連盟協会の会長として、1927（昭和2）年には同協会日本女子大学学生支部の設立にもかかわった。

雑司ヶ谷墓地にある成瀬仁蔵墓碑《ぼひ》の撰文《せんぶん》は、渋沢栄一によるものだった。

関東大震災が起こったとき、渋沢は東京・

兜町《かぶとちょう》の渋沢事務所にいた。すさまじい大音響とともに玄関上の石材が墜落《ついらく》し、事務所は全壊した。他の場所に避難して安堵《あんど》したが、火災被害のことまで思いいたらなかったと、のちに悔やんだ。

しかし、被害の大きさを知った後の行動は早かった。まず念頭に浮かんだのは、食糧の調達と治安の確保だった。ただちに、埼玉県から米を搬入し、救護活動に奔走《ほんそう》した。大震災善後会という組織を作り復興事業を推進した。やがて内務大臣後藤新平が総裁を兼務する帝都復興院が成立すると、渋沢もこれに参与した。

論語と算盤に生きた渋沢栄一にふさわしい活躍であった。

参考文献

片桐芳雄「近代日本における個人性（個性）と社会性――日本女子大学校創設者・成瀬仁蔵の所論を手がかりとして――」（『愛知教育大学研究報告（教育科学）』第63輯、2014年

片桐芳雄「成瀬仁蔵女子高等教育論の原典――長州吉敷と成瀬仁蔵――」（『愛知教育大学研究報告（教育科学）』第64輯、2015年

見城悌治『渋沢栄一――「道徳」と経済のあいだ』（日本経済評論社、2008年）

渋沢青淵記念財団竜門社編『渋沢栄一伝記資料』第26巻（1959年）、第44巻（1962年）

3　成瀬仁蔵の大学拡張思想と社会事業学部の創設

黒岩亮子

はじめに

日本女子大学校社会事業学部は、1921（大正10）年9月に日本初（アジア初）の社会事業学部として創設された。

社会事業学部の創設は、「大学拡張」による社会改良を志向し、またアメリカ留学中に優れた社会事業実践にふれた日本女子大学校創立者成瀬仁蔵《なるせじんぞう》にとっての悲願であったともいえる。創設当初には、社会的機運も熟しておらず、社会事業学部の創設は時期尚早《しょうそう》とされた。しかし、米騒動《こめそうどう》や貧困の社会問題化など世論も熟したなか、成瀬のその思いは2代目校長麻生《あそう》正蔵《しょうぞう》によって実現されたのである。麻生は数多くの社会事業家を輩出した同志社出身であり、彼の周囲には日本救世軍の設立者山室軍平、家庭学校を設立した富岡幸助などもいた。麻生にとっても社会事業学部の創設は非常に意味のあるものであったと思われる。

本項では、成瀬の社会改良への志向、麻生が具体化した社会事業学部の内容、その社会貢献について考えてみたい。

1　成瀬仁蔵に影響を与えたもの
――アメリカでの社会事業との出会い

成瀬仁蔵は、1890（明治23）年から1894年にかけてアメリカ留学をしている。その際、成瀬に大きな影響を与えたのが、アンドーヴァー神学校の教授、ウイリアム・タッカーである。1879年、タッカーはニューヨークのマディソン広場教会を辞してアンドーヴァー神学校の教授になる。大林宗嗣は、「その動機は当時既に米国社会に現はれていた社会の階級分裂を目撃して、将来之が実際的解決の位置に置かるべき牧師及び社会事業家を養成して此の方面に於ける実際的人物を起すにあった(1)」とその動機について述べている。

成瀬は、「アンドーヴァー神学院では、神学を深めるよりは、むしろ、当時としては新しい科学であった社会学を中心に学んだ。特に、社会学者・神学者として、且つ、全米の社会運動の指導者であったタッカー博士に師事《しじ》、研究面、生活面で恩顧《おんこ》を受けた(2)」と述べている。当時、アンドーヴァー神学校では、ヨーロッパに学生を派遣し、社会事業を視察するという制度がタッカー主導のもと実施されていた。その成果として、最古のセツルメントであるイギリスのトインビーホールに倣《なら》い、1891年にはアンドーヴァー館というセツルメントが設立された。成瀬がタッカーに師事したのはまさにこの時期であり、知識のある者が貧困地域に住み込んで活動し、その改良をめざすというセツルメント運動の盛り上がりを肌で感じていたのではないだろうか。

セツルメント運動には若い大学生が多く参加していた。彼らは自身の専門を生かした医療、法律相談、教育活動などを貧困地域で実践していたのである。ちなみに成瀬が留学していた期間を含む、1896年の5年の間に60に近いセツルメントがアメリカでは設立されている。

さらに成瀬は、1893年4月ころから1894年1月の帰国までの約1年間、諸機関の実地調査、視察を行っている。成瀬の訪れたウェルズリーやスミスなどの女子大学も、1889年に「女子に対する大学セツルメント」(College Settlement for Women) を設立するなど、社会問題の解決のための学問、実践がめざされていた。こうした実践を目の当たりにした成瀬は、大学が知識を労働者階級にも拡大していくという「大学拡張」運動、それをさらに一歩進めた「大学セツルメント」運動の意義を心に刻んだと考えらえるのである。

成瀬は、アメリカ留学から帰国して日本女子大学校を設立するのであるが、早くから、「大学拡張」の意義を述べている。「大学拡張」の働きには、①経済的要素、②教育的要素、③精神的要素の3つがあり、これらを実現して女性の境遇を開くことが重要であると考えていたからである（日本女子大学女子教育研究所1984：246、影山1991：261）。とくに②の教育的要素については、欧米と同様に労働者階級（の女性）へ知識を提供するものとしてとらえ、これを卒業生会・桜楓会《おうふうかい》を母体として進展することとした。その具現化《ぐげんか》の一つとして1908年には通信教育会が設立され、翌年より講義録の発行がなされた。「大学拡張」の方法はこれ以外に、巡回講義（校外講義）、巡回図書館、巡回機械、夏期学校、大学植民地すなわちセツルメントが挙げられている（影山1991：261）。(注1)(注2)

以上のように、アメリカでセツルメントをはじめとする社会事業にふれた成瀬は、「大学拡張」運動にも影響され、大学が社会に果たすべき役割をさらに意識するようになったといえるのではないだろうか。当時は、それが卒業生会・桜楓会に託され、1908年には寮舎の下働きの少女のための共励《きょうれい》夜学会、1921（大正10）年には巣鴨託児所内の女子夜学校、1925年には桜楓会夜間女学校が設立され、女性労働者への知識の提供が実践された。また、別項に詳しく述べられている1913年に設立された桜楓会託児所でも、子どもの面倒を見るだけではなく働かなければならない母親たち、すなわち貧困地域の女性労働者への知識の提供も行われていたという。(3)

成瀬は1881年に著した処女作『婦女子《おんな》の職務《つとめ》』においても、女性が社会改良のために働くことを期待していた。社会事業学部の創設は、女子大学において女性の社会事業家を育成するという大きな意義があった。彼女たちが、たとえば女性労働者への知識の提供を実践していくことを通して、家庭改良、地域改良、社会改良をめざしたのではないだろうか。この思いは第2代校長麻生正蔵に託されることとなった。

2 麻生正蔵による社会事業学部の創立

社会事業学部の創設に先だち、日本女子大学校では1918（大正7）年から「日本の社会事業の父」と呼ばれた生江《なまえ》孝之《たかゆき》による社会事業講座が開講され、前述したように夜学校や桜楓会による託児所事業が実践されていた。また、社会事業に関心をもち、先駆的な活動に従事した卒業生も多かった。1921年8月12日、麻生は、『家庭週報』第625号の「社会事業学部開設の趣旨」の文章のなかで、「本校が多年主張し実行せうと欲して、未だ果たさなかった、社会事業学部を増設し社会改善に従事する婦人を養成すべき時期は今や正に熟し来ったのである」と述べている（写1）。

この文章において麻生は、前代未聞の危機としての社会生活の整理改善のためには社会事業が必要であること、女性の性質が社会事業に適していること、欧米では社会事業家として女性が大いに活躍していることから、日本においても女性の社会実業家が必要である

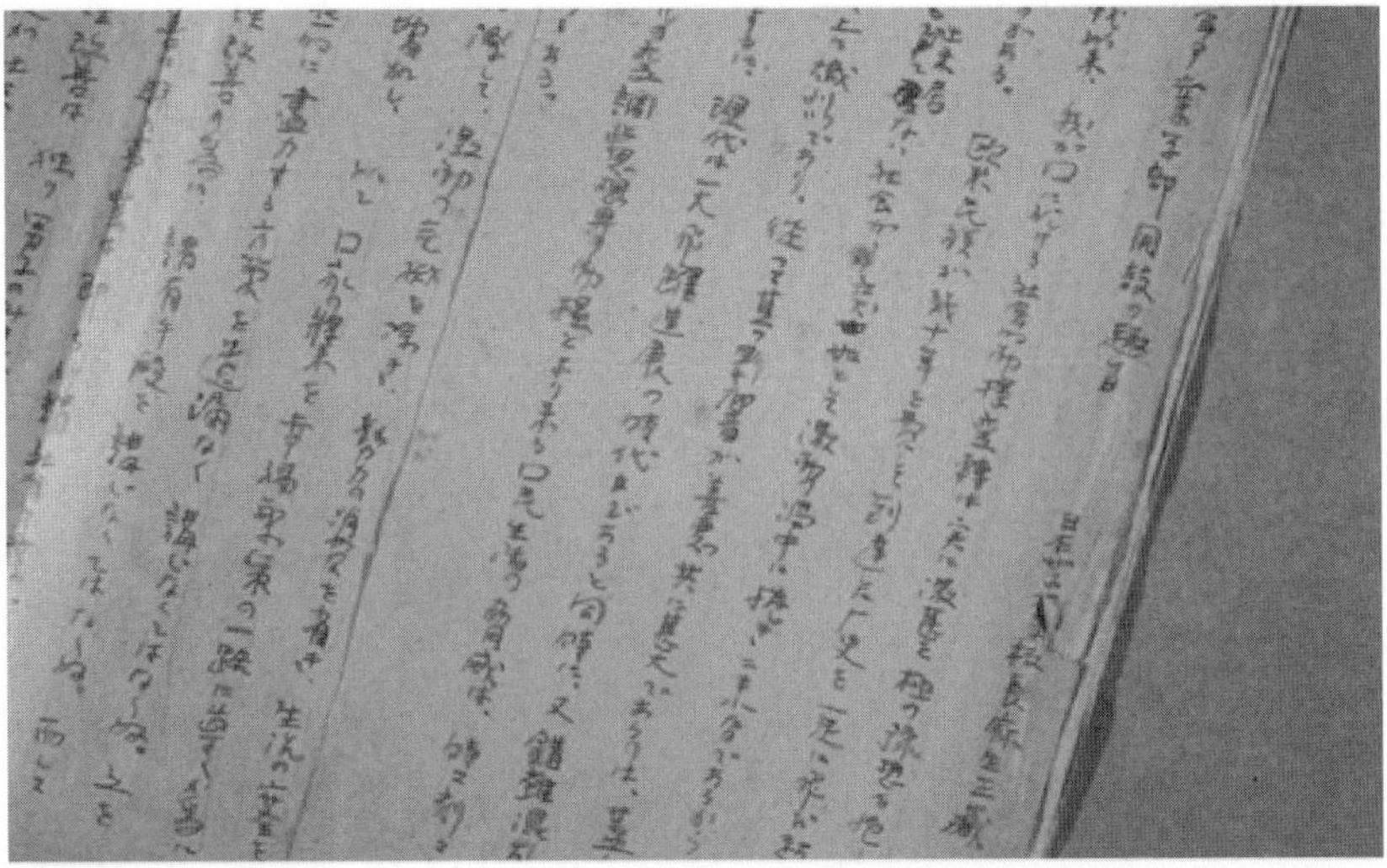

写1　麻生正蔵による「社会事業学部開設の趣旨」の草稿

と述べている。ちなみに麻生も1904（明治37）年から1906年にかけて欧米の女子教育の視察を行っており、成瀬と同様に社会事業について多くの影響を受けたことが推測される。麻生は、これまでの社会事業とは異なり、目的や調査等の方法を明確にし、系統的かつ正確な知識・技能を有する活動こそが重要であると主張した。また、数ある社会事業のうち、児童の保育・教養と女性労働者＝女工の指導・強化・保安という二方面こそがもっとも女性に適していると同時に、社会においても緊急に求められているものであると述べている。ここに、社会事業学部に児童保全科と女工保全科が設置された理由がある。

児童保全については、貧困な家庭の女性ほど児童の保育・教養に関して無知であり、乳児死亡率が高まったり、家庭での教育ができないという問題が生じていると麻生は指摘する。女工保全についても、女性労働者の生活が劣悪な環境に置かれていることから、その改善に努めるとともに、女性労働者に対する人格教養、健康保全、慰安などが必要であることが主張された。

前述した託児所、夜学校はまさにこれを先駆的に実践してきたものであるが、これら2学科では、こうした事業全体の組織経営、指導統括《とうかつ》の任にあたる人材を育成することがめざされた点が重要であろう。

すなわち単なる社会事業従事者ではなく、そのリーダーとしての活躍が期待されたのである。そのため、倫理学、心理学、衛生学、社会学、経済学等の幅広い知識を基礎としてもつこと、そのうえに高い知識・技能を得ることがめざされた。さらに、人々の生きざまや心を理解し、現代の産業界の事情に通じることも求められ、「聡明なる理解と深厚なる同情と鍛錬《たんれん》せる技量」により社会問題の解決にあたる人材育成がなされることになった。

また、麻生は「唯其の国家社会の急務たるを見て、袖手傍観《しゅうしゅぼうかん》するに堪《た》へず、自らはからず、新に一学部を増設し、社会奉仕の具体的覚悟を以《も》って、成し得る限りの努力を試み、もつて本校の国家社会に対する使命の実現に盡《つ》さうとするのである」とも述べている。ここから大学の使命として社会貢献に立ち向かうのだ

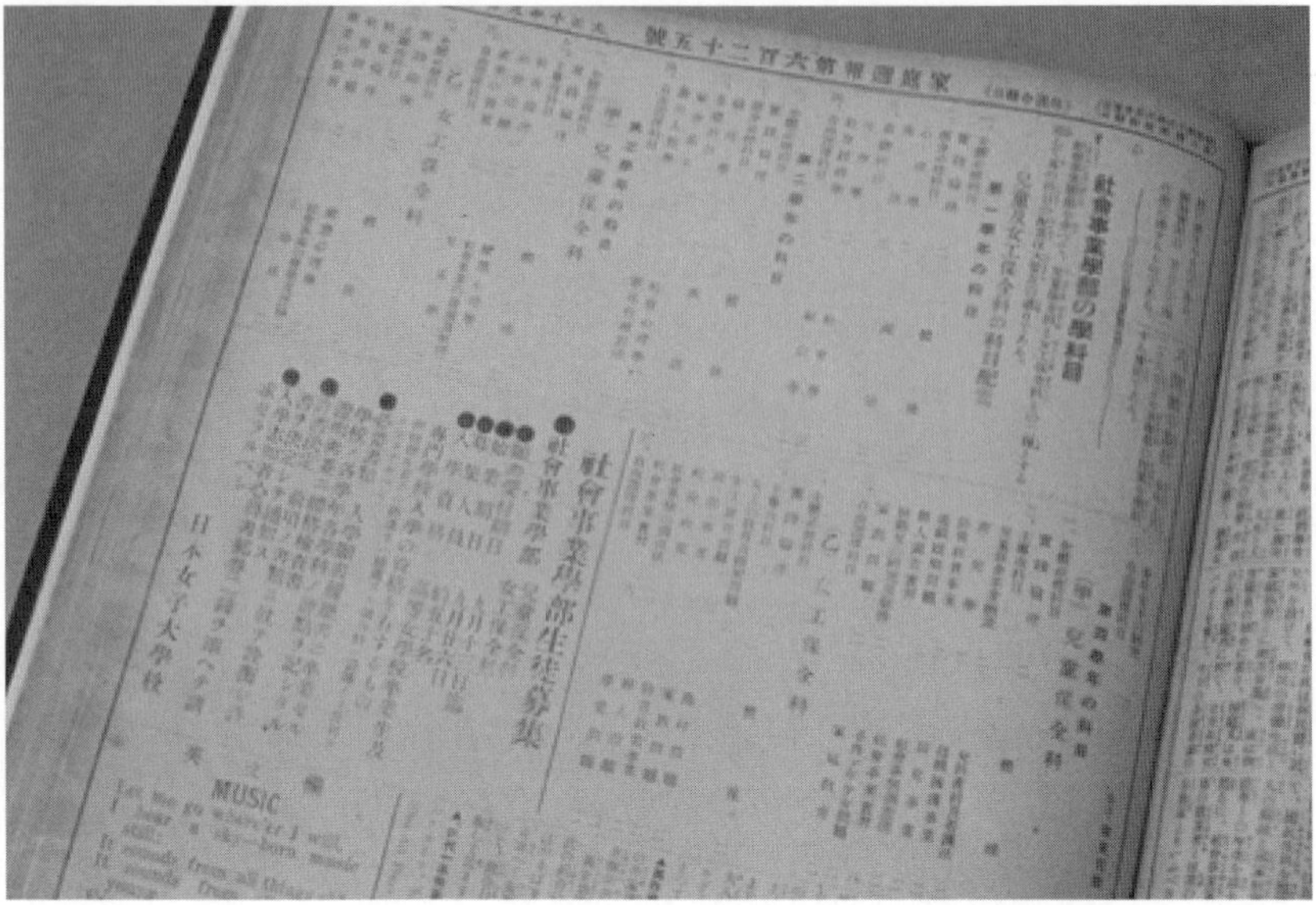

写2　学生募集と社会事業学部学科目が掲載された『家庭週報』

という強い覚悟を見ることができる。

なお写2は、学生募集と社会事業学部の学科目について『家庭週報』第625号に掲載されたものである。

3 社会事業学部の内容と社会貢献

麻生は、生江や山室をはじめとする社会事業の専門家から、広く意見をきき、充実したカリキュラムと教授陣を揃え、第1回入学者64名を迎えた（写3）。

入学者の多くが、「新しい学問へのあこがれ」を抱き、「保育所を始めたい」「社会奉仕的な仕事がしたい」といった志をもって入学したという。カリキュラムは、主に低学年で学ぶ基礎科目、主に高学年で学ぶ専門科目、主に最終学年に学ぶ観察実習科目の3種に大別された（表1）。社会事業学部では、観察実習科目に現れているように、教室以外の教育＝学外活動が重視され、理論と実践の統合がめざされたのである。具体的には、1年間を通して行われる実習と、さまざまな機関を週1回訪れる見学が実施されるなどした（写

写3　社会事業学部入学式　1921年9月16日

表1　創設時のカリキュラム

		児童保全科	女工保全科
1学年	全体必修科目	実践倫理、体操	
	部分必修	心理学、国語、英語	
	基礎科目	生理学、社会学、社会経済学、統計学	
	自由選択科目		
2学年	全体必修科目	実践倫理、体操	
	部分必修	倫理学、英語	
	基礎科目	社会衛生、社会心理学、応用人類学、憲法 行政 民法	
	自由選択科目		
3学年	全体必修科目	実践倫理、体操	実践倫理、体操
	主専攻科目	社会倫理、変態心理学 社会問題、産業の発展 社会事業の発展及原理 児童学	社会倫理、変態心理学 社会問題、産業の発展 社会事業の発展及理論 工場法、女子職業問題 青年女子の研究
	自由選択科目		
4学年	全体必修科目	実践倫理、体操	実践倫理、体操
	主専攻科目	児童保全事業概説 児童産科及看護法 育児学、母親擁護事業 防貧救貧事業、遊戯娯楽問題 社会事情調査法 個人調査実習 社会事業実習 欠陥児の研究及取扱 不良少年少女問題 家族問題、家庭教育	女工の教育娯楽問題 女工使用問題、農村問題 同化事業、家族問題 防貧救貧事業、社会政策 社会事業の調査 婦人問題 社会事業実習 労資問題
	自由選択科目		

出所：『日本女子大学社会福祉学科50年史』より著者作成

写４　東京府立松澤病院への見学の様子

４）。見学や実習先としては、桜楓会託児所をはじめとするセツルメントや病院、工場、貧民窟など多岐《たき》におよび、その現実を目の当たりにすることで学生は大いに心を動かされたという（日本女子大学社会福祉学科１９８４）。

　また、見学と合わせて調査が実施されることもあり、たとえば「日暮里《にっぽり》貧民窟調査」では、家庭状態、衣服、食物、住居などの調査事項によりグループ分けをし、調査・報告がなされた。さらに、見学で訪れた桜楓会託児所に、その後ボランティアという形で携わるなど（黒岩２０１５）、学生たちは多様な学外活動を実践した。

　このような学びを終えた第１回卒業生のほとんどが入学の際の志を貫き就職した（写５）。たとえば、女工保全科卒業生の就職先は倉紡、鐘紡などの紡績会社の寮監《りょうかん》、東京市職業紹介所等であり、児童保全科では桜楓会託児所、公立託児所、東京府隣保館《りんぽかん》（セツルメント）等であった。麻生がめざしたような社会事業のリーダーとして多くの学生が卒業後に活躍し、社会

写5　第1回卒業生

問題の解決にあたり、社会改良に尽くしたといえよう。

また、社会事業学部創設の2年後、１９２３（大正12）年に起きた関東大震災においても、「十月二五日大学部は授業を再開し、社会事業学部の学生は、東京市の依頼をうけて、浅草、深川、本所《ほんじょ》方面に東京市のトラックででかけ、玉姫方面で乳児調査、社会調査を行い、また、牛乳の配給や、給食の炊き出しの手伝いに大活躍したのであった」とあるように、社会事業学部の学生たちが専門的な知識・技能を生かして献身的に活動したことが伝えられている（日本女子大学社会福祉学科１９８４：１０６）。

以上のように、熱い想いをもった学生たちが参集した日本初（アジア初）の社会事業学部において、成瀬や麻生がめざしたリーダーたる女性の社会事業家が育成され、社会問題の解決に果敢に取り組み、社会貢献をなし得たといってよいであろう。

社会事業学部はファシズム体制が濃くなるなかで、その名称が社会主義と混同されるようにもなり、志願者が減少し、１９３３（昭和８）年には家政学部

3類と名称変更を余儀なくされた。しかし、戦後、1948年には家政学部社会福祉学科として再スタートを切ることとなった。社会福祉学科の学生たちは、戦後の貧困の解決のために、1950年にはセツルメント基金を設立し、ついに1960年に足立区興《おき》野《の》町に「社会福祉学科セツルメントハウス」をもつにいたった。(注3) 学生たちはその場を利用して子ども会活動、(注4) 老人クラブ、母親クラブなどの活動を展開していったのである。また大学周辺地域での子ども会活動や、岩手県下《しも》閉《へ》伊《い》郡岩泉町での僻地《へきち》巡回子ども会活動(注5)などの実践も積極的に行われた。

このように、社会事業学部における社会貢献の精神は戦後の社会福祉学科に受け継がれることになったのである。

引用文献・参考文献

(1) 大林宗嗣『セッツルメントの研究』同人社、1926年
(2) 影山礼子『成瀬仁蔵の教育思想—成瀬的プラグマティズムと日本女子大学校における教育—』風間書房、1994年
(3) 黒岩亮子「大学セツルメント活動が地域に果たした役割—日本女子大学○町セツルメントの事例から—」『東京社会福祉史研究会』第9号、pp.49〜71、2015年

日本女子大学『日本女子大学学園事典—創立100年の軌跡』日本女子大学、2001年
日本女子大学社会福祉学科五十年史編纂委員会『日本女子大学社会福祉学科五十年史』日本女子大学社会福祉学科、1981年
日本女子大学社会福祉学科八十年史編纂委員会『日本女子大学社会福祉学科八十年史』日本女子大学社会福祉学科、2003年
日本女子大学女子教育研究所編『今後の女子教育—成瀬仁蔵女子大学論選集—』日本女子大学、1984年

(注1) 巡回機械とは、教室以外でも実験ができるようなものであったが、実現はしなかった。
(注2) 大学植民地とは、大学生が貧困地域に住み込んで、知識を提供していくことである。
(注3) 「社会福祉学科セツルメントハウス」は私立興野保育園内の一角に設立された。1961年には「興野町セツルメント」と名称変更し、1964年には「家庭福祉センター（通称みどりの家）」として正式に大学附属の施設となった。1967年に「家庭福祉センター（通称みどりの家）」は足立区興本小学校内に移転し、足立区の補助事業として「みどり学童保育クラブ」の活動を続けていくことになる。1994年3月に閉所した。
(注4) 1952年より大学周辺の南蔵院や早稲田奉仕園で週1〜2回の子ども会活動が開始された。
(注5) 1959年より1970年まで、岩手県社会福祉協議会等の協力も得ながら、13の分校にて「僻地巡回子ども会活動」が行われた。

4　桜楓会の設立と社会貢献組織の実現

後藤祥子

桜楓会とは

桜楓会《おうふうかい》は日本女子大学の同窓会組織である。一般にイメージされる同窓会といささか違うのは、卒業後の親睦を二の次三の次にして、卒業後の社会貢献、女性による社会の進歩発展を目的として設立されたところにあり、人はみな天賦《てんぷ》の才を生かしつつ生涯を天職に捧げなければならない、というのが創立者の説くところであった。女性参政権が認められる半世紀前のことである。

当時、小学校の課程はいざ知らず、中等教育ともなれば男子の中学校と女子の女学校とではカリキュラムもおのずと違い、それ以上の高等教育は女性には一般に閉ざされ、わずかに１８９０（明治23）年に開校した女子高等師範学校（のちのお茶の水女子大学）が、女学校の女子教員養成機関として開かれたばかりだった。女性の可能性を信じて男子の高等教育と等しい教育を施《ほどこ》そうとした創設者の意図は、一般社会にただちに理解されるはずもなかったが、可能性に目覚めた女性たち、また、そうした女性たちの伸張に期待する周囲の理解ある人々にとって、未知の女子大学校の設立は待たれるものとなった。

そして、１９０１（明治34）年4月開校、入学者510名、うち121名が1904年4月8日、卒業式に臨《のぞ》んだ。桜楓会はその前年4月に発会している。

開校当初の入学者は、創立者の教育の意図に賛同する発起人など有力者の子女や、教育に熱心な地方名士の子女も少なくなかったが、自己の意思や事情から、さまざまな前歴をもって標準的な学齢を超えて入学する者も少なくなかった。改めて後述するが、1回生に井上秀《ひで》（卒業生初の校長）、丹下《たんげ》ウメ（東北帝大学士、ホプキンス大学でPh.D.取得、日本女子大学校教授）、小橋三四《こはしみよ》（女性編集者の草分け）、大村嘉代《かよ》（劇作家）、柳八重《やなぎやえ》（女性編集者の草分け）、3回生に平塚らいてう（『青鞜《せいとう》』創刊の文筆家、戸籍名奥村明《はる》）、4回生に高村智恵子（高村光太郎夫人、紙絵作家）、茅野雅子《ちのまさこ》（歌人、日本女子大学校教授）、6回生に豊留《とよとめ》アサ（国文、広島新庄高等女学校校長）、6回生に大橋ヒロ（教育学部、日本女子大学校5代学長）、7回生に上代《じょうだい》タノ（英文、6代学長）、13回生奥《おく》むめお（家政学部、主婦連結成、初代理事長、参議院議員）、14回生に高良《こうら》とみ（英文、平和運動家、日本女子大学校教授）など、足跡《そくせき》を残す人々が連綿《れんめん》と連なる。

桜楓館1905年、三井寿天寄贈

平塚らいてう

創設の意図すなわち、女子教育の目標を、創設後10年の段階でまとめた『日本女子大学校の過去現在及び将来』のなかで、成瀬《なるせ》校長は、「女子に人間としての尊貴《そんき》なる価値を認め」「徒《いたずら》に盲従《もうじゅう》せず、独立自敬《じけい》、進取《しんしゅ》改善の精神」を重んじ、「女子の眼界《がんかい》を拡張し、識見《しきけん》を開拓し、広く国家社会の事業、出来事に興味を懐《いだ》き、直接間接これに関与するに至らしむるは、女子のため、また社会国家のため、賀すべき」である、との主調を展開する。

当時こうした主張には、ともすれば、家庭をないがしろにする如《ごと》き批判が多かったところから、家庭と社会・国家とは畢竟《ひっきょう》、別物ではなく、家庭管理をないがしろにしないことが前提との慎重なだめ押しを差しはさみながら、「女子の目を社会・国家に向けさせ」「社会に貢献する」生き方を養おうとしたのが、教育方針のまずは根本であったことが理解できよう。

女子に人格の尊貴所以《ゆえん》を自覚させ、「天職の、那辺《なへん》に存するかを自覚せしめ」、今一層明晰《めいせき》なる知力を養い、今一層有為《ゆうい》なる手腕を鍛錬《たんれん》し、「家庭内外の生活本末軽重《けいちょう》を誤らず、団体生活の発展幸福の為、今一層有効なる奉仕的活動を営み、以て其の任務を全う」させるのが、本校教育の目的だという。この「自敬」と「奉仕」の精神はやがて、遺訓《いくん》となった三綱領、「信念徹底・自発創生・共同奉仕」に凝《こ》っていくことになる。

さらに注意すべきなのは、「種々の事情の為、妻母たらざる婦人」に対して、「その長所を発揮して、その天職を全うするの機会を与えざるべからず」と特記していることである。ここに、家父長制・封建制に基づく良妻賢母型の生き方に限定されていた女性の境《きょう》涯《がい》を、人間本来の可能性（すなわち天職）を発揮できるように開放し、自己決定のできる権利を明示したものといえよう。

全人教育の成果と全容
——桜楓樹・『家庭週報』・実業部

創立者の成瀬仁蔵は、「女性を人として、婦人として、国民として」という教育目標の順序を誤ってはならない、という主張を繰り返し述べているが、男女差別の烈しかった封建遺風《いふう》のなかで、女性である前に人間としてという主張を繰り返したのは、女性が経済的にも自立して、男子と等しく、家政ひいては国力の維持に責任と権利を受け持つという点にあった。金銭にかかわるのは賤《いや》しいとされた当時の一般的風潮に、真っ向から対峙《たいじ》したのである。そうした教育の成果として、卒業生に求めた社会とのかかわり方が、「桜楓樹《おうふうじゅ》」という形に象徴される。

母校や社会、世界的潮流、および卒業生自身の研究成果や「同情」(共同奉仕の精神)を根元から吸い上げた桜楓樹は、家庭部・教育部・社会部の大きな枝を広げるが、とくに社会部の枝には、職業部の小枝の先に、「新事業」や「新発明」のカードを下げ、出版部には「新聞・雑誌・書籍」の札が下がり、慈善会には「救助」のカードが下がっているといった具合である。卒業生のなかからきわめて早い時代に、事業家や研究者、編集者を輩出した空気をうかがうことができる。

さらに慈善的事業に対して、卒業生がこぞってこれに協力しようとした心意も、おのずからうかがえよう。主幹《しゅかん》に家庭部を置いたのは、先に見たように、多くの卒業生が家庭生活を基盤とし、そのなかにあって、社会や世界の情勢に疎《うと》くなく、新時代の知識や潮流を積極的に受け止めて領導《りょうどう》しようとの意図にほかならず、機関紙を『家庭週報』と名づけた所以《ゆえん》である。

『家庭週報』は1904(明治37)年創刊、終戦間際に一時休刊のやむなきにいたったが、戦後ただちに復刊し、1951(昭和26)年4月、1633号をもって終刊、5月から『桜楓新報』の名のもとに機関紙として発刊され、現在にいたっている。『家庭週報』の内容は、会員相互の情報交換にとどまらず、世界情勢や社会情報、新知識、論説におよび、当時の社会事情を歴史的に知る格好な資料とされることも少なからず、その内容一覧が2006(平成18)年に『女性ジャーナルの先駆け　日本女子大学校・桜楓会機関紙『家庭週報』年表』として刊行された(日本女子大学　平塚らいてう研究会編　桜楓会出版部)。

『家庭週報』の創刊からしばらく、その編輯《へんしゅう》に携《たずさ》

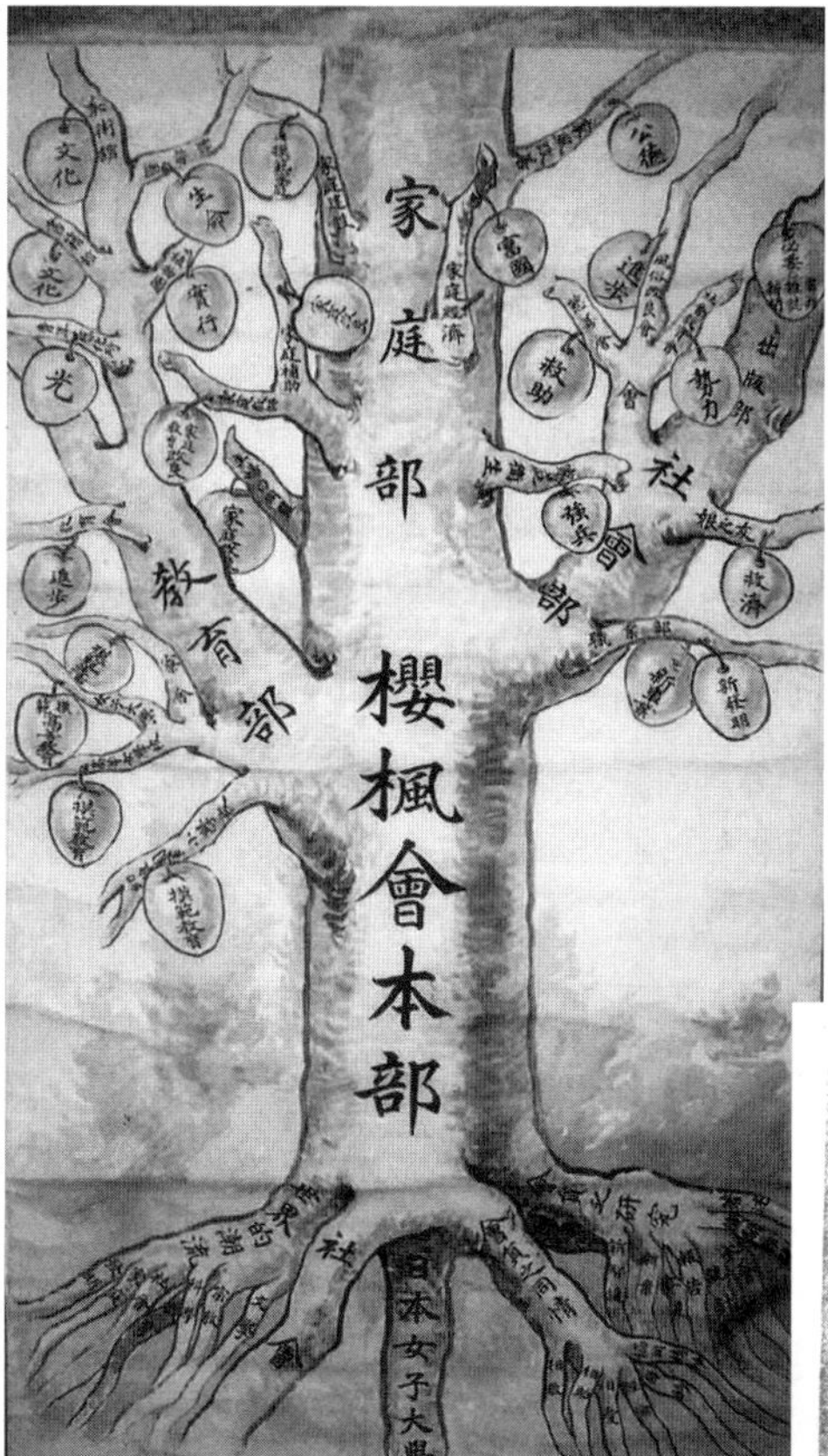

桜楓樹図（日本女子大学教育文化振興桜楓会提供）

『家庭週報』

わった小橋三四は、やがて時代に先駆けた女性編集者として活躍することになる。『家庭週報』をはじめとする、これら女性による出版編集事業は、『青鞜』の誕生も容易ならしめ、きたるべき女性解放運動の原動力となった。

また、女性の経済的自立はもとより、生産活動の実地訓練として、学園創設の当初、牧畜も試みられた（大村嘉代の『目白の雪の日』にも、のちに留学して大成する苦学生の労働作業として乳搾《ちちしぼ》りが描かれる）。学園には実業部、学寮には購買部があり、共同購入の利便によって、経済活動を学ばせようとした。慈善事業、あるいは学園拡張の資金集めとしてバザーがしばしば行われ、運動会とともに学園の名物事業となっている。

指導者たち

女子の大学校を開校するにあたって、創立者成瀬仁蔵は、各学部にあたうかぎりの最新最善の指導者を求め、三顧《さんこ》の礼《れい》をもって迎えた。斯界《しかい》の権威という形式

創立当時の教職員

的偉容でなく、新しい学の創造に敏感に、学生たちにとって刺激的な教授陣が蝟集《いしゅう》することとなり、その伝統は引き継がれた。

　草創期にみると、家政学分野に、高島平三郎（児童研究）、大沢謙二（生理学）、長井長義《ながよし》（応用理化）、白井規矩郎《きくお》（体育）、三宅秀《ひいず》（衛生学）、中隈敬蔵《なかくまけいぞう》（経済学）、奥田義人《よしと》（法律）など。英文学部にはたまたま英国から来日中だったエリザベス・フィリップ・ヒューズ女史をはじめ、ミス・グリーン、エリノア・グレディース・フィリップスなどの外国人教師、高橋一知《かずとも》、村井知至《ともよし》、松浦政泰《まさやす》、島田重祐《しげすけ》。国文学部には戸川残花《ざんか》、塩井雨江《しおいうこう》、三輪田《みわだ》真佐子、中島歌子、萩野由之《よしゆき》、小杉榲邨《すぎむら》があり。科外に上田万年《かずとし》、坪内逍《つぼうちしょう》遙《よう》、大塚保治《やすはる》などの講義もあった。

　その後も阿部次郎（哲学、文学評論）、市村今朝蔵《けさぞう》（政治思想）、木村泰賢《たいけん》（宗教哲学）、児玉省《こだまはぶく》（児童心理学）、今和次郎《こんわじろう》（考現学）、高橋誠一郎（経済学）、武島羽衣《たけしまはごろも》（歌人、国文学）、近藤耕蔵（物理学）、中村孝也《こうや》（日本史）などが教鞭を執《と》り、桑木厳翼《げんよく》（哲学）などの講義も行われた。

　学生たちへの感化は計り知れず、具体的で懇切な進路指導の史実が残る。

卒業生たち

井上秀

それではこうした教育環境のもとで、いったいどのような卒業生が巣立っていったか。まず1回生には、創立の以前から創設者・発起人の身近にあって開設を待ちかねた井上秀がいる。１９０１（明治34）年、入学と同時に学寮の寮監《りょうかん》となる。このように草創期には、就学者のなかから指導力のある者を選んで学園経営の一助とした。学寮は教科教育と並ぶ重要な教育的意義を担ったのである。１９０４年に卒業すると、同年に発足した桜楓会幹事長に選任され、１９２０（大正９）年に社団法人改組に際して理事長となる。

　桜楓会は、近代化を進める当時の社会の諸問題、とくに家庭・女性の課題に真っ向から立ち向かい、働く

井上秀

女性のための託児所の設立（丸山千代の項参照）、桜楓会アパートの建設など、1921年という早い時期に、関東大震災後に群立した同潤会《どうじゅんかい》アパートなどの流行に先駆けて、働く同窓生のための、近代的設備を誇る集合住宅の建設も、時代の話題となった。

　秀はこれより早く、1905年からは附属高等女学校で家事および化学の教諭となったが、1908年5月からニューヨークのコロンビア師範学校に留学し、一般家政学や栄養学を学び、翌年夏にはシカゴ大学で社会学・経済学の立場から家庭や女性の諸問題を研究、米・独・仏・露の教育視察を経て1910年3月帰国、日本女子大学教授となり、創立者の構想を受けて家政学の樹立発展に尽くした。

　この時期、先進国の合理性に学ぶ家政学は、新時代の科学的家庭管理論として構築され、家政学の基盤となった。1931（昭和6）年、卒業生初の本学校長に就任、文部省の教員検定委員をはじめ、公的機関の役員・役職を任されるにいたるが、第二次大戦の終結後、公職追放の苦汁《くじゅう》を舐《な》めた。草創期から昭和前期の卒業生は、社会に数少ない女性リーダーという立場から、主義思想の如何《いかん》を問わず、きわめて劇的な役割を担うこととなった。

丹下ウメ

　1回生にはまた、学究的立場から世に先駆けて大きな足跡を残した女性がいる。丹下ウメは鹿児島の素封《そほう》家《か》の出であったが、幼年時代に事故で片眼の視力を失ったために、家族は早くから独りだちできる養育を志したこともあって、不幸転じて恵まれた資質を思う存分伸ばす環境があったともいえる。

異例の若さで師範学校を卒業すると、小学校教員をしていたが、縁あって日本女子大学校をめざして上京。化学を教えていた東京帝大教授長井長義に学び、卒業後、長井の助手時代に、女子に初めて開かれた化学中等教員検定試験に合格、これを入学条件の一つに門戸を開いていた東北帝大に入学。さらに大学院に進学し、文部省・内務省の任命でアメリカ留学、スタンフォード大、コロンビア大で研究に従事し、ジョンズ・ホプキンス大学でPh.D 学位を取得。シンシナティー大学で助手として研究に携わったのち、ヨーロッパ経由で帰国。日本女子大学教授のかたわら、理化学研究所嘱託を兼ね、ビタミンの研究で東京帝大から農学博士の学位を受け、日本女子大学の化学教育に偉大な足跡を残した。

丹下ウメ

【参考文献】辻キヨ『先覚者　丹下先生』１９５３年、蟻川芳子・宮崎あかね『白梅のように——化学者　丹下ウメの軌跡』化学工業日報社、２０１１年

原口鶴子

鶴子は旧姓新井つる。群馬県立高等女学校を17歳で卒業後、日本女子大学校英文予備科2年に編入。翌年英文学部に移るが（3回生）、英文学以外にも関心が強く、ことに１９０３（明治36）年から１９０６年まで高等師範から教えにきていた松本亦太郎の最新の心理学に多大な影響を受ける。１９０６年、卒業するや渡米、コロンビア大学ティーチャーズ・カレッジ大学院に入学、ソーンダイク教授について博士論文〝Mental fatigue〟を提出し、Ph.D学位を取得。わが国で最初のPh.D学位取得者となった。

原口鶴子

帰国後、アメリカ体験を綴った自伝『楽しき思い出』を刊行するなど、アメリカの家庭や女性の新事情を伝える一方、博士論文に加筆して「心理作業及び疲労の研究」を刊行。ゴールトンの『天才と遺伝』を訳出するなど将来を嘱望《しょくぼう》されながら29歳の若さで病死した。

【参考文献】自伝『楽しき思い出』（春秋社、1915）、荻野いずみ編著『原口鶴子―女性心理学者の先駆―』（銀河書房、1983）。本間道子「先駆的教育心理学者：原口鶴子」『日本女子大学紀要　人間社会学部』（8号　1997）。

豊留あさ

あさは旧制6回国文学部卒。鹿児島で小学校教員の経験をもち、郷里出身の識者に勧められて日本女子大学校に入学。卒業後、成瀬校長の薦《すす》めに応えて、開校間もない広島新庄学園女学校に赴任し、学校の存続発展に寄与して、死後中興《ちゅうこう》の祖《そ》と仰がれた。学園が火災に遭って危機的な状況にあったとき、母校に救いを求め、桜楓会が支援した経緯なども『家庭週報』に詳しい。

【参考文献】『新庄学園百年誌』（新庄学園、2009）

上代《じょうだい》タノ

6代目学長となった上代タノは、島根県大原郡（現在の雲南市）の出身。松江市立高等女学校で、当時初めて開講された英語の授業に大きな感化を受けて日本女子大学校英文学部予科に入学。本校の外《そと》寮暁星寮《ぎょうせいりょう》に入り、寮監ミス・フィリップスの指導のもと、牛込の聖バルナバ教会で受洗。卒業と同時に成瀬仁蔵・新《に》渡戸《とべ》稲造《いなぞう》・浮田《うきた》和民《かずたみ》編輯主幹の英語雑誌 *LIFE* の編輯に携わる。

本校で初めて文部省英語中等教員検定試験に合格、新渡戸の推薦で米国ウェルズ・カレッジに留学。M・A学位を受けて帰国。31歳の若さで英文学部教授に就任、日本最初の米文学講座には学外からも受講希望者が殺到したという。その後再び渡米、ミシガン大学大学院で英文学専攻、翌年、ケンブリッジ大学ニューナム・カレッジで現代英文学を学び、ジュネーブでジェーン・アダムスらと交わり、世界平和問題に啓発され、婦人国際平和自由連盟（ＷＩＬＰＦ）の総会に出席。戦後日本支部会長、のち、英国で行われた総会でスピーチ。国際文化会館や大学セミナーハウスなどの設立にかかわり、名誉都民となる。

上代タノ

ウェルズ・カレッジの推薦でPhi Beta Kappa 会員となり、名誉法学博士号を受け、日本女子大学１００周年記念に卒業生賞を受けるなど、高い評価を受けた。

湯川秀樹博士らとともに、原水爆に抗議して平和七人委員会を作って世に問うたことは有名。また、日米安全保障条約問題で訪日したダレスに対して、平塚らいてうらとともに抗議文『講和問題に関する日本女性の希望要綱』を呈したことでも知られる。

【参考文献】島田法子・中嶌邦・杉森長子『上代タノ　女子高等教育　平和運動のパイオニア』（日本女子大学叢書８　ドメス出版、２０１０）。

高良とみ

高良とみは英文学科卒業後、コロンビア大学に留学し、大学院を経てジョンズ・ホプキンス大学で研究。「行動性との関係における飢えの実験的研究」により

Ph.D学位を受け、帰国後、九州帝大医学部助手を経て母校教授となる。学生時代、本学が夏季学校（軽井沢）に迎えたインドのノーベル賞詩人タゴールの在寮中の通訳兼世話係に選ばれ、その平和思想に多大な影響を受けて、その後のタゴールの来日平和活動に、社会の好戦的な動きに抗して付き添うなど、生涯を平和活動に尽くした。

１９４０（昭和15）年、日中平和を求めて近衛文麿の新体制運動に参加、大政翼賛会《たいせいよくさんかい》中央協力議員として婦人局設置を提唱。戦後は参議院議員として2期12年を務める。日米安保条約に反対し、１９５２年、国交のないソ連と中国に入国、在留日本人の帰国交渉にあたった。

【参考文献】『非戦を生きる――高良とみ自伝』（ドメス出版　１９８３）、『高良とみの生と著作』全8巻（ドメス出版　２００１）。

以上は、学園草創期に近い時期の卒業生にしぼったが、現代にいたるまで、活躍の著しい女性の輩出は途切れることなく、ことに、社会貢献活動の分野で傑出した足跡を残す橋本祐子《さちこ》（日本赤十字社勤務・アンリー・デュナン賞受章）の名は、後身育成の功績でも逸し難い。

近年でいえば、１９９６（平成8）年には、星瑠璃《るり》子《こ》他の執筆になる『桜楓の百人　日本女子大物語』（舵社）が出ているが、その後も、ウーマンオブザイヤーに建築家妹島《せじま》和代と「エキナカ」事業を創始した鎌田由美子が並び選ばれ、岩波ホール主宰《しゅさい》の高野悦子と小説家平岩弓枝が文化功労者として名を連ねるなどの評価が続いている（平岩は２０１６年度文化勲章受章）。

【参考文献】高野悦子には『私のシネマライフ』（岩波現代文庫、２０１０）ほか、多くの自伝的著書がある。

第3章

東日本大震災
——学部・学科が取り組んだ支援活動

第3章では日本女子大学本体、それから各学部単位で教員や研究室が取り組んだ支援活動をまとめる。ここに取り上げたのは大学全体の支援活動の把握ではなく、各学部での特色ある活動である。とくにそのなかでも家政学部は人間と生活を科学的に探求する学部であり、支援活動を起こしやすい学問領域であるので、学科単位で詳しく記述することにした。

1　家政学部の震災に関する支援活動の概要　家政学部

子どもたちに楽しんでもらおう　児童学科

請川滋大（児童学科）

震災後、児童学科では「学科として何かできることはないだろうか」という話し合いがもたれたが、結果として学科全体の取り組みを行うことはできなかった。しかし、それぞれの教員が自分の専門分野を生かした取り組みがあるので、まずはそれらについて報告したい。

児童文学を専門とする川端有子教授は、児童学科2年生向けの授業である「フィールドワーク演習」にて、学生たちに読まなくなった絵本の寄付を求め、それらにメッセージをつけて被災地に寄贈するという活動を行っている。

また体育・身体運動を専門とする杉山哲司准教授、澤田美砂子講師は、「家政学部を考える会」が行う被災地支援活動の一環として岩手県、宮城県、福島県の仮設住宅の視察とヒアリング調査を行った。そこから見えてきたニーズから、高齢者が狭い空間でも音楽に合わせて実施できる運動プログラムを作成することとなった。構想と調整は杉山准教授が、具体的な運動内容は澤田講師が行い、児童学科で美術・造形を指導する西村陽平教授（当時）のゼミ生2名が運動プログラムのイラスト制作にかかわった。これらをまとめたものを福島県で配布し、仮設住宅居住者に実施している。

この時期、福島県内では震災直後の放射線の影響で外遊びに制限があった。杉山准教授と澤田講師は3カ所の保育所において運動能力の調査を行い、その結果を園側にフィードバックしている。さらに、放射線の影響を低減するために緑黄色野菜をとることが効果的であるということから、子どもたちが「野菜を好きになること」、「食べたいという欲求を高めること」をめざし、それに合わせた体操を作成することとなった。

こちらは、「家政学部を考える会」のメンバーであった食物学科の五関正江教授が作詞をし、振り付けは澤田講師、映像の企画・制作は杉山准教授が担当した。映像はDVD化され、これを福島県内の幼稚園・保育所に配布したところ、運動会で実施した幼稚園もあったという。さらに澤田講師は、「なぞなぞお野菜体操」の小学生版を児童学科の鹿内菜穂助教やゼミの学生とともに作成し、DVDにして配布している。

一方、発達心理学を専門とする川上清子教授の研究室の中野沙羅さん（当時、学部3年生）は、YMCAの活動を通して行ったボランティア活動をもとに、「東日本大震災　3・11――YMCAの活動を通してこの目で見てきたこと」というタイトルで卒業論文を執筆している。

このように児童学科では、それぞれの専門分野を生かし各々が支援活動を行ってきたのだが、ここからは幼児教育および発達心理を専門とする筆者（請川）が、学生とともに活動してきた被災した福島の子どもたちに対する遊び場の提供を中心に記していきたい。

3月11日の大地震後、大津波の影響で福島第1原発が水素爆発を起こし、放射能が拡散しはじめたという事実を関東に住むわれわれも報道を通して知ることとなった。原発に近い福島県民は遠方へと避難することになったのだが、そのひとつとして「さいたまスーパーアリーナ」（さいたま市、以下、スーパーアリーナと略）が選ばれ、3月17日からは多くの人たちがこちらの施設へ避難してくることとなった。とりわけ福島第1原発のある双葉町からはたくさんの人たちがスーパーアリーナへ避難してきて、3月19日には双葉町の住民約1200名が到着している。

筆者は臨床発達心理士であり臨床発達心理士会埼玉支部（以下、埼玉支部と略）に所属していることもあり、埼玉支部としてスーパーアリーナに避難してきている人たちに支援活動を行うということを情報として入手していた。しかし当初は、避難してきている人たちのなかにどのようなニーズがあるのかもわからず、まずは避難してきている子どもたちが遊べる「遊び広場」を開設し、そこに来る親子へヒアリング調査を行いニーズを調べるということを始めたのであった。この時点で筆者は未だ支援活動に参加できていないが、情報だけは埼玉支部のメーリングリストから得ていた。

その後、スーパーアリーナは3月末までに明け渡さなくてはならないということで、避難していた2000人近くの人々はどこか別な場所へ移動しなくてはならなくなった。そんななか、双葉町の人たちは旧埼玉県立騎西《きさい》高等学校（埼玉県加須市）へ移転することが決まり、1400人余りの双葉町民は旧騎西高校で避難所生活を送ることになったのである。これは震災前の双葉町民全体の約5分の1にあたる数であった。筆者は旧騎西高校での支援活動からボランティアとして参加している。埼玉支部の臨床発達心理士は当初、傾聴《けいちょう》ボランティアとして避難者の聞き取りを行い、初めは高齢者を病院へ連れていくことや役場の人との連絡調整などを行っていたのだが、4月後半には遊び場を開設する場所を確保できることとなり、この時点から子どもと保護者を対象とした子育て家族の支援を行っていくことになったのである。

それ以降、埼玉支部では土日を使い月に1～2度、「ぴえろの遊び広場」と称して子ども向けの遊び広場を開設することとなった。当時は幼児から小学校低学年の子どもたちが対象の中心であったため、この遊び場でもボランティアとして、本学児童学科の学生たちが大変よく参加してくれた。筆者から学生たちにボランティアの案内をすると、児童学科ということもあり「子どもの遊び相手ならば」ということで積極的に活動に参加してくれたように感じる。最近の学生たちはボランティア活動に対する意識がとても高い様子で、大きな災害があると「何か自分たちにできることはないだろうか」と考えるようである。しかし活動に参加するきっかけがうまくつかめないと、思いはあるもののふだんの生活に流されてしまい、結局何もせずただ時だけが過ぎてしまうということになりかねない。

大学教員である筆者は、学生たちに是非とも原発から逃れてきている福島の子どもたちの現状を知ってもらいたいという気持ちもあり、またそれ以上に子どもの遊び相手として、より年齢の近い大学生にたくさん参加してもらいたいという考えがあって積極的にボランティアの案内を行っていた。学生たちはその期待によくこたえてくれたと感じている。

旧騎西高校へは車を用いないと移動が難しい。そこで学生たちにはＪＲ鴻巣《こうのす》駅まで電車で来てもらい、駅を集合場所として会場へ向かっていた。都内はもとより神奈川県から参加してくれた学生もいたので、朝早く自宅を出なくてはならなかったことだろう。会場となる体育館へ到着すると、まずは車から遊び道具を運び、学生とともに場所のセッティングを行う。このボランティアに参加してくれた学生は、ふだんから子ども会などのサークル活動、幼稚園・保育所での保育ボランティアとして活動している者が多かった。そのため、どういうイメージで場を作りたいかを伝えればこちらの気持ちを察して静的な場と動的な場を分けて設定してくれたり、積み木などを行う場所では子どもたちがすぐに遊びはじめられるようおもちゃを広げておいたりということをしてくれていた。こういった部分に児童学科で学んでいることの専門性が生かされていたと感じる。

子どもたちとの遊び場面では、自分たちがあまり出すぎることなく、子どもたちがやりたい活動をうまくサポートしてくれ、参加してくれた子どもたちも楽しい気分で帰ることができていた。学生たちが子どもの遊び相手をしてくれると、臨床発達心理士のわれわれは、保護者と話をしながら、日常生活でどのようなことで困っているかということを聞き取ることができたのでありがたかった。子どもたちに何らかの発達的な障害がある家庭もあり、そういった場合、埼玉に避難してきてからの保育所や学校のこと、さらには発達支援に応じてくれる場所などについて尋ねられることが多かった。

子どもを相手としたボランティアの場合、学生が継続して参加してくれることが本来は望ましい。とりわけ、自閉症スペクトラムのような他者との関係性をつくるのに困難さをもつ子どもたちの場合、時間をかけないと仲間との良好な遊び関係を築けないことが多いからである。そのような点から、続けて参加することができる学生から優先的に参加してもらいたいという気持ちもあったのだが、参加する気持ちのある学生は選別せず、来られる者は全員連れていくことにしていた。そのなかから継続的に参加してくれる学生も現れ、それが子どもたちやわれわれにとっては大変喜ばしいこととなった。

現在も「ぴえろの遊び広場」は続けているが、避難所だった旧騎西高校は2014年3月に閉鎖したため、近くのコミュニティーセンターで行っている。また、避難所を出た双葉町の人たちは、故郷に近いいわき市で新たな生活を始める人も多く、当時遊び場に来てくれていた複数の家族もいわき市の仮設住宅へ引っ越すことになった。われわれは彼らの後を追うように

いわき南台　ぴえろの遊び広場
（2015.07.12）

旧騎西高校　ぴえろの遊び広場
（2012.04.14）

いわき市でも遊び広場の活動を行うことにし、現在は月に1度程度、日曜日にいわき市の仮設住宅へ向かい集会場を借りて活動を行っている。

学生たちもこれまで同様参加してくれており、子どもの遊び相手やお昼ご飯を一緒につくるという活動に参加してくれている。大きくなった子どもたちは宿題をもってきたりもするので、学生はその勉強を見たり、また女子中高生の利用者に対しては話し相手になったりしてほほえましい。将来は幼稚園や小学校で働く学生が多いので、これらの活動を通して、子どもたちのさまざまな家庭背景に思いをめぐらせることのできる先生になってもらいたいと願っている。

トラックいっぱいの調理器具を　食物学科

飯田文子（食物学科）

震災に関する食物学科の取り組みは以下に示す4点にまとめられる。

1　食物学科教員一同の取り組み――仮設住宅への食器・調理器具・お箸の提供

2　五関正江教授の取り組み（当時学科長）――福島県の食品の調理・加工による放射性物質の除去率の測定

3　64回生学生の貢献：目白祭お米プロジェクト

4　その他：卒業時の学生が謝恩会中止により残金を義援金として寄付

1　食物学科教員一同の取り組み

仮設住宅へ食器・調理器具・お箸の提供

2011（平成23）年3月、桜楓会員の被災状況調査により、食物学科卒業生である新制36回生、福井氏（岩手県盛岡市在住）が支援を必要としている旨、当時の理事長後藤祥子先生から食物学科丸山千寿子教授にお知らせがあった。盛岡市は沿岸部への支援の拠点となっており、大槌町仮設住宅で使用する調理器具が不足しているとのことである。そこで、食物学科教員一同、調理実習室に集合し、実習室の調理器具、食器を整理し梱包《こんぽう》作業を行った。

食器の一部（ご飯茶碗、汁椀、ミート皿）、フライパン、鍋類を段ボールに梱包し、4トントラック一杯にして、お送りすることになった。そのトラックは4月12日朝、無事到着したことが報告された。また、箸300セットも要望があったため、別途購入し、別便でお送りした。輸送費用（約16万円）については、食物学科教員からの義援金として供させていただいた。

2　五関正江教授の取り組み
——食品の調理・加工による放射性物質の除去率の測定（家政学部を考える会の取り組み：食の分野として）

食品の調理・加工による放射性物質の除去率についての測定結果は、日本食育学会誌第9巻第3号「東日本大震災の家庭の食生活の変化について——福島県の保育所・幼稚園に通園する児童の保護者を対象とした調査結果より」（田辺里枝子、奥裕乃、中岡加奈絵、菅野真由美、定行まり子、五関・曽根正江：pp. 239～245、2015）にまとめられている。

食品中の放射性物質の測定は、NaI シンチレーションγ線検出装置 FNF-401〔応用光研工業（株）製〕を用い、「放射能からきれいな小国を取り戻す会」の皆さまのご協力のもとに、伊達市小国ふれあいセンター（小国地区交流館）において実施された。

しいたけは流水で洗い、沸騰水中で3分間ゆで、煮汁を除くと、放射性セシウムが70・6％除去され、たけのこは2倍量の沸騰水中で10分間ゆでて煮汁を除くことにより54・0％除去されるなど、調理・加工による放射性物質の汚染の低減が認められ、安全・安心な調理・加工法を提案することができた。

3　64回生学生の貢献：目白祭お米プロジェクト
学園祭「東北憩いカフェ」

東日本大震災後の2011（平成23）年4月の始業時、私がアドバイザーをしていた食物学科2年次学生（64回生）は、千葉県旭町および茨城県での被災者2名を含み、新学期がスタートした。クラスで団結し何かできないかと模索していたところ、3年次になる2012年の目白祭において、「目に見える支援、手と手をつなぐ支援」をしたいという考えにいたった。

そこで、2012年9月に、食物学科卒業生での桜楓会の桜井理事（13回生）を訪ね、桜楓会の支援先、岩手支部長澤野桂子氏が理事長を務める岩手看護短期大学の鈴木るり子教授を通じて「お米プロジェクト」に参加させていただくことになった。仮設住宅にお住まいの方々が栄養不足に陥る危険があることから、目白祭の売上金をそのお米を購入する費用に寄付するというものである。

まず学生たちは東北地方、とくに岩手県大槌町の被害の大きさを調べ、その甚大さに驚くとともに、その被害に共感し、自分たちで何ができるのかを各々考えた。その結果、東北地方は農業、漁業などの第1次産業の最重要地域であり、日本の食文化に貢献してきた地域であることを確認し、東北地方の食材、特産品を調べ、ポスターおよび冊子として印刷、配布することにした。また土地の特色を生かした焼き菓子を提供し、

新制64回生 目白祭 ポスター

売り上げのほとんどを義援金（お米購入費：約16万円）として寄付した。また、仮設住宅付近で唯一の商店である八幡商店のかりんとう、いかせんべいを買い取り、同時に販売し、さらに箱を置いて義援金も収集した。

以上の試みにより、学生たちが被災地の方々の気持ちに寄り添い、思いを馳《は》せ、自らの手によって稼ぎ出した義援金を目に見えるプロジェクトとして行うことができ、社会貢献に通じる直接的な実感を体験できたことと考える。

以下、学生たちの考えた、パンフレットの表紙を飾る言葉を記す。

「学生らしい被災地支援とは何か。私たち学生は、時間もパワーもある。そこから新たに挑戦、開拓ができる。開拓にあたり、より効果的な、文化祭をきっかけに、その経験を蓄積、発信していく。震災から一年半経った今も、被災者の心の裏側にある不安や苦しみを、絶対に忘れてはいけない。そのうえで、被害が少なかった関東にいる自分たちだからこそ、何かできることはないかと思い、東北憩いカフェ出店という形で支援できたらと考えた。」

カフェのメニューは、八甲田山モンブラン、山形洋梨タルト、小岩井農場チーズスティック、山小屋チーズケーキおよび紅茶である。

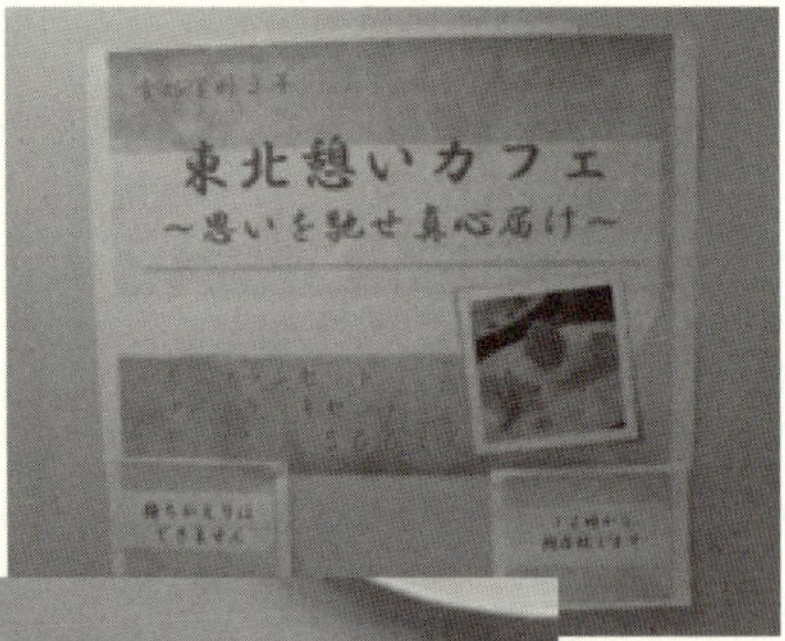

新制64回生 東北憩いカフェ風景

4　その他：卒業時の学生が謝恩会中止により残金を義援金として寄付

新制61回卒業生は、東日本大震災により卒業式および謝恩会が中止となった。あらかじめ集金してしまっていたため、５月14日（土）、アドバイザー（新藤一敏教授）および謝恩会委員により返金作業を行った。残余金の２万７６９０円は東日本大震災の義援金とすることになった。

以上が食物学科が東日本大震災関連で行った支援の記録である。

住居学科

「かわいい」を贈ろう——シュシュ・プロジェクト

平田京子（住居学科）

住居学科では、大地震発生からすぐの時期は、在学生が支援のための何らかの活動をするように教員が働きかけたものが多く、研究室単位で始まり、そのなかには学生主体として展開したものがあった。学科としての最初の活動は、住居学科での大地震被災者のための支援活動を促進するための「学科ロゴ」の作成であった（写１）。これらは学科の公式行事などで数多く使用された。

写１　住居学科の東日本大震災応援ロゴ

各研究室ではそれぞれの専門分野を生かした研究活動の一環として行われたものが多く、多数のテーマで調査が行われた。被災地と交流しながら行われた研究も多かった（定行研究室、薬袋研究室、石川研究室)。ここでは多様な活動のなかから学生主体の支援活動を紹介する。

★卒論生による「学生による被災女性の自己実現支援プロジェクト――『かわいい』を贈ろうシュシュ・プロジェクト」(2011年度) 平田研究室の学生主体プロジェクト

東日本大震災が発生した3月末、学期再開の見込みがつかない期間、研究室の全卒論生と指導教員との話し合いがはじまった。被災者の生活再建には被災者の雇用・収入の安定が不可欠なこと、家や近隣を津波で失い、避難所に暮らして時間をもてあましていた被災者にとって、やりがいのある作業時間ができることの重要性を教員から説明し、学生が具体的に発案した。

被災者自身が何らかのグループで一緒に作業する、このとき、簡単に作れるものを作って手紙形式のメッセージカードに記入し、大学に送付する。大学生がこれを文化祭などで売り、利益と購入者からのメッセージを被災者に還元する取り組みをしよう、というアイディアにまとまった。物品の売り上げが主たる目的ではなく、被災者が津波で日常生活を喪失《そうしつ》しても、何かを生み出すことによって他者に働きかけ、やりがいを取りもどすことを目的としていた。さらに防災研究から被災者が受けた心の重荷を日常会話で口にできることが心のケアにつながることを学生に説明し、避難所での共同作業をイメージした。これらの説明に学生が主体的に応えた。

実際に福島県新地町の女性被災者たちは仮設住宅集会所で(写2、3)、福島県双葉町は避難所となった埼玉県内旧学校校舎で、学生が出向いて活動した(写4~6)。作成するものは安いコストの布地で、ミシンなどを津波で流されても手縫いでできる簡単さをもち、大学生など若い世代に贈るかわいいものにしようということが、女子学生のディスカッションから生み出された(写7)。布地を問屋まで買いに行き、アームカバーやその他さまざまな見本を試作した学生は、布地が少なくても形になる、すぐに作れる、技術を必要としないなどの製作面と経済性から最終的に髪飾り

写２　福島県新地町の被害
（コーディネートを担った村上美保子さん提供）

写３　福島県新地町の女性たちによる仮設住宅集会所での
シュシュ製作（コーディネートを担った村上美保子さん提供）

写４　福島県双葉町の女性たちが暮らしていた
埼玉県加須市旧騎西高校

写５　シュシュの製作準備

写６　作りながら学生と話し合う避難者のみなさん

写７　“かわいい”を贈るためのシュシュが完成

であるシュシュの製作という結果に落ち着いた。洋裁の先生をしている学生の母親のアドバイスも受けた。プロジェクトの詳細を詰めながらパンフレットで自分たちの活動目的を説明していった。

津波で流され、シュシュを作るための裁縫道具も持たない被災者に配慮して、かわいい針山《はりやま》を学生がたくさん参加して手作りし、布地と一緒にプレゼントしたのも学生発案である（写8）。本来は避難所での井戸端会議の際に共同でシュシュ製作することをイメージしていたが、コミュニケーションの活性化だけでなく、ものづくりを得意としながらもコミュニケーションをとるのが得意でない高齢女性が静かにその場に参加するきっかけとなったそうである。

写8　研究室の合宿で針山作り

製作者はシュシュに添えるメッセージカードに「購入者に向けてのメッセージ」を記入して、東京の購入者はシュシュとメッセージを選んで購入した。シュシュの金額は学生間で意見交換し、小学生でも購入できる単価300円と決定した。学内では2回の販売を実施し、文京区のボランティアニュースにも掲載してもらい、文化祭等で出店した（写9～13）。購入したその場でメッセージカードを記入できるようにし、福島県双葉町の被災女性2名が応援に来てくださった。多くの来場者があり、来場者からお菓子の差し入れまでもらった。シュシュ296個を完売し、材料費をのぞいた純利益全額とともにメッセージカードは被災地の製作者に届けられた。

これら一連の活動にはさまざまな段階があり、学年

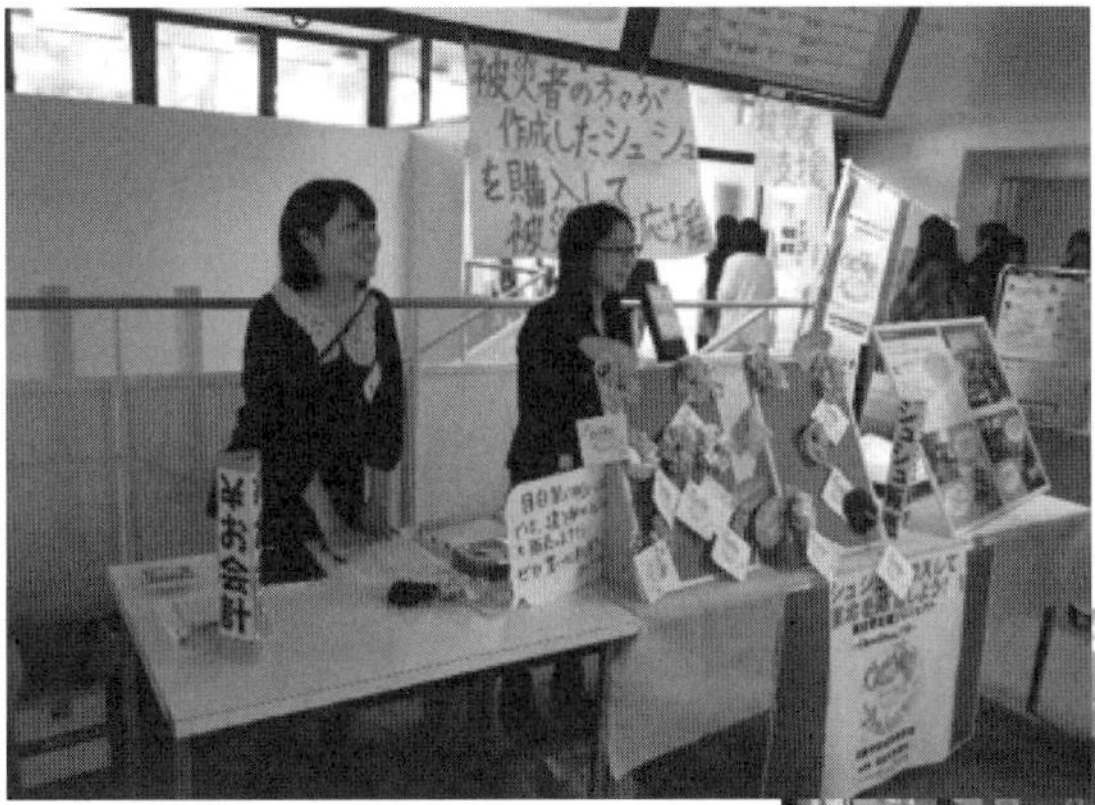

図9　文化祭に先駆けて行われたシュシュの学内販売（2011年秋）

図10　大学文化祭（2011年）でのシュシュ販売
（左端の女性は双葉町の避難女性代表）

図11　双葉町の女性からのメッセージとシュシュ

図13　シュシュにメッセージを記入する親子

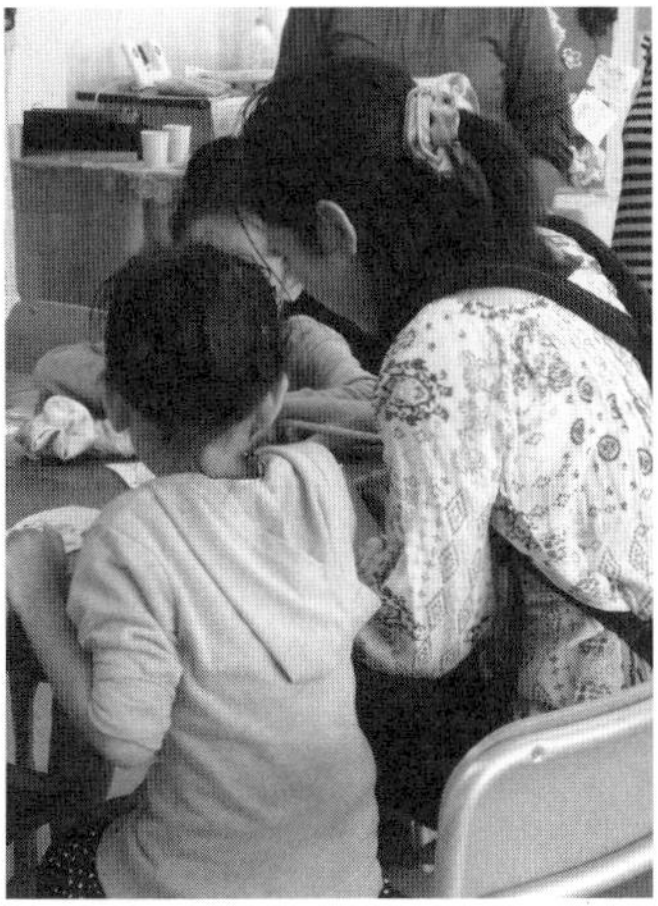

図12　メッセージを記入する購入者

の異なるたくさんの学生が自主的に参加して裁縫道具づくりと布地の裁断、材料の準備、作り方解説パンフの作成が行われ、作り手となる被災者の方々への連絡、学内での販売活動まで多くの学生が携わった。文化祭であるいは学内で販売したときには、学内で過ごしていた附属幼稚園の保護者や販売に気づいた学生が購入し、文化祭でも次々と来場者から購入していった。

シュシュを購入し、メッセージカードを楽しげに書くのは女性だけでなく、意外に男性も多かった。このプロジェクトに参加した学生には何の見返りもなかったが、会ったことのない遠方の被災者たちとシュシュ製作を通して出会い、被災者の希望を生み出すための共同作業に汗を流したのである。双葉町や新地町との活動が実現したのも、現地のNPOや頼りになる仲介者がいたからであり、教員も助言を随時行った。プロジェクトの遂行には、こうした仲介者も大きな意味を果たすことがわかる。

活動の売り上げ金は、新地町ではコーディネートを担った旅館の女将《おかみ》さんの希望により、津波で流れてしまった地域の象徴的モニュメントである石碑を立て起こす費用や、双葉町自治会女性部の活動資金として全額が贈られた。「かわいいを贈る」という学生の目標は果たされ、物品や収入の話だけではなく、被災者と購入者が手紙でやりとりするという交流が生まれた。双葉町のある高齢女性は、若い人々がつながってくれたこと、こうした支援を受けたことを涙ながらに喜んでくださった。

シュシュに添えられたメッセージについて最後に触れておきたい。被災者の女性たちがメッセージに込めた何気ない一言一言は私たちの心を打った。ふるさとを慕う気持ち、震災前の何気ない日常、被災のつらさを訴えるもの、購入者への感謝の気持ちなどが溢れるように書かれていた。一方、学生や購入者は長い時間をかけてメッセージへの返事を書き、ていねいにマスキングテープなどで飾りをつけた。こうして、支援者と被災者の間には確かなひとつの絆が生まれたのである。

プロジェクトを担った4年次学生の感想をホーム

ページから1つだけ紹介しておく[1]。

「シュシュプロジェクトを通して双葉町の方・新地町の方そしてプロジェクトに賛同していただいた多くの方々と関わり、改めて人と人のつながりの深さを強く感じました。2つの町から届くシュシュと感謝の手紙を見るたびに、また購入した人の「大事に使います」という言葉を聞くたびに、日常生活のなかでは味わうことのできない家族や友だち以外の人との確かなつながりを感じることができました。プロジェクトに携われたことで人とのつながりを大切にしていこうという思いを強くしました」。

引用文献

（1）平田研究室：避難者の方の手作りシュシュで女子大生とつながるプロジェクト、http://mcm-www.jwu.ac.jp/˜hirata/kenkyuseika/chouchou_project.html　2011年7月

ふとん・下着を被災地に　被服学科

増子富美・美谷千鶴（被服学科）

被服学科の学生と教員および卒業生の支援活動として、衣《きぬ》の会《かい》の活動を紹介する。衣の会とは、いわゆる縦の会のことで、在学生、卒業生および教員で組織している。

この会は、1986（昭和61）年7月5日に発足した。1980年代ころからの被服を取り巻く社会の目まぐるしい変化・進歩に対応するべく、自分たちの勉強の場をもちたいという趣旨で発足した会である。講演会を年2回、その他、講習会・見学会を開催し、年3回「会報」を発行している。また、アパレル研究会、手作りの会、家庭科教育研究会、読書会など、6つの研究会を組織して、独自の勉強会も行っている。

2011（平成23）年3月の東日本大震災時には、被服学科として被災学生に対しては、大学の基準に準じてお見舞金を用意した。衣の会では、まず、岩手・

宮城・福島・茨城の被災地域に在住する会員にお見舞いのはがきを出し、岩手・宮城・福島の3県に在住する会員には5年間の衣の会会費の免除をした。

衣の会が行っている被災地支援——布団・下着・毛糸・浴衣——について紹介する。

布団の支援——震災発生2カ月後の5月、田中美恵子さん（新制2回・生活芸術学科住居）が「家庭に眠る客用布団類を被災地に送る運動」を立ち上げ、この運動に最初に協力した衣の会のメンバーは、大澤貞子さん（新制2回・生活芸術学科被服）と藤井香代さん（新制9回・生活芸術学科被服）である。とくに、藤井さんはかつて㈱白洋舎が創設した財団法人洗濯科学協会で長年にわたって生活情報誌『洗濯の科学』の編集に携わっていたことから、クリーニングに関しての知識が豊富であったこと、クリーニングの㈱白洋舎とのパイプがあり、㈱白洋舎の支援を得られたことなどから、この運動が具体化した。

布団の回収は、衣の会や福祉団体等を通じて実施し、破格の価格での布団クリーニングと宅配料金での運搬など、企業からの支援を得られたことも大きい。冬の厳しい寒さと防寒対策の不備な仮設住宅では、布団は好評であった。

下着の支援——布団の支援によってつながりのできた宮城県亘理郡山元町の被災者から、高齢者の夏物の下着支援の要請があり、被服学科大塚美智子教授から下着の大手メーカー㈱グンゼの紹介を受け、下着支援プロジェクトを田中美恵子さんと藤井香代さんが発足させた。被災後1年を経過した時期の支援は、現地の小売店を通すなど、現地にお金が落ちる仕組みを考えたほうがよいというアドバイスを、いち早く現地での支援活動に取り組んだＮＰＯの方から受けた。そこで、被災地の2件の小売店に下着を卸《おろ》すことにしたものの、仕入先である㈱グンゼから購入するための多額の費用が必要となり、桜楓会からの支援金、募金等によりこのプロジェクトを遂行した。

毛糸・浴衣《ゆかた》の支援——布団・下着の支援を通して、当時衣の会会長であった芦澤昌子さん（新制14回・被服）を中心に山元町の人々と連絡を取るようになっていた。2012年の秋、仮設住宅の集会室に集まり、こたつを囲み、みなで残り糸を持ち寄り、こたつがけを編んでいるという話を聞き、毛糸を送るという支援をはじめた。衣の会総会、「会報」、ホームページを通じて不要な毛糸、眠っている毛糸の支援を依頼したところ、衣の会以外の一般の人々からの支援も多く寄せられ、被災地に送っている。

毛糸編みは、編み物をしながら会話もできるということが好評で、この支援は、被災地の人々に物を作る喜びと仮設住宅内での人々の交流にも役に立っているということである。

夏祭りの浴衣の支援も2012年から始めている。これは、桜楓会宮城支部長　与野珠美さん（新制33回・史学科、184ページ）が関係している「やりましょう盆踊り」を支援する形で始まっている。

浴衣は「会報」、ホームページを通じて支援を募《つの》り、会員外の方々からも多くの支援をいただき、浴衣・帯・下駄などを届けて

下着の支援　山元町での募金の贈呈式（2012年7月）（提供：藤井香代さん）

山元町の人々（提供：芦澤昌子さん）

いる。浴衣と毛糸については、２０１６年現在も継続して行っている被災地支援である。

これらの支援を通じて、被災直後、被災後数カ月、と年月を経ると、必要な支援は変化すること、被災者同士のコミュニケーションを図れるように支援する、被災者の立場に立っての支援が重要であることを認識した。

参考文献：衣の会会報No.70（2012年6月15日発行）、衣の会会報No.72（2013年2月15日発行）、衣の会会報No.74（2013年10月15日発行）、衣の会会報No.76（2014年6月15日発行）

被災地研修――フィールド・スタディーによる体験学習　家政経済学科

高増雅子・伊ヶ崎大理（家政経済学科）

家政学部を考える会で行われた「家政学部の学生支援に関する調査」（秋元健治家政学部家政経済学科教授を中心に実施）によれば、２０１１（平成23）年度の東日本大震災後に「被災者支援のボランティア活動をした」という学生は、7.0％であった（回答率55％）。なお、この調査は主にボランティア活動について聞いたものである。したがって、被災者支援のうち、義援金・寄付、支援物資の送付などは含まれていない。本来であれば、これらの活動も含めて支援活動とするべきかもしれないが、ボランティア活動のものしかデータにはなかった。ボランティア活動をした学生は決して多くないが、必ずしもそれを悲観する必要もないだろう。大学生という立場にある学生が被災地の支援をするということは容易なことではない。大学生のうちに、社会や被災地の現状を考察したり、問題意識をもったり、被災地の未来のことや被災者の今後のことを考えたりすることは、学生一人ひとりが人間としての幹を太くし、根をしっかりと伸ばすということに寄与するであろう。そして、彼女たちの人生が充実したものになることは、結果としてさまざまな形で社会に貢献していくことになるだろう。

本節の後半の部分では、家政経済学科の教員・学生・卒業生で構成される家政経済学会、および通常の講義・演習を通じて行われたいくつかの取り組みをとくに紹介したい。これらの取り組みは必ずしも被災地支援を目的としているわけではない。しかしながら、被災地（もしくは厳密には被災地ではなくても被災した県や被災者を受け入れているような地域）の現状を知ることを助けるであろうこれらの取り組みは、学生が被災地に思いを馳せたり、種々の行動を起こしたりするきっかけになるかもしれない。

第1に、家政経済学会における講演会について述べる。この講演会は、毎年秋に家政経済学会と卒業生の会との共催で行われている。２０１１年度、２０１２年度においては、東日本大震災を意識した題目で講演が行われた。２０１１年度においては、日本チェルノブイリ連帯基金事務局長、神谷さだ子氏によるチェルノブイリ原発事故・福島第1原発事故に関する講演が行われ、講演会後は、被災地（岩手県・宮城県）の水産物や加工品、被災した犬・猫の写真集の販売会も実施された。２０１２年度においては、東日本大震災後宮城県内の復興支援活動に携わった「スコップ団」団長の平了氏による講演が行われた。

第2に、堀越栄子教授のゼミにおける東北地方被災地研修について紹介したい。研修では、南三陸町「さんさん商店街」で見学と買い物をしたり、陸前高田市下野和地区災害公営住宅でヒアリング調査を行ったり、復興した牡蠣《かき》養殖場を船で見学したりしたという。南三陸町や陸前高田市はいうまでもなく２０１１年の東日本大震災で被災地となった地域である。

最後に、２０１６年度から新設された科目「フィールド・スタディー（農業・農村）」（担当は前出の秋元教授）についてもふれておきたい。「フィールド・スタディー」では、学内での授業と農村（福島県郡山市）での2泊3日の農家ステイによる体験実習が行われる。ここでは、この科目の前身となった事業（2014年度に日本女子大学の特別重点化資金によって行われた「都市と農村との交流事業」）について当時の報告書（「都市と農村の交流レポート集――家政経済学科学生と逢瀬の人たち――」）をもとに述べていくことにする。

この交流事業では福島県の7つの農家に学生を受け入れていただき、農村の体験を行った。そのレポートでは、学生が農村地区において経験したことを生き生きと書いている。郡山市は内陸にあり、東日本大震災において、津波による被害を受けた地域ではない。その一方で、放射線量は上昇し、農業における被害額が相当なものになったことは想像に難くない。そのような地域での日常を学生たちは肌で感じたに違いない。

これ以外にも各教員が講義やゼミで東日本大震災について取り扱ったことは少なくない。また、2011年度以降、震災や被災地をテーマにした卒業論文も散見される。

今現在において被災地に直接貢献することはなくても、大学で学んださまざまな知識・経験が将来、被災地や復興の支援に何らかの形で寄与することになれば（そのような社会に対する貢献は各個人の意図しない形で実現するかもしれないが）、われわれ教員にとっても望外の喜びである。

（1）郡山市の東日本大震災直前2011年3月の人口は約33万8858人であったが、2年後の2013年5月には32万7296人になった。2016年の8月時点における人口は33万5917人である。放射線量は、2016年の6月時点で2011年の8月と比較して平均で78.1%減少している（同市のホームページより。最終アクセス日、2016年8月20日）。

2 被災地でのボランティア活動——アンケート結果から　文学部

清水康行

東日本大震災直後、およびその後に、文学部あるいは各学科全体で、災害支援活動に取り組んだ事例は、残念ながら承知していない。個々の教員が、授業等で取り上げるなり、個人的に支援を行った例はあろうが、本稿では、それらは取り上げず、もっぱら、２０１６年春、主に日本文学科の1・2年生を対象に実施したアンケート結果を報告することとしたい。

1　アンケートの概要

アンケートは、２０１６（平成28）年春季に、日本文学科の複数の授業担当者に依頼し、授業時間中に、出席学生に対して、アンケート用紙を配布し、その場で回答・提出してもらうかたちで実施した。

質問事項は、以下で［1］～［11］として内容を示した、全部で11問とした。

うち［1］［2］では、回答者の学年・学科を、選択回答式で尋ねた。回答者総数は、２１９名。調査を実施した授業の関係で、大部分が日文学生となり、他学科（英文・史学・家政経済）は合わせて12名であったので、以下の集計では、学科の区別はしていない。

これも調査実施授業の関係で、回答者の大半を１・２年生が占め、１年生83名、２年生１１９名、３・４年生17名であった。3・11当時、主にまだ中学生であった人々の、震災後5年間の体験事例報告となる。

2　ボランティア活動経験の有無

［3］では、被災者支援のボランティア活動経験の有無を、「はい・いいえ」の選択式で尋ねた。「はい」と

答えた数、すなわち被災者支援ボランティア活動経験をもつ回答者数は、1年生3名（回答者中4％）、2年生8名（7％）、3・4年生1名（6％）、合計12名（5％）と多くない。これらの活動内容については、後述する。

［4］では、被災者支援以外のボランティア活動経験の有無を、同様の選択式で尋ね、活動経験のある回答者数は、1年生36名（43％）、2年生41名（34％）、3・4年生8名（47％）、合計85名（39％）という結果となった。

3　ボランティア活動経験の有無とボランティア活動への関心との関連

［5］では、ボランティア活動への関心の程度を、「ある・ややある・あまりない・ない」の選択式で尋ねた。その回答結果には、別表に示す通り、ボランティア経験の有無との関連がうかがわれ、ボランティア経験がある者のほうが、より強い関心を示す回答を選んでいる。

表　ボランティア経験・関心の関連

ボランティア経験／関心		ある	ややある	あまりない	ない	無回答
被災者支援ボランティア	有	58%	25%	8%	0%	8%
	無	24%	49%	22%	4%	2%
それ以外のボランティア	有	34%	47%	15%	2%	1%
	無	20%	48%	25%	4%	3%
回答者全体		25%	48%	21%	4%	2%

4　被災地ボランティアの内容

前述の［3］で、被災者支援ボランティア経験ありと回答した者、合計12名には、［6］以下で、その活動内容を尋ねた。

［6］では、「被災者支援の活動のかたち」を選択式（複数回答可：結果は単答のみ）で尋ね、「個人」1、「市民活動」2、「本学のサークルや部」1、「他大のサークルや部」2、「その他」6（教会、学校、高校単位、高校クラブ、高校有志団、NPO）という回答を得た。

［7］では、被災者支援活動を行った時期を、2011年〜2016年の年単位（複数回答可）で尋ね、それぞれ、3、2、5、2、1という回答を得た。

［8］では、被災者支援活動を行った場所を、記述式で尋ねた。被災地の宮城県南三陸町と回答した者が3名、同県女川町が1名、福島県南相馬市が1名、茨城県水海道市が2名となり、それ以外に、東京都内2名、千葉県千葉市1名、無記入2名、という回答を得た。

［9］では、被災者支援の延べ日数を、選択式で尋ね、1日が5名、2日が2名、3〜5日・6〜10日・1カ月以上が各1名となった。

［10］では、被災者支援の活動内容を、記述式で尋ねた。家屋や駅舎の清掃と答えた者が6名と多く、それ以外に、次のような回答があった（一部を省略して引用）。

- 津波をかぶった畑や私有地の雑草・石の除去［2014年、南三陸、1日］
- 清掃・竹林の伐採［2014年、南相馬、3〜5日］
- 被災した地元の人と学生の話と発表を聞いて、現状について勉強した［2014年、女川、1日］
- 現地に派遣する人材の手配および送迎にかかわる活動［2012年、新宿区、1月以上］
- 支援物資を集める、メッセージ・クリスマスカードを送る［2011年、千葉市、6〜10日］

［11］では、「ボランティア活動をしてみて、どのように感じましたか」と尋ね、次のような回答を得た（一部を省略して引用）。それぞれ、活動体験を真剣に受け止めている様子がうかがえる。

- 1日だけのボランティアで、途中で（雑草・石

り得られなかった。［2012年、新宿区、1月以上］

の除去作業が）終わってしまったので、この活動が2～3年後もボランティアとして続くのか不安になった。

［2014年、南三陸、1日］

•実際に被害がひどいところに行ったことで改めて震災の被害のすさまじさを考えさせられ、3年半経ったときでもあまり復興が進んでいないことにも驚いた。

［2014年、南三陸、2日］

•学校が宮城にあったので、被災者の友だちの話などをよく聞いていたが、ボランティアをして改めて震災のひどさを知った。

［2014年、南三陸、2日］

•実際に行かないとわからない雰囲気を感じることができた。思っていたより地元の学生の数は少なくなくて、人々は明るいと思った。

［2014年、女川、1日］

•まだまだ復興していないと感じた。

［2014年、南相馬、3～5日］

•人手不足。どれだけ清掃してもキリがないな……と思った。

［2015年、水海道、1日］

•直接支援を行ったわけではないため、実感はあま

3 学生と教職員の支援活動　理学部

永田典子

東日本大震災は春休み中の3月に発生した。卒業研究も終了し、実験・研究に忙しい理学部にあっても1年のうちでいちばん静かな時期であった。また、どの学科もそうであろうが、有志の学生委員たちが、卒業式と同日の夜に開かれる卒業パーティー（謝恩会）の準備を着々と進めていた時期でもある。大震災の余波は大きく、都内であっても余震や停電と混乱をきわめ、卒業式およびその関連行事はすべて中止となった。

そのなかで卒業パーティー委員たちが模索したのは、集めた会費の寄付であった。自分たちの独断で決めてはならないという思いのなか、必死で同級生たちに連絡をとり、賛同者を募《つの》った。ホテル会場のキャンセル、教員との連絡、返金を希望する方への返金手続き、そんなさまざまな想定外の作業に追われながら、彼女たちは大部分の卒業パーティー会費を寄付に供するにいたった。

奇《く》しくも、理学部の両学科（数物科学科・物質生物科学科）でまったく同じ行動が取られていた。教員に促《うなが》されたわけでもなく、両学科の委員間で示し合わせたわけでもなく、当然のように寄付支援に動いたというのは何とも誇らしいことである。数学同窓会の「会報」に、当時の委員の言葉が残されている。

東日本大震災からちょうど5年が経過した時期に、「東日本大震災被災者の支援活動についてのアンケート調査」を理学部でも行った。以下に、ある学生の言葉を紹介する。

「津波で塩害《えんがい》を受けた植物の再生を行いました。中学三年生のときに起こった東日本大震災で、まだ子どもで身近に感じることができず、被災地の状況もどこまで復旧しているのかもわからない状況でした。ですが、被災者は当時の話が出ても臆《おく》することも後ろを向くこともなく自分の生活を取りもどしていました。しかし、いまだに影響を受けたままの方もいると思うので今度はそちらに伺いたいと思いました。」

　この学生の支援内容は「塩害を受けた植物の再生」であり、このあたりがいかにも理学部らしいところである。理学部を志向する学生には、科学の力で社会を救いたいとの思いをもつ者は多い。たとえば、バイオレメディエーション（生物学的環境修復）といわれる、生物の力を借りて環境汚染を浄化する方法がある。理学部教員のなかには、バイオレメディエーションを研究テーマにしている者もいる。直接的な支援ではないが、研究を媒体にした将来的な災害支援でもあり、理学部特有のかかわり方といえるのではないだろうか。

　東日本大震災の災害の1つとして、福島第1原発事故に伴う放射性物質の汚染があげられる。理学部物質生物科学科の林久史教授は、学部3年生向けの「化学反応論」の講義のなかで、福島第1原発事故を教材として扱っている。講義テキストの冒頭の文章を原文のまま次に紹介する。

化学反応論　第13回講義

「3・11」以後のための化学反応論

1．福島第1原発事故

　3・11に起こった福島第1原発事故は、レベル7の史上最悪の原子力事故である。通常の原発事故で空気中に放出される放射性物質の量は３００ベクレルで、レベル7の基準は数万テラベクレルだが、福島の事故での推定放出量は90万テラベクレル以上である。これだけの事故のわりに、なんとなく普通に生きていられるのは、事故が起こったとき、たまたま海への風が吹いていたからである。しかし2号機の火災のときは北風だったため、福島東半分のCs汚染が起こってしまった。事故当日、南風が吹いていたら、関東の被害は今の１０００倍にもなったであろう。これから日本は30年以上にわたり、（運良く）中程度に放射能汚染された国として、海の汚染や陸の汚染と戦っていかねばならない。

講義はこの後、放射性物質の性質と対応、放射線の生物作用と化学反応、物理化学の役割、と進んでいく。正しい科学的な知識をもった学生を育てるということは、理学部教員にできる最大の支援活動といえるかもしれない。林教授の研究室では、X線非弾性《ひだんせい》散乱という方法を使って水の振動子強度分布を求める研究を行い、学術論文としても報告した（図：論文表紙）。このデータは、世界の放射線生物学、放射線医学の基礎データとして利用されている。

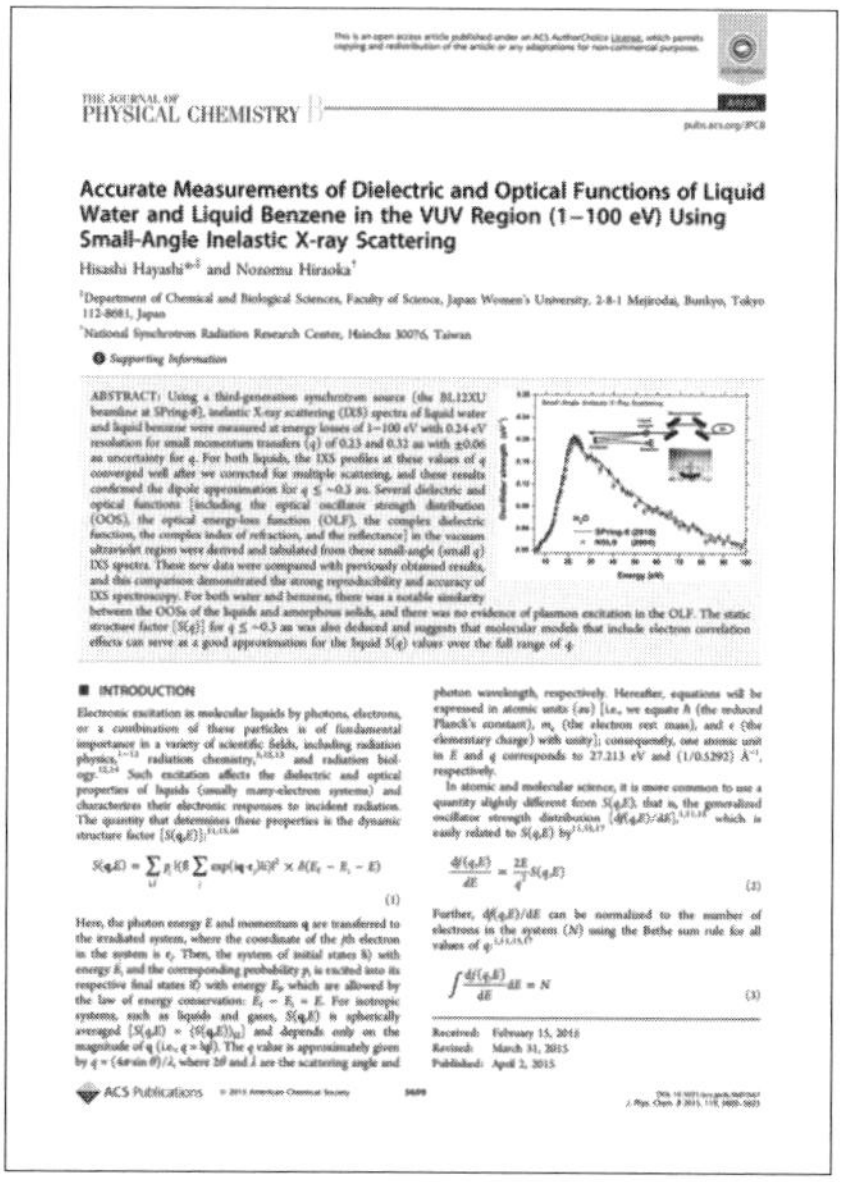

This is an open access article published under an ACS AuthorChoice License, which permits copying and redistribution of the article or any adaptations for non-commercial purposes.

THE JOURNAL OF PHYSICAL CHEMISTRY B — Article — pubs.acs.org/JPCB

Accurate Measurements of Dielectric and Optical Functions of Liquid Water and Liquid Benzene in the VUV Region (1−100 eV) Using Small-Angle Inelastic X-ray Scattering

Hisashi Hayashi*,‡ and Nozomu Hiraoka†

‡Department of Chemical and Biological Sciences, Faculty of Science, Japan Women's University, 2-8-1 Mejirodai, Bunkyo, Tokyo 112-8681, Japan

†National Synchrotron Radiation Research Center, Hsinchu 30076, Taiwan

Supporting Information

ABSTRACT: Using a third-generation synchrotron source (the BL12XU beamline at SPring-8), inelastic X-ray scattering (IXS) spectra of liquid water and liquid benzene were measured at energy losses of 1−100 eV with 0.24 eV resolution for small momentum transfers (q) of 0.23 and 0.32 au with ±0.06 au uncertainty for q. For both liquids, the IXS profiles at these values of q converged well after we corrected for multiple scattering, and these results confirmed the dipole approximation for q ≤ ~0.3 au. Several dielectric and optical functions [including the optical oscillator strength distribution (OOS), the optical energy-loss function (OLF), the complex dielectric function, the complex index of refraction, and the reflectance] in the vacuum ultraviolet region were derived and tabulated from these small-angle (small q) IXS spectra. These new data were compared with previously obtained results, and this comparison demonstrated the strong reproducibility and accuracy of IXS spectroscopy. For both water and benzene, there was a notable similarity between the OOSs of the liquids and amorphous solids, and there was no evidence of plasmon excitation in the OLF. The static structure factor [S(q)] for q ≤ ~0.3 au was also deduced and suggests that molecular models that include electron correlation effects can serve as a good approximation for the liquid S(q) values over the full range of q.

■ INTRODUCTION

Electronic excitation in molecular liquids by photons, electrons, or a combination of these particles is of fundamental importance in a variety of scientific fields, including radiation physics, radiation chemistry, and radiation biology. Such excitation affects the dielectric and optical properties of liquids (usually many-electron systems) and characterizes their electronic responses to incident radiation. The quantity that determines these properties is the dynamic structure factor [S(q,E)]:

$$S(\mathbf{q},E) = \sum_{i,f} p_i |\langle f| \sum_j \exp(i\mathbf{q}\cdot\mathbf{r}_j)|i\rangle|^2 \times \delta(E_f - E_i - E) \quad (1)$$

Here, the photon energy E and momentum q are transferred to the irradiated system, where the coordinate of the jth electron in the system is r_j. Then, the system of initial states |i⟩ with energy E_i and the corresponding probability p_i is excited into its respective final states |f⟩ with energy E_f, which are allowed by the law of energy conservation: $E_f - E_i = E$. For isotropic systems, such as liquids and gases, S(q,E) is spherically averaged [S(q,E) = ⟨S(q,E)⟩] and depends only on the magnitude of q (i.e., q = |q|). The q value is approximately given by q = (4π sin θ)/λ, where 2θ and λ are the scattering angle and photon wavelength, respectively. Hereafter, equations will be expressed in atomic units (au) [i.e., we equate ħ (the reduced Planck's constant), m_e (the electron rest mass), and e (the elementary charge) with unity]; consequently, one atomic unit in E and q corresponds to 27.213 eV and (1/0.5292) Å^{-1}, respectively.

In atomic and molecular science, it is more common to use a quantity slightly different from S(q,E), that is, the generalized oscillator strength distribution [df(q,E)/dE], which is easily related to S(q,E) by

$$\frac{df(q,E)}{dE} = \frac{2E}{q^2}S(q,E) \quad (2)$$

Further, df(q,E)/dE can be normalized to the number of electrons in the system (N) using the Bethe sum rule for all values of q:

$$\int \frac{df(q,E)}{dE}dE = N \quad (3)$$

Received: February 15, 2015
Revised: March 31, 2015
Published: April 2, 2015

ACS Publications © 2015 American Chemical Society

J. Phys. Chem. B 2015, 119, 5609−5623

61回生からのお知らせ——謝恩会中止と返金および寄付金になった経緯——

数物科学科数学情報コース61回生謝恩会委員
石井智尋　白鷹靖子

この度発生いたしました東北太平洋沖大震災に伴いまして、私たち61回生の卒業式が中止となりました。卒業式と同日の3月21日にお世話になった先生方へ謝恩の気持ちを込めて謝恩会を開催予定でしたが、余震、計画停電に伴う交通混乱等が予想された為に残念ながら中止させて頂きました。

私たち数物科学科61回生の中には物理情報コースを含め東北、関東北部の出身者が数多くいます。直接は関わることが出来なくても「何か自分たちに出来ることはないか」と考えた結果、一つの案として寄付をあげさせて頂きました。手元にある謝恩会費を返金することも考えましたが、例え少ない人数だとしても気持ちが伝われば呼びかけたところ約8割の友人より賛成の声をもらいました。寄付金は桜楓会を通して後輩の力になればと考えております。卒業式や謝恩会を開催出来なかったことはとても残念でしたが、このような気持ちをもった仲間と4年間共に学べたことを誇りに思っております。

一日も早く被災された後輩達が勉学に励むことが出来るように卒業生一同心よりお祈り申し上げます。

日本女子大学数学同窓会10周年記念号（2011年9月発行）より

4　被災地をめぐるバスツアー
——Chance Seed の活動　人間社会学部

黒岩亮子

はじめに

社会事業学部にルーツをもつ社会福祉学科が置かれている人間社会学部には、そのほかに現代社会、教育、心理、文化の各学科がある。人間社会学部には、創設当初の学生がそうであったように、社会問題に関心をもち、社会に対して何かできることをしたい、という志をもった学生も多く見受けられる。東日本大震災は、そうした学生たちにどのような思いを与え、どのような行動へと彼女らを導いたのか、またそれがどのような影響を学生たちにもたらしたのだろうか。

本稿では、本学部の学生が立ち上げた学生団体「Chance Seed」を事例として取り上げ、学生による震災支援活動の実態と意義について考えてみたい。なお、「Chance Seed」は桜楓会奨学金の支援も受けており、本書の179ページにも紹介されている。

1　学生団体「Chance Seed」の立ち上げと第一回ツアー

学生団体「Chance Seed」とはどのような団体なのか。フェイスブックに載せられた文章がその目的や内容をよく表しているため、そのまま引用してみたい。

『大学生がもっと気軽に東北へ足を運べる機会をつくりたい』

私たちChance Seedは、首都圏の大学生に低価格・短期の東北復興バスツアーを企画、運営しています！「行きたい」学生と「来て欲しい」被災地をつなげる。バスツアーを通じて、様々な出会い・つながりをつくるチャンスのキッカケを。そんな意味を込めて、「Chance Seed」という名前を付けました。「一大学生に出来る最大限の支援って何だろう。」

何かしたいと思っても、お金も能力もない。そもそも何かしたいと思うこと自体、ただの自己満足にすぎないのではないか。そんな時に、首都圏では「行きたいけど、お金も時間もない……」という学生の声を耳にし、被災地では「もっと人が来てくれれば……」という声が聞こえるようになってきました。

「両者をつなげるキッカケをつくりたい！！」と思い立ったことが、創設のキッカケとなり、それぞれNPO法人などを介して、ボランティアを行っていたメンバーで今年の1月に立ち上げました。

復興へ向けて、現地の方々が主体となって取り組む姿にスポットをあて、実際に見て、知って、感じて、考え、そして伝えることを通じて復興に携わりたいと考えていきます。

どうぞ、私たちChance Seedをよろしくお願いいたします！！！

この文章からもわかるように、「Chance Seed」は、それぞれ異なる被災地でのボランティア活動を行っていた大学生３名が２０１４（平成26）年1月に立ち上げた、低価格の東北復興バスツアーを企画・実施することを目的とした団体である。代表は当時、社会福祉学科3年生の水沢友里奈さんで、前年の7月には被災地でのボランティア活動による社会貢献が認められ、社会福祉学科卒業生会であるみどり会の奨励賞も受賞していた。仙台市生まれの彼女は、もっと多くの学生とともに被災地で活動したいと考え、学生による被災地支援活動を模索することになる。

そこで、日本女子大学卒業生会である桜楓会の奨学金に応募、その資金をもとに当初は被災地をイルミネーションで飾る企画を考えていた。その企画の実現可能性を探るべく被災地のさまざまな団体へのアプローチ等を通して、彼女は「3年が経とうとしている今だからこそ被災地では人を求めている」という気づきを得た。そこで、社会福祉学科2年生の杉山朋香さんと、青山学院短期大学専攻科の千葉成美さんとともに、「Chance Seed」を立ち上げ、低価格の学生限定バスツアーを実施することにしたのである。

「Chance Seed」は「ボランティア活動をする」のではなく、「被災地に行くこと」を最大の目標とした。そのためには、バスツアーの企画を一人でも多くの学生に知ってもらうこと、少しでも多くの資金を得て低価格を実現すること、が必要であった。とくに後者については、桜楓会奨学金をバスツアー実施のための複数回にわたる事前視察に使用する必要もあり、それだけではとても足りないことが明らかであった。そこで彼女たちが活用したのが、SNSによる情報発信と資金集めである。

情報発信において強力な力を発揮したのがフェイスブックである。彼女たちはツアー企画を練《ね》るミーティングの様子や、事前視察の映像などを次々にフェイスブックにアップしていった。ほかにも彼女たちを取り上げたラジオや新聞記事の紹介をするなどして、「Chance Seed」に興味・関心をもった人たちに継続して情報を発信したのである。また、被災地で活動しているNPOやボランティア団体等のホームページに、「Chance Seed」の情報を掲載してもらったりリンクを張るなどして、より多くの人の目に留まるようにした。

前述したように、首都圏の女子学生3名による被災地支援という活動が目新しかったのか、J-Waveや東京FMなどのラジオ局、さらには『朝日新聞』にもその活動が取り上げられた。多くの人に情報発信ができたことはもちろん、繰り返し自分たちの活動を外部に向けて語ることで、彼女たちのモチベーションや責任感が増していったことも、マスメディアに登場した効果であったといえるだろう。

資金集めではクラウドファンディングを利用した。クラウドファンディングとは、インターネットを通じて不特定多数の人から資金を集めることで、日本においてもこの数年で非常にポピュラーになった方法である。資金がほしい人がインターネットサイトに自身の活動の意義や内容、具体的になんのためにいくらほしいのかを掲載し、それに興味・関心をもち共感した人から資金を得、そのお礼として何らかのリターンをする、というのが一般的である。

彼女たちの場合は、「震災を風化させないため学生と現地を繋げる東北バスツアー開催！」というタイトルで、自身の紹介、団体運営の様子、第1回のツアー企画内容（事前視察の様子）等を詳細にサイト上にアップし、「1回のバスツアーを運営するための貸切バス3日分20万円＋宿泊費12万円＋企画費（現地での活動費等）8万円」から参加費を差し引いた30万円の資金集めに挑戦したのである。お礼として彼女たちが考えたのが、活動報告会への招待、活動報告DVD、東北特産品、であった。これは、彼女たちの活動を支援する社会福祉学科教員（3名）の「自分たちの活動を報告し、広めることも重要である」との助言にもかなうものであった。と同時に、被災地をさまざまな側面から支援したいという彼女たちの思いからでもあった。

クラウドファンディングも最終的には30万8000円という資金が集まり、目標が達成されたのである。

2 第1回ツアーの成功と第2回、第3回ツアーの実施

かつて社会福祉学科においても、学生がチャリティーコンサートを主催してセツルメント活動の資金集めをしていたことがあった。(注) 当時の学生は出演交渉やパンフレットに掲載する広告集めのために会社訪問などを行ったという。一方、SNSによる情報発信や資金集めは、情報機器を日常的に利用している今どきの大学生に適した方法であるのだろう。実際、第1回のバスツアーには限定25名の定員を大幅に上回る男子学生も含む応募があり、急きょ定員を40名に増やすといった対応もなされた。それでもやはり顔の見える関係、口コミといったものも重要であるかもしれない。なぜなら参加者のうち半数以上は、人間社会学部のさまざまな授業での宣伝や学内へのポスター掲示（写

写1　語り部の方と学生たち（Chance Seed フェイスブックより）

写3　バス内の様子（Chance Seed フェイスブックより）

写2　第1回バスツアーのポスター

写4　被災地をめぐる学生（Chance Seed フェイスブックより）

2）を通して参加した、人間社会学部の学生たちであったからである。

6月27日から29日の車中泊を含む2泊3日のバスツアーには、最終的に36名（42名を定員として締め切ったがキャンセルが出た）が参加した。夜行バスで新宿を出て、宮城県の南三陸町、石巻市、名取市、松島町をまわるバスツアーの参加費は7500円とかなり格安である。繰り返しになるが、このバスツアーはボランティア活動をするのではなく、語り部《かたりべ》団体などの被災者の「語り」を聞いたり、復興商店街や復興食堂で買い物や食事をしたり、観光をするといった内容であることが特徴であった（写1、4）。また事前学習も実施し、ワークショップなどを通して参加者一人ひとりの動機づけを行った。事後学習は帰りのバスのなかで、さらに活動報告会などを通して実施された（写3）。このバスツアーはあくまでも「キッカケ」であり、東北の地や人に触れた学生一人ひとりが自分にできることは何かを問い直し、次につなげてほしいと考えていたからである。

学生はどのような動機でバスツアーに参加したのだろうか。人間社会学部のある学生は、「小さいころからよく行っていた東北地方で大きな震災が起こっているのに何もせずにいられないと思っていたときに、『Chance Seed』のバスツアーの企画を知った」という。また他大学の男子学生は、「祖母の家が宮城県にあるため、被災地で何か自分にできることをしたいなと思ったのが活動に参加したきっかけ」と述べている。「まずは自分の目で見たかった」という率直な声もある。低価格かつ学生限定、また車中泊を含む2泊3日というコンパクトな「Chance Seed」のバスツアーは、心にひっかかっていた小さな思いを「まずは東北に行く」という行動へとつなげることに成功したといえるだろう。

実際に、このバスツアーに参加したことで「これから自分にできることはなにかを探すきっかけになった」「お互いに支え合う関係になりたいと思った」等の感想を多くの学生がもった。参加者の1人は、バスツアーでもお世話になった石巻圏域創生NPOセンターのボランティア活動にその後参加したという。また、このバスツアー後には、男子学生2名、女子学生1名が新たに運営委員に加えられ、第2回のバスツアーの企画・運営に携わるようになった。このような「その後」についてもフェイスブックにアップされており、他の参加者も刺激を受けたかもしれない。

さらに第1回のバスツアー終了後、代表の水沢さんが中心となって7分33秒の「バスツアー報告ムービー」が作成され、フェイスブックやYou Tubeにアップされた。バスツアーの内容や参加者の声がびっしりとつまったこのムービーは、10月末には大学の授業内でも上映され、第2回以降のバスツアー参加者の募集にも大いに役立つことになった。また、9月からはAR（ロゴ）を通した広報活動も始まり、第1回のバスツアーの成功を経て、新運営委員を中心とする次の企画が始動しはじめた。

第2回バスツアーは、奨学金とクラウドファンディングで得た残金があり、とくに追加の資金は必要はないと判断され、2014年12月6日から7日の1泊2日、9800円で企画・実施された。行き先は福島県と宮城県石巻市で、バスに語り部が乗車しての原発20キロ圏内ツアーや松島観光などの内容となった。第2回バスツアーも第1回と同様に、学生が現地を知ること、現地の人と語り合うことが重視され、小規模の11名で実施された。

2015年になると代表の水沢さんが卒業し、学生団体ならではの活動を続けるために新運営委員へとすべての活動が引き継がれた。こうした活動は代表の力に負うことが多いために活動継続の不安もあった。しかし、第1回のバスツアーに参加していた現代社会学科3年生（当時）の下田和沙さんが、他大学の男子学生と力を合わせて第3回のバスツアー実施に向けた動きをはじめたのである。水沢さんのようにＳＮＳやマスメディアを駆使した活動はできないけれど、なんとか自分たちにできる範囲で活動をしようと、新たな運営委員の募集を社会福祉学科1年生の授業内で行うこととなった。そこで守屋春風さんと松坂百合香さんの2名が手を挙げ、企画を練っていったのである。

第3回ツアーは２０１５年8月27日から28日にかけて企画・実施された。２０１５年度よりバス運賃が大幅にアップしたこともあり、低価格の実現の危機にもさらされたが、大学の協力もあり、参加費1万円で18名の参加者による宮城県気仙沼市、岩手県陸前高田市、下閉伊郡岩泉町への「語り部」体験を中心としたツアーが無事に実施されたのである（写5）。

3 現代の学生のもつ力

現代の学生は、内向き志向であるとか、和を重視しすぎるあまり個性に乏しい、などといわれることもある。しかし、「Chance Seed」を創設した水沢さんの非常に主体的、積極的な活動を見るかぎり、そうしたことは一概にはいえないのだということがわかる。彼女は明るくカリスマ性もあるリーダーで、第1回バスツアーに参加した女子学生からは「かっこよかった」との声が続出、新たな運営委員からは「とても水沢さんのようにはできない」との声もあがった。しかし、水沢さんだけでなく、下田さんをはじめとする第2回、第3回のバスツアーを企画した運営委員も、安い宿を探し、被災地の団体等と交渉し、バス会社とのやり取りをはじめ主体的、積極的に動き、そのツアーを成功させている。さらに現代の学生は、ＳＮＳという手段を駆使して情報発信をし、ネットワークを広げることができる。これはすばらしいことではないだろうか。

また、多くの学生は何かをしたいという思い、願いをもっている。一方で、こんな自分に何かできるわけはないと思っているかもしれない。しかし、「Chance Seed」の活動が示したように、「キッカケ」さえあれば、学生はもっと大胆に、主体的に自身の力を発揮することができる。「Chance Seed」という一事例からの考察に過ぎないが、何らかの思いが与えられ、その思いが何らかの「キッカケ」で行動へと変わるときに、学生たちは大きな力を発揮し、社会にインパクトを与える何か、必要な人への何らかの支援ができるのではないだろうか。

（注）社会福祉学科では1950（昭和25）年に「セツルメント基金」が発足し、1960年に社会福祉学科セツルメントハウス（興野町セツルメント）が設置されるまで、学生たちがチャリティーコンサートやマジックショーなどさまざまな企画を実施した。

写5　岩泉町の龍泉洞を訪れた学生（著者撮影）

第4章

東日本大震災
——桜楓会の被災地支援

1 現地会員への見舞い状

後藤祥子

1 現地会員への見舞い状

その日、2011（平成23）年3月11日は、桜楓会《おうふうかい》の3月理事会だった。本来、月例理事会は第1金曜日なのだが、3月4日が学園創立者成瀬仁蔵《なるせじんぞう》校長の祥月《しょうつき》命日《めいにち》とあって、その追悼会《ついとうかい》に1年間の物故会員追悼を合わせ行うのが恒例である関係で、この年は第2金曜日が定例に当たった。

朝行くと、事務局から1通の封書が手渡された。先週、追悼会に出席したご遺族の1人からで、追悼会での感銘を綴《つづ》った礼状だった。毎年、会の後には幾通かの礼状が寄せられるが、会員であった夫人や母堂《ぼどう》の見事な人生の閉じ目を再確認するご遺族の気持ちの表れにほかならない。その日も何気なくそれを読み、理事会に臨んだ。年度末のこととて、予決算に次年度計画と、議事は盛りだくさん、午前中には終わりきらず、結局片づいたのは午後2時半過ぎ。

突如、激震が襲った。折から買い換え直前の脚の弱いテーブルの下に潜り込みながら、経験したことのない長い揺れに怯《おび》えること何分か、数十分にも思える長さだった。やがて、新幹線で4時には東京駅に着くはずだった人との携帯電話が通じないことを発見。異常事態が次々と襲い、公共放送によって被災地が東北地方、しかも茨城、千葉を覆う広範囲と知る。都内の交通も麻痺《まひ》状態とあって、その夜、役員の半数が近くの役員宅へ、職員5人が事務室の置かれた会館の和室泊を余儀なくされる。学園全体では、教職員・学生を含め、かなりの宿泊者がその夜の苦難をともにした。災害を想定して備蓄された附属小学校のお米が、その夜、あちこちで振る舞われた。そのなかには、たまたま徒歩で通りすがった帰宅難民の姿もあった。備蓄のみならず、緊急の集団合宿も想定していた小学校では、放課後に別件で残っていた上級生の多くがこの日、想定外の実地訓練ならぬ実体験となった。

一夜明けて、頼りにするものは公共放送しかない状況のなかで、事務局の電話は鳴りっぱなしとなった。全国各地から、海外の支部から、被災地の状況や本部の対応を問い合わせてくるのである。義援金はどうするのか？　被災地支援は？　被害状況は？　世の中の状況もわからないなかで、これらのことにまずは答えなければならなかった。義援金の口座開設がまず最初の着手だった。そして義援金の使途《しと》については、会員から、「既存の活動団体に委《ゆだ》ねるなら、わざわざ会に寄付することはない」との電話が入っていた。そして海外からも。ロサンゼルス支部からのＥメール（３月31日付受信）にこうある。

１．この義援金についての具体的な送付先団体について、どのように桜楓会は考えておられるのでしょうか？

２．意見としては、被害に遭われた方に直接お届けするか、災害復旧のために直接使われるかしていただきたい。

３．いろいろな組織の方々が災害資金として集めておられますが、その実体が不明だったり、資金の約10％が経費として差し引かれたり、ある場合には、日本の今回の東北関東災害資金として使われずに、其の他の国の援助に回されることもあるということです。

４．会員の方のご納得を得るためには何とかして１００％直接今回の災害復旧・復興資金として使っていただきたいからです（『桜楓新報』６９１　10面。２０１１・５・10発行）。

つまり、こうした意見が寄せられるにおよんで、桜楓会は、義援金集めのみならず、その使途、つまり具体的な災害支援の場とどのように直接つながれるか、という重要な局面に立ちいたったのである。早速、会員の被災状況把握に取りかからねばならない。しかし電話回線の混乱と混雑。被災地へはよほど深い関係か急用でなければ、邪魔すべきではないという暗黙の縛《しば》り。被災地は支部長も災害の渦中《かちゅう》にあるはず。そういう矢先に、食物学科の教授が飛び込んできた。岩手が大変！ワインコーディネーターで活躍する食物学科の卒業生が被災地から恩師にメールで救援を求めてきた。岩手の支部長が経営する大学の教員が大槌町出身であるところから、災害の格別大きかった大槌の救援を訴えてきたのである。桜楓会の災害支援はかくして、卒業生会員への義援金配賦《はいふ》というかぎられた枠を越えて、大きく社会的な要請に目を向けることとなった。まずは会員との連絡を取らねばならない。

災害と義援金という課題では、直近の阪神淡路大震災が教訓を残していた。震災後ただちに集まった少なからぬ義援金を、その直後に開かれた総会の席上で、被災地の支部長に託す、というまことに当たり前な方法が、実は被災地支部長の大きな負担になっていたという事実に、やがて気づかされたのである。今回は支部長の了解を得て、情報集めから義援金の使途の検討までいっさいを、本部の責任において行おうという結論に自然とたどり着いた。そして被災地会員全員への郵送による問い合わせが計画されるにいたる。「こんな混乱時にかえって迷惑ではないか」。当然な意見が諸方から出た。現地とのつながりのある役職員ほど、現地の迷惑を危《あや》ぶんだ。そのとき背中を押したのが、震災当日の朝、追悼会参会者から受け取った礼状だった。

その朝、手紙を読んだ時点では、当然、役員会が終わったら返事を書くつもりだったのが、それどころではなくなってしまった。というより、被災地真っ只中の手紙の主が果たして無事なのかどうか。毎日そのことを案じながら、現地の惨状を伝えるテレビ報道に目をこらしていたところへ、なんと、朝のニュースの取材対象となって、手紙の主が現れたではないか。震災5日後の朝であった。「ご無事でいらしたのですね」にはじまるこちらからの見舞い状に、驚くべき早さで被災地からの返事が届いた。しかも被災地では、見舞い状が待たれている。郵便事情は何とかなる。私どもは迷いなく、見舞い状の郵送に踏み切った。

被災地会員への送達《そうたつ》は2800通におよんだ。この際、会費の納入状況を問わず、岩手・宮城・福島・茨城の、海岸部へは返信用アンケート用紙を入れた封書、内陸部へははがきとし、末尾には事務局のメールアドレスを記した。

その返信が思いのほか早く着き始めた。津波被害で家が全壊、あるいは半壊、資金を提供してほしい、というものから、地域の同窓生行方不明者の知らせ、生活の不自由訴えなどなど。まずは緊急のものから当座の見舞金や、要望に応じて飲料水、お粥《かゆ》、食品、使い捨て懐炉《かいろ》などを送付。そして返信のなかには、自分たちも大変だけれども、義援金をもっと大変な人たちに回してあげてほしい、というものが少なからずあることに、本部は感激した。また会員のなかから、自分たちの行っている、あるいは行いたい被災地支援に、義援金を回せないかという具体的要望が、二三ならず噴出してきた。

2　義援金の使途

義援金は地震発生から1週間後の3月18日開設された桜楓会義援金口座に、各会員はもとより、支部・回生からも絶えず寄せられ、『桜楓新報』695号（2011年10月号）に載る中間報告によれば、その時点で、2867万3193円。

最初にも述べたように、桜楓会が具体的使途を会員に報告できるような使い方をするのでなければ、わざわざ会宛の義援金を出す気はない、という意見が少なからず寄せられたこともあり、会は当初から、配分を自分たちの責任で行うことにした。『桜楓新報』2011年5月号（10日発行）ならびに同年度総会（5月28日）での仮決定報告に、次の6本の柱、

①　人的被害——死亡・行方不明・怪我等に対するお悔《く》やみ・お見舞い

②　財産被害——家屋倒壊・流失等に対するお見舞い

③　個別の訴えに対する細かな対応

④　支部へのお見舞い
⑤　支部の活動家による被災地活動に支援
⑥　被災地出身学生への支援

を掲げた。この順位は多寡《たか》によらない。⑥の学生支援は結局、その後数年は続き、額も大きくなった。とくに、③、⑤は桜楓会会員の潜在的熱意をベースに桜楓会がもつネットワークとフットワークにより可能になった支援活動である。関東大震災の折の桜楓会および卒業生の活躍を彷彿《ほうふつ》させる。関東大震災と東日本大震災とでは時代が違い、「復興」への道程を取り巻く環境の変化は大きい。社会的公的存在である大学が果たすべき使命・責任は大きく多様になるとともに、卒業生の活動は個人としても、組織としても、多様な形で提供されることが期待されている。

そのなかで、桜楓会という大きな組織がもっている、各支部に張りめぐらされているネットワーク、卒業生として輩出《はいしゅつ》している多様な人材は現地の要望に応えた時宜《じぎ》を得た多様な形の支援を可能にしたといえる。

「その時」そして「その後」さまざまに行われた桜楓会が関与した支援活動を網羅することは不可能である。一部であるが紹介し、記録にとどめたい。

3　社会へ開かれた支援活動

1　被災地の自閉症児を抱えるお母さん支援

4月初め、事務長が、臨床心理士の猪又初恵さんからのメールを受ける（194ページ）。猪又氏は発達障害ネットワーク（JDDネット）に属し、またAASEM（アスム）の一員、まずは後者グループで地域のお母さんたちとのおしゃべり会を開くというもの。

当事者しかわからない苦労を共有し、現在の悩み相談を聞く。4月末から5月初めにかけて、塩釜・仙台・名取・宮城県北部・柴田町・県南部・就労支援施設などを精力的に巡回サポートする計画だった。集会参加者への菓子、ガソリン代・会場費など。大槌町以外で、開かれた支援への第1号になった。

2 支部・会員による地域支援

『桜楓新報』に「災害掲示板」が掲載されるとともに、宮城支部、福島支部、岩手支部の義援金による地域支援が行われた。

【宮城支部】与野珠美支部長の報告（『桜楓新報』694号 2011年9月発行）（184ページ）

①「仙台いのちの電話」。24時間体制で電話相談を受ける、経験豊富なボランティア団体。②東北大学東日本大震災PTG支援機構。被災者個々の相談のほか、自治体職員のストレスケアなど。③気仙沼市障害児通所施設への幼児用椅子・テーブル寄贈。④「こどもとあゆむネットワーク」の「本棚プロジェクト」に地元企業が作った本棚寄贈。⑤高校への寄付。⑥石巻物産を都内で販売するプロジェクト。

宮城支部ではこの後、夏の盆踊り大会を実行し、翌年以降も続いている。本部でも役職員から、浴衣《ゆかた》・帯などが届けられた。

【福島支部会員】福島原発の放射能汚染に悩む小学校への扇風機提供。相馬市立中村第一小学校教諭林直子氏（1981年児童学科卒）の提案で、小学校へ扇風機計42台、総工費217万円。現地の工務店に発注依頼。2学期の始業に間に合い、生徒たちから喜ばれる（『桜楓新報』695号 2011年10月号）。

【岩手支部】義援金は①（社）全国保健師教育機関協議会。②岩手県栄養士会に。同会会長でもある支部会員は、津波復興委員会委員でもあり、仮設住宅の食生活・健康状況調査を実施、その他支部長以下、仮設住宅訪問に取り組む（『桜楓新報』695号 2011年10月号）。

3 現場の支援要請に応えて

【放射線量計測器の提供】放射線量計測器が品不足になるなか、相馬市在住の新妻香織氏の要望に応え、機種選定のうえ、購入し、福島原発近隣学校および役所に提供した。

【高圧洗浄機】放射線汚染に悩む小学校に提供

4　募金活動と支援活動

桜楓会義援金口座に個人あるいは団体による多くの義援金が集まったが、さらに、チャリティーコンサートなどを通じて募金活動が行われた（③参照）。

①【北カリフォルニア支部】5月22日の例会で復興支援オークション開催。

総額500ドルに寄付500ドルを加え、被災学生支援指定として大学に寄付。

②ベルリン在住オペラ歌手柏木博子氏による「子どもの村東北」支援コンサート（265ページ）。

帰国時、仙台の東北SOS子どもの村情報センターを訪れ、「子どもの村」設立計画に共感し、ベルリンでNPO法人「津波孤児支援の会　希望」を設立し、音楽活動を通じて「子どもの村」設立計画のアピールと募金を行う。震災遺児支援施設「子どもの村」は2015年に開村する。

③【熊本支部】古川紀美子熊本支部長の働きかけで東日本大震災被災学校支援コンサートを熊本で開催。売り上げを宮城支部へ。宮城支部では桜楓会支援金とともに被災地学校へ寄付。

④【川越支部】復興トライアングル＝胡桃《くるみ》のリハビリグッズを作成・販売し募金活動。

⑤田中美恵子氏と藤井香代氏は友人・知人、卒業生に働きかけ白洋舎の協力を得て、各家庭で眠っている布団をクリーニングして被災地へ。また、衣の会をはじめかかわりのある団体に働きかけ、カンパを募るとともに、グンゼの協力を得て高齢者に新しい下着を送った。

⑥吉岡しげ美氏は女流詩人のピアノ弾き語りの音楽活動をとくに震災後、被災地で、また北カリフォルニア支部で行い、復興を応援。

⑦三田朱美氏　東日本大震災チャリティー朗読会「想う・寄り添う～故郷～山木屋太鼓の響きと共に」。

5　寄り添う心　エールをおくる　安心・安全への提言

①桜楓会の東日本大震災鎮魂歌《ちんこんか》「明日を信じて」の作詞・作曲・演奏。

桜楓会はあの稀有《けう》の災害を忘れない、二度とこの悲しみを繰り返さない、という思いを込めて、卒業生たちの協力を得て鎮魂歌を世に送り出した。仙台支部では宮城学院同窓合唱団による公演を行った。

　ＣＤに書かれた説明文を紹介する。

「桜楓会の東日本大震災鎮魂歌『明日を信じて』は、実際にあの津波でかけがえのない朋友《ほうゆう》を喪《うしな》った所から生まれました。作詞者で仙台市に住む歌人原田夏子氏は、母校の新制大学発足時の校歌作詞者、桜楓会仙台支部で故人とも親しく面識のあった方です。一方、作曲者は、本学附属高等学校在学時代に、母校の一〇〇周年記念歌の作曲部門に応募入選した山口友由美氏、現在はオーストリア・ウイーンに留学中の新進作曲家です。半世紀の世代を超えて同窓の二人は、地球の反対側に心を通わせ、友を失った悲しみを乗り越えるために新しい歌を生み出しました。顔を見たことのない二人は、遠く離れていてもインターネットメールでたちどころにつながれる、現代文明の恩恵に浴しながら、この歌の作成に携わり、震災からちょうど三年目の春、二〇一四年三月四日、創立者の命日に合わせて例年桜楓会が主催する逝去会員追悼会で初めて顔を合わせます。

　その日初めて公開される新作『明日を信じて』を謳《うた》うのは、これも附属高校のコーラス部員たち。二〇一三年秋の全国高校合唱コンクールで金賞を射止めた乙女たちが、先輩のウイーンから送ってくれたデモテープに導かれながら、短時日の内に発表にこぎ着けました。そしてデモテープの作成にも、ウイーンに集う同窓の仲間たちが力を合わせてくれました。楽譜パンフレット、ＣＤ表紙の絵も附属高校美術部の生徒が描きました。

　これらの熱い志は、これから歌を通して多くの人の心を打ち、永く歌い継がれることでしょう。喪った友、そして人類を襲ったあの稀有《けう》の災害を『忘れてはならじ』、『悲しみは二度と繰り返すまい』の思いを込めて、桜楓会はこの歌を世に送り出します」。

②伊藤百合子氏　出版とチャリティー公演会

スペインのノーベル賞詩人ヒメネスの「プラテーロ

と私」の翻訳書（伊藤武好氏との共訳。1965年）が東日本大震災のあと、全国図書館協会選の「苦難を乗り越える百冊の本」に選ばれたところから「ヒメネス詩集」（訳書）1000冊を刊行。売り上げを被災地へという主旨でチャリティー公演会を開催（2012年4月26日　文京シビック大ホール）。

③海南《かな》友子氏　映画制作とブックレットによる記録と告発。

映画「抱く　HUG」2016年春全国封切り。3・11後の自身の出産と放射能をテーマにしたセルフドキュメンタリー。

ブックレット「あなたを守りたい～3・11と母子避難～」発刊。

すべての子どもたちが笑顔でいられる社会のためにの設立。

④新妻香織氏の一般社団法人「ふくしま市民発電」

新妻氏個人に対する支援金をもとに地産地消《ちさんちしょう》の再生可能エネルギーを作り出すことを目的に一般社団法人「ふくしま市民発電」を設立し理事長を務める。

⑤新妻香織氏の「東北お遍路《へんろ》プロジェクト」。

被災地に巡礼《じゅんれい》の道、東北お遍路を設定し、震災の教訓を風化させることなく、また全国から観光客を呼び込み、被災地の活性化をめざす。

2 生活者の視点で計画された学生たちの取り組み

久保淑子

大学では専門的な知識を生かした種々の支援活動が行われ、桜楓会では卒業生たちの力が結集し、集まった義援金をもとにきめ細かな支援が行われた。そのなかで学生たちもさまざまな動きを見せた。所属研究室の教員とともに支援活動を行うもの、学外サークルのボランティア活動に参加するもの。一方で、お小遣いを義援金にまわしながら現地での直接的なかかわりに参加できないでいることに心もとなさを感じる学生も少なからずいた。

自学自動は本学における教育の根底にある。学生たちの主体的活動を支援するために桜楓会が実施したのが、被災地支援を志す学生への助成金支給である。そこで被災地支援の実施計画を募集した。応募のあった支援活動計画を学部長たちに検討のうえ、援助対象グループを選考してもらった。その結果7グループが選ばれ桜楓会義援金の援助を得て被災地支援を行った。この項では援助対象となった支援活動について学生たちの活動計画と実施状況を紹介する。

第1グループ　指導　被服学科　多屋淑子教授

（学生４名）

「東日本大震災当時の衣服生活の調査」

――寒冷地の被災地に必要な被服のガイドライン作成のための予備調査――

被災地に出向き、仮設住宅等で生活する方との交流を通じた聞き取りのなかで、被災時の生活記録を残し、そのことから生命維持と身体保護という衣服の基本的機能面のガイドライン作成を目的とした。３年次で参加した4名の学生は、石巻市、女川町に現地訪問を行うことによって調査・ヒアリングを実施し、被服の研究を通して被災地の生活支援の可能性を見出した。その結果、4年次での卒論では「東日本大震災による被災地の生活支援」をテーマとして「復興に役立つ被服のあり方」の追求に取り組んだ。

第2グループ　指導　被服学科　多屋淑子教授
（学生2名）

「空間放射線量の高い地域における安心安全で快適な子供服の検討」

子どもの成長にかかせない砂遊びが安心してできるような衣服の素材開発を桐生《きりゅう》地域の企業と合同開発を行うこと、および今後開発した繊維素材を福島県の保育園、幼稚園児の衣服材料として提供することを目的とした。２０１１年から当該研究室では福島県の地域住民の生活支援研究活動に取り組んできたが、今回、比較的放射線量が高い地域で生活している住民の衣生活に関する調査を行い、数々の課題を抽出した。参加学生の1人は大学院に進学し、課題解決を実現する方策を探り、発展させることをめざしている。

第3グループ　指導　住居学科　薬袋奈美子教授
（学生4名）

「釜石市唐丹小白浜地区の建築禁止地区（低地部）の利用案検討のワークショップ」

建築物再建が禁止されている地域の利用案検討は進んでいない。ＮＰＯ法人しゃくなげＮＥＴ、神田順東京大学名誉教授、アトリエ71のメンバーたちと協同、連携し住民の声を反映した計画案の図面化の作業を目的とする。家屋のほとんどが流失した小白浜地区の低地利用に関して開催された住民主体の意見交換会に4名の学生が参加し、プレゼンテーションボードの作成、学生の視点での提案発表を行った。

第4グループ　指導　住居学科　定行まり子教授
（学生6名）

「福島支援」

福島の子どもの遊び場で放射線量を測定し、新しい砂場を設計、設置するリニューアルワークショップを行う。また、「子どもの日常を取り戻す研究会」と協同で児童学科教員による室内でできる基本的動作、食物学科教員によるバランスのよい食事を解説したＤＶＤ「なぞなぞ　おやさいたいそう」を制作・送付を行う。放射能のリスクをできるかぎりなくした新たな砂場の計画のため、学生たちは園児・保育士・保護者のみならず各方面の専門家を交えたワークショップを主催し、園庭に砂場を完成させた。さらに、砂遊びの専門家のレクチャーを受け、子どもたちはのびのび砂場遊びをするようになった。

また、メンバーの１人はＤＶＤ「なぞなぞ　おやさいたいそう」の表紙のデザインを担当した。

第5グループ　指導　家政経済学科　堀越栄子教授

（学生１名）

「放射能汚染に生活の視点から向き合う活動」

生活再建活動の持続的展開のために、遊び環境、放射能低減化対策などの日常生活に必要な情報を共有するネットワーク構築をめざした。そのために、まず、福島県保健福祉部自立支援総室子育て支援課、郡山市の「ペップキッズこおりやま」、いわき市の「わんぱくひろば　みゅうみゅう」を訪ね、提供されている生活に役立つ情報を収集・整理した。そのうえで、情報を編集し、発信し、情報を共有して役立ててもらう。

第6グループ　指導　社会福祉学科　沈　潔教授

木村真理子教授　黒岩亮講師

（学生３名）

「仮設住宅内でクリスマスイルミネーション」

社会福祉協議会、仮設住宅自治体と連携し、クリスマスイルミネーションの点灯、夏祭りイベントを実施することでコミュニティー再建のきっかけ作りをめざすことを目的とした。ところがクリスマスにタイミングが合わなかったので、「行きたいと来て欲しいの架け橋に」というコンセプトのもとに、学生限定被災地復興バスツアーを行った。36人の参加学生は、何ができるかわからないけれど、まず自分の目で見て感じて考えること、からはじめた。3・11の教訓は必ず生かさなければならない。現地の方々の活動にスポットをあてることを通じて復興に携わっていく。

第7グループ　指導　家政経済学科　土屋真美子非常勤講師　（学生7名）

「相馬への研修ツアー」

若い人々に被災状況を知ってほしいという現地と何か役に立ちたいという思いをもつ学生をつないで研修ツアーを行う。目白学生自治会平和係が中心になって20名の学生と17名のOGで相馬市を訪れ、相馬市市議会議員として行政面から復興を推進なさっている新妻香織氏から直接話を聞いた。また、津波の被災状況を体験者からうかがうとともに、復興への手がかりに構想された「東北お遍路」の神社やお寺を訪ね、いっそう積極的に取り組まれている福島市民発電を見てまわった。

この項をまとめるにあたって、『桜楓新報』717号に掲載された応募学生の提出書類に基づく活動計画と720号、727号に掲載された活動報告を借用した。学生たちは終了後、各自が復興支援活動に参加しての感想を縷々《るる》綴っており1部を読むことができた。復興支援活動に参加することによる意識の変化、その後の被災地支援に対する考え方の変化が参加した学生たちに明確に現れている。

参加した学生たちのほとんどが今回の活動で活動が終わったとは考えていない。桜楓会の援助という後押しで一歩を踏み出した、あるいは「支援」の実態と現実を知ったという感想が多い。また、卒論のテーマに取り上げ、研究活動を支援活動の実践と結びつけ継続する学生、さらに大学院に進学し自ら設定した支援の課題に取り組む学生がいる。具体的に出会った人々との交流は支援する人と支援される人を超えて、学生を成長させ、3・11の教訓を受け継ぐものとしての自覚・使命感を育んだと思われる。

第5章

支援を志した人、受けた人が語る

本章は支援者や助力者へのインタビュー調査をもとにまとめたものである。

1 「やりましょう 盆踊り」
——震災後の支援活動から見えてきたこと

与野珠美

フォークダンスに熱中した学生時代 リテラシーを考える

神奈川県の平塚で過ごした幼少のころから、音楽に合わせて踊りを振り付けることが大好きだったという与野さん。日本女子大学ではフォークダンスサークルに所属し、指導部長を務めるなど、自分で形あるものを作り上げる演出の魅力にはまっていった。

史学科では、「歴史は為政者《いせいしゃ》の残したもので、鵜呑《うの》みにするな」（西洋史概論）という教員の言葉が強く印象に残っているそうだ。実際に、新聞社就職後の記者時代、青森市長の囲《かこ》み取材をした際に、問題の本筋がずれていく報道の場面に遭遇《そうぐう》した。その積み重ねによって歴史が作られていることを踏まえ、〝何を考えなくてはいけないのか、ものごとの本質を伝えたり考える力をつけることは大変だ〟ということを学んだという。このころからリテラシーを考えるようになった。

フォークダンスサークルのメンバーと
（右から2番目・与野さん）

また、就職した新聞社では、労働組合の組合長も経験する。はじめは会社との折衝《せっしょう》もうまくいかず押し

トラキアの踊り
（右から2 番目・与野さん）

問答になることが多かったが、しだいに交渉の折り合いの付け方、周りの人への見せ方・演出のしかたを学んだ。

３・11 人との出会いで突き動かされる心

そのとき与野さんは、情報紙の編集部にいた。激しい揺れのなかでもかろうじて自分を制御でき、周りの状況を気にかけられるくらいの平静さを保てていたという。その後会社の中庭に避難するも、帰宅できない後輩社員を残しては帰れず、会社に泊まることになった。その日からは報道編集部門の後方支援にまわった。報道編集局が被災地の取材へ赴《おもむ》き多忙をきわめる一方、情報紙編集部をはじめ総務部など裏方の部署は手すきな状況になった。

その不安を抑えるために、実働部隊へ何ができるかを考えた結果、総務局長をはじめ総務・営業の女性陣を中心におにぎりを作り社内に配る作業をはじめた。はじめは後輩の女性社員が指揮をとっていたが、与野さんに引き継ぎ、女性数人でチームをつくって、社員５００～６００名弱の名簿をもとに、社内へのおにぎり供給システムを日曜の夜だけでほぼつくり上げたという。しかし、大量にきた支援物資をどこにどれくらい配るかのシステムは、完全には構築できなかった。

そのような日々が続くなかで、震災報道の最前

社員食堂のアドバイスでスムーズになった、
おにぎり作り

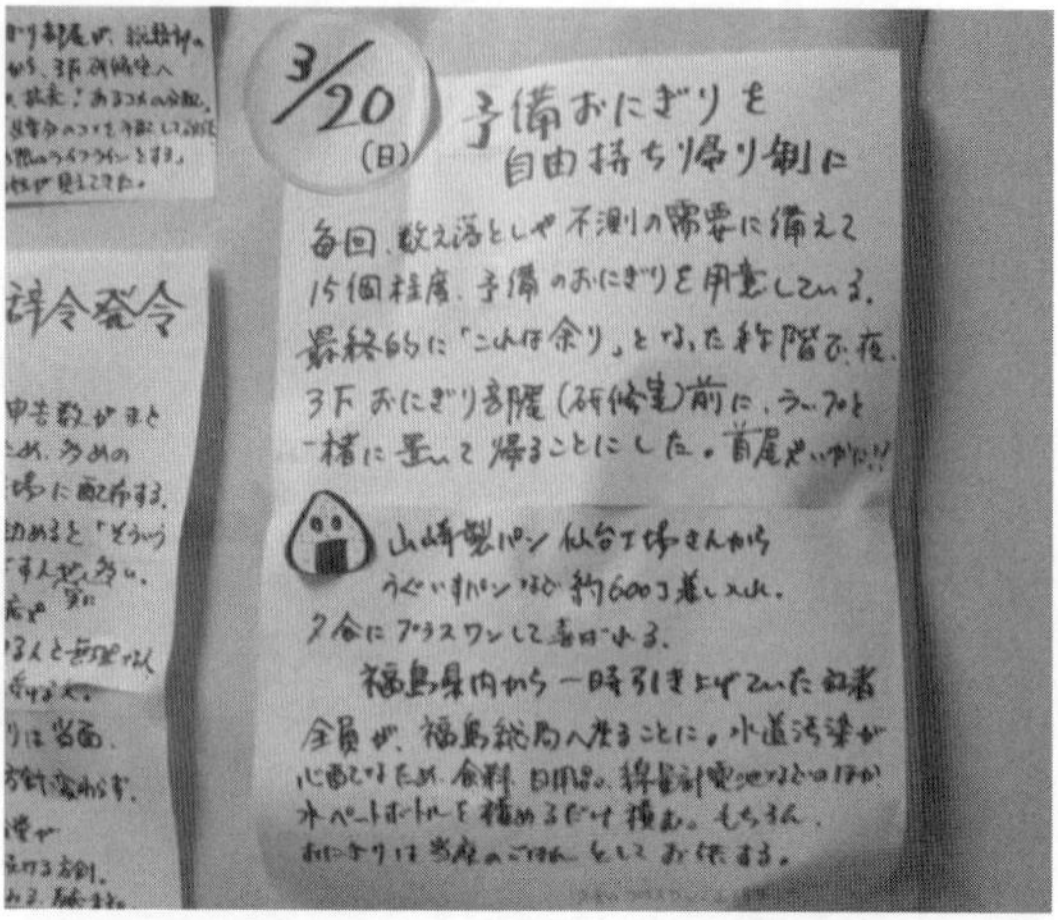

震災壁新聞 3月20日

線に立つ報道編集局と後方支援の部署との間に徐々に軋轢《あつれき》が生じてくる。

その雰囲気を敏感に感じ取った与野さんは、〝支援をもらったので皆で頑張ろう!〟という奮起《ふんき》も込めて、壁新聞の制作に取りかかった。支援の様子や社内の被災地取材の様子を手書きで掲載したものを、皆が通る廊下の壁に貼った。手書きのイラストが入った記事は、凄惨《せいさん》な被災地での取材で疲弊《ひへい》していた編集記者にも、ほっとする内容だったという。

与野さんは、〝被災地にどこまで安心して遊びに行けるのか。一方で復興に寄与したい。〟という周囲の声に耳を傾け、被災各地の復興・観光情報を発信する。

震災から数カ月後、与野さん自身が被災地に赴くにあたっては、「とても痛ましいので自分でダメージを受けることが怖い気持ち。しかし野次馬根性で見てみたい原始的な欲求があった」そうだ。しかし、実際に現場を見てそこにいる人と出会うと、何かできることはないか、手伝えることはないか、自分だったらこんなこと、あんなことができるかもしれない、という気持ちが自然に沸き上がってきたという。現場に行って感じ、人と出会うことが、実際に行動していくことには重要なこと、と感じた与野さんは、ある思いの具現化へ挑《いど》む。

再開後の情報紙

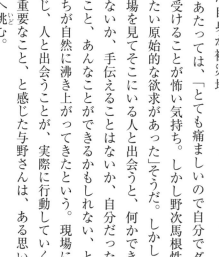

「やりましょう 盆踊り」、盆踊りを通じて

〝震災で崩れてしまった地域のコミュニティーを復活させたい、仮設住宅地内に新しいコミュニティーをつくりたい〟そんな思いを抱いた与野さんは、盆踊りが手段としてよいのではないか、と思いつく。盆踊りは、やる人と見る人がはっきりしておらず、しっかり踊れる人も必要だが、動いているだけでも基本的には成立する踊りであり、〝入りな入りな〟で、どんどん誰でも入ることができるからだ。その思いつきの根源となっているのは、学生時代に熱中したフォークダンスだった。

試しに数人の仮設住宅の自治会長に提案してみると、強く賛同してもらえた。そして「神奈川で育った私が仙台に来たのはこのためだ」と企画魂に火がつく。

さっそく、新聞紙面に企業名を載せる代わりに、その企業から掲載料や協賛金をもらい、実行した成果を紙面で広告する被災地支援事業を行っていた社の営業

名取・さいかい市場　2013年8月11日

南三陸町・さんさん商店街　2012年8月18日

部に打診。その結果、会社のCSRとしても意義があるということで、河北新報グループの地域貢献・営業企画の一環として進めることになった。純粋寄付だけで行う手立てもあったが、何年も続けていくことを考えると、営業系の会社で企画したことに意味があると考えた。「単発で短期集中型に行うなら純粋寄付でもできたかもしれないが、一つの意味を掲げて3年、4年続けることは大変なことで、それは善意だけでは続かなかっただろう」と与野さんは語る。

まず与野さんたちは、自らの手でコミュニティーのつながりを構築してもらうために、会社はあくまで〝手助け〟をし、運営・主催は自治会・町内会で自力でやってもらうスタンスで支援する方針を打ち出し、それが可能な自治会を募《つの》った。そして具体的には、やぐらの設営・音響機材の提供・踊り手のボランティアを確保するなどの支援を行った。募った自治会で、1年目と2年目は5カ所ずつ、3年目は仙台七夕でと沿岸部で2カ所で「やりましょう盆踊り」が実施された。

もともとの土壌として、仙台平野の南部は盆踊りの文化が根強く、北のほうは薄い。1年目にそう感じた与野さんは、2年目の夏前に、「やりましょう盆踊り」実行委員会主催のシンポジウムを開催する。そこで東北学院大学の民俗学を教えている先生が、

・確かに仙台は盆踊り不作地帯ではあるが、残って

亘理町 吉田地区　2014年8月16日

いる文献では仙台藩盆踊りを禁止した記載は一つもない。一方で鬼剣舞《おにけんばい》や田植え踊りは派手にするな、というお触れはたくさんでていることから、それだけ盛んだったことがうかがえる。つまり、剣舞のような魅力的な踊りがあったので盆踊りに流れなかったのであって、仙台の人が踊り嫌いなわけではない。

・民俗芸能というのは伝統が古いことに価値があるのではなく、今生きている人がやりたいことをやる、ということが重要。

仙台市 荒井東町内会　2015年8月1日

と与野さんの思いを強く後押ししてくれた。そしてそれが「やりましょう盆踊り」を実施していくうえでの軸となった。

震災の翌年である２０１２年の夏は、各地でさまざまないろんなイベントが開催されたが、多くは被災者自身が参加する側・お客さまになってしまい、結局は続かなかった。しかし自分たちの手で作り上げる盆踊りは、朝の設営から運営撤収まで大勢が残った。住民たちに〝自分たちの祭り、自分たちのイベントだ〟という意識が芽生えたためだ。「盆踊りが余所《よそ》から持ち込んだもの新しいものではなく、かつて自分たちがやっていたことで、またそれがやれるようになったという思い。その思いが、このイベントが短期で途絶えずに続いている秘訣だ」と与野さんは語る。

新しいイベントは誰にでもできる。もとあったものを掘り起こし、自分たちでできる喜び。それを住民たちに感じさせることができたのである。

「やりましょう盆踊り」に今後必要な支援とは

「盆踊りをするからには盆踊りらしい風情《ふぜい》を整えたい」と与野さん。2012年から、日本女子大学被服科の卒業生組織である衣《きぬ》の会・日本女子大学史学科の卒業生組織である歴女の会・千代田区シルバーセンターなどの支援によって、たくさんの浴衣《ゆかた》を提供してもらった。2014年に開催した自治会2カ所のうち1カ所は、全員がもらえるならばもらうが、もらえない人がいるならば、新たな格差が生まれるのできっぱり1枚もいらないという。そこで残りの1カ所に投入した結果、浴衣の綺麗《きれい》な輪が二重三重とでき、迫力が出て大いに盛り上がった。その様子を見た他の自治会がうらやましがったという。今後も浴衣の提供をお願いしたい。

　また、仙台でも昔から力を入れてきた地域の盆踊りは、生演奏を強く希望しているそうだ。そういった盆踊りの見映《みば》えの部分をもっと充実させていきたい、と与野さんは語る。

「明日を信じて」コンサート　宮城支部主催

　与野さんは新聞社での仕事のかたわらに桜楓会《おうふうかい》宮城支部長もしており、震災で宮城支部の同窓生2名が亡くなったことと、桜楓会が原田夏子さん[1]と山口友由実さん[2]につくっていただいた合唱曲「明日を信じて—亡き友に—」が廃《すた》れてしまうのはもったいない、仙台で広める努力をするべきという強い思いから、コンサートを企画する。

　この企画も、原田さんがかつて宮城県第一女子高等学校で教員をしていたという人脈が偶然あったことや、桜楓会本部と役員が支援してくれたこと、またそれらかかわった方の前向きな人柄に助けられて、震災4周年となる2015年3月16日に実現することができた。

　今回実績も積めたので、「3回はやりたい」と与野

さん。３回やると、声かけによって違う世代に歌ってもらうことも可能かもしれないし、さまざまな方がか

合唱曲発表　花束贈呈　2015年3月16日

かわらざるをえなくなるため、幅広い世代の方に伝わるだろうと考えている。また、３回やると震災で亡くなった方にとっては７回忌という一区切りの年になるので、その後はその時に考えれば良い、とのことだ。

思いを実行に移すこと　思いを実現させること

一つ企画をやりながら学ぶものがある。いろいろな経験のある方のアドバイスをもらいながら、〝なんとかできる〟という漠然とした見通しがもてるから、やる気になる。その漠然とした自信の背景は、やりたいという強い気持ちと作業の見通しができるから。

一つひとつやってきた実体験・経験が自信につながっている。動機は自分なのでそこに責任も生まれる。好きこそものの上手なれ。自分だからできる。だから、やらなくちゃ。

最初から大きなことを考えるのではなく、少しでも気になることがあるのだったら、気になることを「なぜ？」と考えることが出発点。そして自分で見に行く。

行けば感じ、出会い、次の行動につながる感情が出てくる。その次その次……とつなげることで、自分の流れができてくる。

　女子大の一員だったことに多くのメリットがある。地域社会のかなり重要なところにいる卒業生が多く、そのネットワークが生きてくる。つながりのなかで教わることが多い。立場上の動きなど各々の得意分野を教えてくださる。ＳＮＳなどでつながりをつくることや情報を得ることが簡単になっているが、実体験に勝るものはない。

　先日、セルビアの舞踊団が「現状を知りたい」と仙台に来たときに、交流会をフォークダンス仲間で企画した。前セルビア駐在日本大使夫人も加わり、昔国立舞踊団が踊った踊りを踊ったり、振り付け師がコソボの方だったのでコソボの歌を導入で歌ったりして、踊りと歌で同じ時間を楽しく共有し、感動し合うことができた。世界平和もバーチャルではなくリアルなつながりを大事にし、普通の人と普通の人同士が密な交流をもっていれば、戦うことになってしまった国の判断も止められることがあるかもしれない。

　何ができるか悩んで考えた結果、自分ができることをすることで、元気づけられたり、楽しい時間、大変なことを忘れられる時間を提供することができた。自分にはそれしかできないし、それならできる。やってみたから、そう感じることができた。ただ、1人でやるのは大変なので、お友だちや仲間で一緒にやるのが良いかも。そういう意味でも仲間は大切である。

（1）：原田　夏子さん
日本女子大学校国文学科卒。結婚後、塩釜、仙台に移る。日本女子大学専任講師、宮城県塩釜女子高等学校教諭、宮城県第一女子高等学校教諭、共立学園短期大学教授。日本女子大学校歌作詞者。

（2）：山口　友由実さん
日本女子大学附属高等学校、東京音大ピアノ演奏家コースを経て、同大学大学院を修了。ウィーン国立音楽大学大学院ピアノ室内楽科修了。高校在学中に日本女子大学創立100周年記念歌作曲。

与野　珠美　さん

河北新報社　営業局メディア編集部長
日本女子大学教育文化振興桜楓会　宮城支部長

プロフィール
宮城県仙台市在住
1960年９月生まれ　神奈川県平塚市出身
1979年３月　平塚江南高校卒
1983年３月　日本女子大学文学部史学科卒
　同　　４月　河北新報社入社
東京支社編集部、本社編集局学芸部、整理部、青森総局、報道部、労組専従を経て2003年４月から営業系情報誌編集に携わる。
2015年４月から現職

2 きっかけは桜楓会からの1枚のはがき

猪俣初恵

学生時代に出会ったカウンセリングから現在までつながっていること

出身は山形で、1クラスに2人しか女子がいないといった男子ばかりの学校で高校生活を送った。楽しいことも多かったが、良くも悪くも女性であることを意識せざるをえなかった。しかし、日本女子大学に入学してからは、男子の目をまったく気にせずのびのびと勉強し、自分の思ったことを発言し行動することができた。私にとってはとても自由な学びの環境と友だちに恵まれた。また自分のなかでは東京で生活をするのは大学時代の4年間だけだろうと思っていたので、人との出会いを大切にして、さまざまな人と接し貪欲《どんよく》に幅広く学ぼうと決めていた。

クリスチャンとして教会生活も大切にし、そのつながりもあって韓国の学生ワークショップにも参加する機会があった。そこで韓国の日本に対する思想などを知って衝撃を受けたり、海外の学生と自分の違いについて考えたりする機会もあった。このようにして大学以外でも社会についてたくさん学んだ時期だったと思う。

さて大学入学当初は、漠然と〝人間の心理を勉強したい〟と考えていた。しかし心理学と一言でいっても分野の幅が広く、大学の授業をさまざま受講しながら〝これかな？　これかな？〟と自分のやりたいことは何かと手探り状態だった。ところが、カウンセリングの授業を初めて受けたときに〝私が求めていたのはこれだ！〟と思った。

40年前としてはめずらしいことだと思うが、日本女子大学にはすでに学生相談室があった。当時は書店にはまだカウンセリングの書籍が少なく、カウンセリングの勉強をもっとしたいと思っていた私は、学生相談室によく出入りをしていた。あるとき、相談室の先生に「この本を読んでごらんなさい」といわれ、アメリカの臨床心理学者であるカール・ロジャースという人の全集を紹介された。教育学科の友だちと「輪読会《りんどくかい》をしよう」とみんなで分厚い本を購入し、古い校舎の一室で自主勉強会をしたことを思い出す。そこで学んだカウンセリングは『クライエントセンタード（来談者中心療法）』というものだった。〝私があなたに何かをやってあげる〟のではなく、〝May I help you?〟つまり〝あなたに対して私にできることはありますか？〟という姿勢はその後の自分の仕事の基本となっている。今思えば、日本女子大でのこの出会いが将来への大きな礎となったと思う。

大学卒業後に結婚して宮城にもどることになったときにも、大学のカウンセリングの先生に仙台のカウンセリングの先生を紹介してもらい、その先生が主催している小さな勉強会に通い続けた。結婚して３人の子どもの育児や姑との暮らしをしながら、細々とながら学ぶことを続けていた。そんななかで児童相談所の非常勤の仕事をする機会に恵まれた。そして実務経験を積み、臨床心理士の資格を得ることができた。

振り返ってみると、この時期は本当に大変で、未熟な私にとっては試練の日々だった。しかしこの道が途切れたら、私が私である意味はなくなるのではないかという強い思いがそのときの自分を支えていたように思う。生活のなかで自分のやりたいことを糸のように紡いでいたという感覚だ。何より夫の理解があってこそ続けられたと思っている。

またその児童相談所の仕事のなかで、私は自閉症の子どもとその家族に出会い、厳しい人生を歩んでいる家族の存在を知った。そうした家族のために自分が何か役に立つことがないかと臨床心理士の仲間と自閉症支援について学びはじめたのが20年ほど前のこと。その後、私の子どもたちがそれぞれ自立し姑も亡くなり、

2014（平成26）年に初めて実地プログラムでアメリカのノースカロライナに自閉症支援の視察研修に行くことができた。ノースカロライナ大学のTEACCH部のクリニックの前に立ったとき、まるでエベレストに登頂したかのような気持ちでこれまでの自分にとっての遠い道のりを思った。日本女子大でカウンセリングと出会ったときから続いている私の細い道だった。

今やっと、花が開くとまではいかないが、自分なりに社会のなかで少しは役立つ仕事ができているように思っている。現在は、少しでも自閉症の子どもたちの代弁者になれればと願って仕事をしている。そのために勉強をし、自閉症というのはこのような障害なんだということを社会に伝えることができたらと思っている。

今の私にとって目標が明確であるのは、日々会っている自閉症の子どもたちとその家族、また自閉症の子どもの成長に役立ちたいと働く人たちのおかげだと思っている。私の仕事は企業などでのキャリアをどんどんアップしていく人生とは少し違うが、障害のある子どもたちや家族と出会い、その支援に必要な知識を学び、それをまた仕事に生かして……の繰り返しに自分の働きを見出すことができている。それは日本女子大で学んだ「人間の現実に生きる学問」ではないかと思っている。

桜楓会から届いた1枚のはがき
マザーズホームへの支援

さて東日本大震災直後、電気がつき断水もなくなり少しずつガソリンも出まわりはじめたという時期に、桜楓会から1枚のはがきが届いた。あの震災から間もない時期に届いたので、その早さにとても驚いたことを覚えている。しかもそのはがきには「お見舞い申し上げます。」だけではなく「何か私達にできることがあったら言ってください。」というメッセージが書かれており、〝えっ、女子大が何かしてくれるの？〟〝何をしてもらえばいいの？〟と必死で考えたところから、この支援活動がはじまった。卒業後ほとんどご縁が切れていた自分の母校とのつながりを感じて胸が熱くなった。

ちょうどその頃、障害児の療育支援をしている仲間から「(気仙沼の障害児の施設)マザーズホームが流されておもちゃや絵本を送ってほしいとラジオで流れたのを聞いて、おもちゃを送ったのよ」という話を聞いた。マザーズホームとは定期的にかかわっていたわけではなかったが、震災前から交流があったので、そのはがきを見て桜楓会とマザーズホームをつなげることはできないかと考えた。

まず桜楓会に「このようなところ(マザーズホーム)があるのですが、お金を出していただけるのでしょうか?」と聞くと、すぐに「業者さんからの見積もりを提出してください。」と連絡をもらったので、すぐにマザーズホームの館長である内海先生(２０５ページ)に連絡を取った。内海先生は大変な思いをされていたにもかかわらず、いつものお声で支援を快諾《かいだく》してくれた。先生に紹介された一関市にある業者に椅子と机を発注し、同時に日本女子大に業者への振り込みをお願いし、業者から直接マザーズホームに納入してもらった。なぜ子ども用の椅子と机かというと、私はこれまで自閉症の子どもたちを見てきて、自閉症の子どもたちが椅子と机があると落ち着いて食事や活動をす

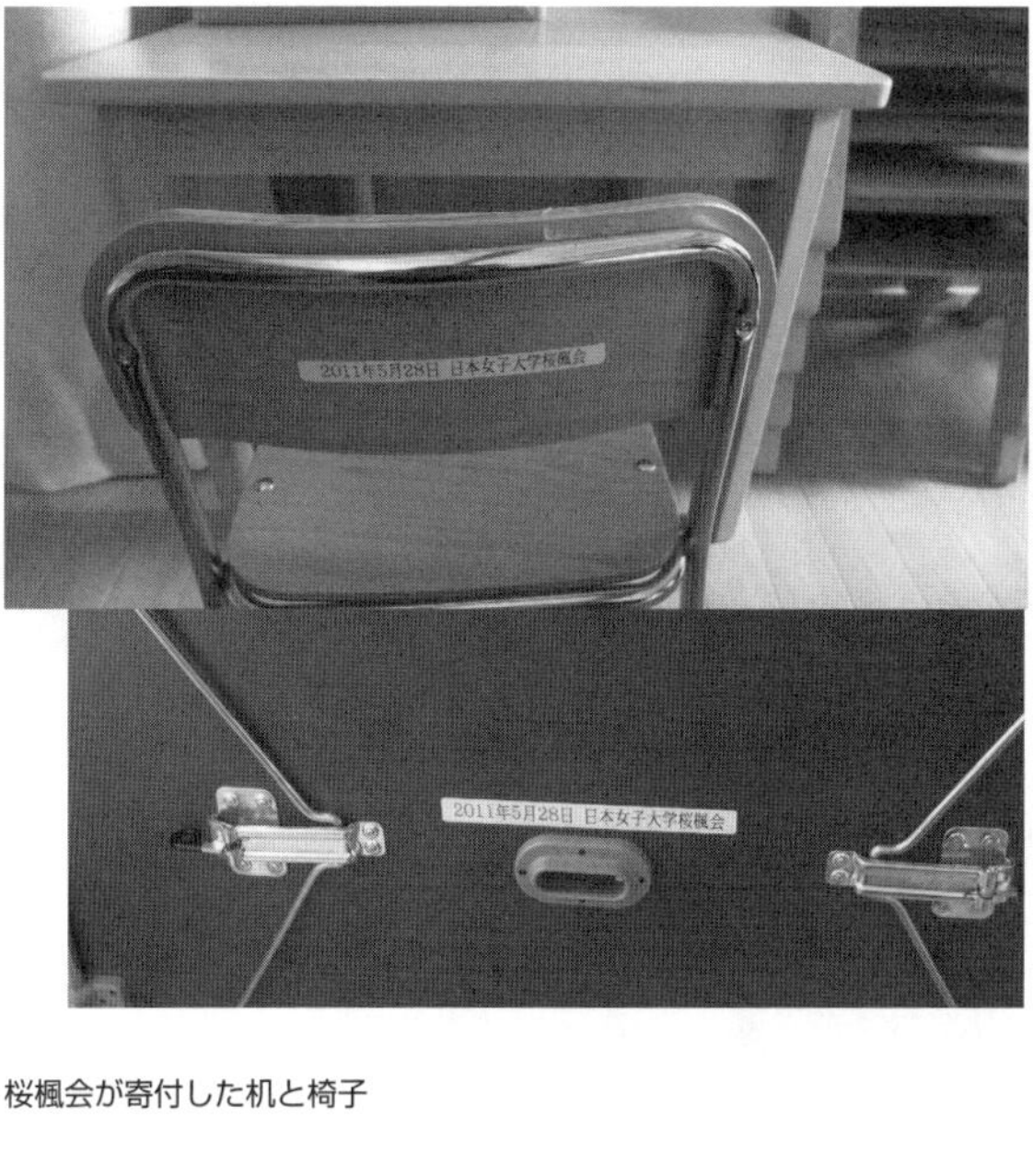

桜楓会が寄付した机と椅子

ることができることに気づいていた。すべてが流されてしまったマザーズホームにはたくさん自閉症の子がきていることを知っていたので、この子どもたちが少しでも早く落ち着いて日常を取りもどすための支援として、机と椅子を送ることからはじめようと思い、それを送ってもらうことにしたのだ。

被災した障害児のお母さんたちを招いてのお茶会の主催

一方で、被災した障害児のお母さんたちのために何かやれることはないかとも考えた。みなそれぞれに苦労をして過ごしていることは容易に想像できた。ただでさえ障害児の育児は大変なのに、避難所では障害が十分に理解されずにいるのではないかと案じられた。実際、支援に行った避難所では「あのお母さんは、子どもが騒いでいるのに子どもに対して何もしない！」と批判されていた。そのお母さんにもいろいろな気持ちがあったかもしれないのに、周囲には理解されないまま批判されてじっと耐えていたのだと思う。それと

大学時代の友人が集めてくれた絵本

同じような思いをされている家族のことがとても心配になった。

震災直後の混乱期には何もすることができなかったが、震災１カ月後くらいに同窓会のような感じで、障害児を持つお母さんたちがお茶を飲みながら再会できたらいいなと考えた。小さなことだったが、私は仲間と、お菓子をきれいなペーパーナプキンを敷いたカゴに入れたり、お茶やコーヒーをセレクトできるようにしたり、可愛い紙コップを用意したりしてお茶会を準備した。そうすることで、障害児を抱えてピリピリしたなかで一生懸命にやってきて、疲れ果てているお母さんたちの心が少しでも和《なご》み、「お互い頑張ったね」「大変だったよね」とクッキーを食べお茶を飲みながら話し合えたらと思った。

これも学生時代に学んだクライエントセンタード、つまり〝May I help you?〟の精神とつながっていたのかもしれない。多分お母さんたちはこんなことをしたら喜ぶかな、という発想だった。私たちが行って何かをしてあげるというのではなく、私たちはあくまで

お茶会の様子

も裏方・ただ舞台装置をつくるだけで、お母さんたちが主役になるように心がけた。

このお茶会も日本女子大からいただいた資金で行った。桜楓会のクッキーも送ってもらった。お茶会は前述のマザーズホームのほかに、これまでのつてを頼りながら県内で4～5回開催することができた。お茶会には女子大時代の友だちが送ってくれた絵本のプレゼントもあった。

日本女子大学の三綱領について

今回このように取材をしていただくことで、改めて自分と日本女子大とのつながりを考える機会となった。実は私のクローゼットには、日本女子大１００周年の記念にいただいたカレンダーが貼ってある。カレンダーとして使用した後、日付部分を切り落として講堂と成瀬先生と三綱領の部分の写真を残して貼っていた。つねに心にとらえていたわけではないのだが、たまにその三綱領をふと見ては共感していた。「信念徹底」「自発創生」「共同奉仕」、一つひとつの言葉が今の年齢になって改めて自分のなかに響く。

私はとくに「自発創生」という言葉に励まされる。この言葉は、自分のなかにある創造的な力の尊重と開発に努めるという意味だ。私の高校時代は男子ばかりの高校だったので、よく「女のくせに」とか「生意気だ」といわれていた。それは日本女子大で出会った「自発創生」という言葉とはまるで逆のことだった。女子教育が認められていなかった創立期から「自発創生」を掲げることの希有《けう》さを改めて感じるし、力をもらう言葉だ。人との比較ではなく、私たち一人ひとりの尊厳を守る言葉だと思う。

後輩の大学生へのメッセージ。学びと実践

私がこうして自分の仕事を継続できたのは、私の意志だけではなくその時々の貴重な人との出会いがあったからだ。日本女子大でのカウンセリングとの出会い、卒業後に宮城での学びの場を紹介してくれた先生、

カール・ロジャースの本を紹介してくれた相談室の先生、自分なりの道を力《りき》まずに歩めと教えてくれた先生、また日本女子大を離れた後も、人生のポイントポイントで私は貴重な人たちとの出会いに恵まれた。その師と仰《あお》げる重要な方たちに導かれて歩んできているように思う。求めるところと導かれるところがうまくめぐり合ったともいえる。その方々から学び、自分の仕事に生かし、また学ぶ。出会いや別れはあるが、自分の道を自分なりに歩んできたように思う。

こうしたプロセスのなかで、自分が提供できることは何かをつねに求めることが大切だと思う。結局は自分の関心のあることを学ぶわけだが、学んだことをどう社会に貢献できるのか、自分にしかできないこと、自分にしか提供できないことを見つけられれば幸せなのではないだろうか。そのためには現実に生きる学問をたくさん学んでほしいと思う。この春、記念館で初めて成瀬先生の蔵書を目にしたときに改めてそう感じた。

自分の力は弱く頼りなく感じるものだが、細々とでも継続し、学んだことを実践して社会に還元していってほしいと思う。後輩の皆さんが、これからの社会のなかで生き生きと活躍されることを願っている。

猪俣　初恵　さん

株式会社アスム療育・研修センター専務取締役・臨床心理士

プロフィール

日本女子大学文学部教育学科卒

在学時よりカウンセリングを学ぶ。卒業後、宮城県中央児童相談所の乳幼児精神発達精密健康診査に従事。そのなかで自閉症の子どもとその家族と出会い、TEACCH プログラムを知る。その後、宮城県子ども総合センタークリニック心理カウンセラー、公立中・私立小中学校・支援学校スクールカウンセラー、市町発達相談、幼児施設・成人施設の療育支援コンサルタントなど、地域での家族や支援者支援を行う

3　障害者の避難について

猪俣初恵・内海直子

障害の種類と避難訓練について

障害と一言でいってもさまざまな障害があり、幅が広いので、それらすべてに対応するのは難しい。

自閉症にも種類があり、知的障害を伴った自閉症と知的障害のない自閉症がある。マザーズホームに来る子は知的障害を合併している子ども、さらにそのなかでも中度~重度の子が多い。自閉症の子は、見たもの・視覚の感覚が強くてダイレクトに入っていくので、その子の理解度に合わせた支援が必要になってくる。

知的障害だけの子もいるが、知的障害プラス自閉症の子はたくさんの工夫が必要。知的障害だけの子は、ゆっくりではあるが、先生が自分のこと好きだとか、一生懸命やってくれているということをわかってくれる。しかし自閉症の子は、自分から意思を発信はできるが、相手の立場に立って考えるということができず、相手から見たらどうなのか、ということをまったく理解できない。自分が受け取った世界で考え、自分勝手に解釈してしまう子もいる。

自閉症の子は、避難訓練をするのもとても難しい。なぜなら、「危ないから」というような抽象言語の理解が非常に難しいので「危ないから○○しなさい」という指示ができない。「これを持ってこっちへおいで」と言いながら、何気なく避難へ誘導している。日常と違う場面に強く不安を感じるので「本番も練習のようにふるまう」ことがとても大事。職員が焦《あせ》ってしまうと子どもたちがついてこない。「いつもと同じよ。こっちへ行くのよ」というようにやると良い。だから練習が大事で、その練習も少しずつ変化を加えていくようにして、刷《す》り込み回数を増やす。また、そのことを地域の方が知っておくことと、避難所になりうる施設に慣れさせておくことも大事。

親とはぐれてしまった子は自分の名前を聞かれても答えられない。腕時計型のチップに個人情報を入れておくという方法もあるが、今度は個人情報保護や機械の取り扱いなどの問題が出てくる。

避難所での障害者について

福祉避難所は二次的にできるものなので、必ず最初は普通の避難所に避難することになる。そこで障害者と一般の人との間でさまざまな問題が生じる可能性が高い。

避難所で最初に生じる問題が場所取り。最初はどこの避難所でも早い者勝ちになっているので、障害者や小さな子どもがいる家庭や高齢者は不利になってしまう。早めの段階で〝高齢者はこっち。障害者はこっち。〟というように、場所取りを仕切ってくれるリーダーが必要である。

そのリーダーに、障害者についてレクチャーする時間が短時間でもよいのであるとよい。

避難所内では、障害児のためには区切ったり防音したりできるセットがあるとよい。その仕切り壁に好きなキャラクターを貼ってあげるだけで落ち着きやすい。また、その子の好きなもの・苦手なものがわかるとなおよい。

障害をもっていることをみなに理解されるまでの時間が苦しい。だから、障害者同士でネットワークをもって、たとえば孤立しているとか、行列に並べないなどの情報を共有して、その家族を孤立させないようなネットワークが必要である。日本自閉症協会やＪＤＤネットという発達障害者のネットワークの集まりがあるのだが、そこで震災後に防災・支援のハンドブックを作っているので、そのような活動をもっと普及させたり、周知させたりする必要がある。

地域と障害者のかかわりについて

地域のなかでも日頃から障害者について理解しようとする環境が大事。トイレに行きたいときはこのような動作をします、など、一般の方々に障害者の認知を高めていって、〝どうもこの子……かな〟と、気づいてもらえるようになるとよい。

一方で、社会との交流をしましょう、とよくいわれているが、なかなかそういうことができていない。地域の子供会に行っている子もいるのだが、何かが嫌だったり、いじわるされたりすると「もう行かない！」ということもある。

保育所やマザーズホームの職員は女性ばかりなので、震災前は近くの企業の男性陣が助けに来てくれるという約束になっていて、練習のときにも来てくれた。このように、日頃から防災訓練を一緒にやって理解を深めて、何かあったときに「助けに行かなきゃ」と、地域の方々に認識してもらうことが大事である。

内海直子さん（左）と猪俣初恵さん（右）

4 マザーズホーム　奇跡の救出劇

内海直子

障害児施設マザーズホームは、東日本大震災の大津波によって園舎が流失した。しかし震災から2週間後の3月28日には、新築地に隣接する老人福祉センター内の一室を借りてデイサービスを再開し、震災の1年半後には新園舎が完成した。

地震直後、気仙沼市の公民館へ子どもたちや妊婦、高齢者の方を含む500人近くの人と避難した。津波は公民館の東の海から迫ってきていた。最初は2階にいたのだが、誰かが「ここはダメだ！　上にあがれ！」と叫んだので、一つ上の階にある狭い踊り場部分と調理室、4畳半くらいの和室に子どもたちを避難させた。するとすぐに、ダーン！　と津波が建物に当たる音がした。次にさらに大きい波がくるかもしれないということで、さらに上の階へ男性が子どもたち一人ずつおんぶで上にあげた。

外を見ると、津波で打ち上げられた船から重油が漏《も》れ出しそれに引火して、辺《あた》りが火の海になっている。迫りくる火のついたがれきを、男性みんなで押しもどしていた。

完全に孤立してしまった。外はとても寒かった。しかし建物内は重油のひどい匂いがする。どうしようかと迷ったが建物内に入った。

火の海に囲まれて絶望感が広がるなかで、私は主人にメールを打った。「火の海　ダメかも　頑張る」。長男は母親が無事だと聞いて安心したものの、気仙沼湾が火の海になっている映像を見て驚いたらしい。さらに娘から母親の状況を聞き、ツイッターに救助を求める文章を書きこんだ。

「『拡散お願いします！』障害児童施設の園長である私の母が、その子どもたち10数人と一緒に、避難先の宮城県気仙沼市中央公民館の3階にまだ取り残されています。下階や外は津波で浸水し、地上からは近寄れない模様。もし空からの救助が可能であれば、子どもたちだけでも助けてあげられませんでしょうか。」

このツイッターがめぐりめぐって、当時東京都副知事であった猪瀬《いのせ》直樹氏の目に留まることになる。猪瀬氏のもとには当時何百何千というツイッターが届いており、なかにはデマもあったが、猪瀬氏はこのメッセージを真実だと判断。すぐに東京消防庁の防災部長に連絡し、未明には東京消防庁からヘリコプターが救助へ向かうことになった――。

（参考文献　猪瀬直樹：救出　3・11気仙沼公民館に取り残された446人、河出書房新社、2015年1月26日）

3月12日の朝、救助のヘリの音が近づいてきたときは「助けにきてくれたのならうれしいよねー」と一緒に避難している同僚と話していた。するとヘリが降りてきたので〝えー！　助かるー！！〟と思い、ものすごくうれしかった。その喜びは本当にすごかった。

ヘリから降りてきた救助隊員が開口一番、「マザーズホームの園長さんはいますか？」と聞いてきて、なぜ知っているのかととても驚いた。続いて「息子さんから連絡があった」といわれたときも、まさか海外にいる長男のことだとは思わず、千葉にいる次男が連絡してくれたのかなと思っていた。しかし、イギリスにいる息子からだったとあとで聞き、またそこで驚いた。

以前ボランティアのためマザーズホームに訪れたことのある私の長男は、そのときの状況を覚えていて、施設にいた子ども7人程度と職員数名だけが公民館に避難していると思ったらしく、ツイッターに子どもたち10数人と書き込んでいたが、実際には400人以上の人々が避難していた。そのため、救助隊員は想像をはるかに超える数の避難者を見てとても驚いた様子だった。救助隊員がパンを持ってきてくれたのだが、それも10数個だったのでお年寄りと子どもたちに分けた。

救助はお年寄りと子どもたちを優先し、多くの人は次の日に、東京消防庁のヘリと自衛隊のヘリで気仙沼小学校に避難した。あたりの水は少し引いたとはいえまだヒタヒタ残っていてとても危険な状態だった。小さい子どもを2人連れているお母さんを手伝い、自分も一足先にその子どもとヘリで避難して他の職員がくるのを待っていた。職員は一般の方が全員避難したのを確認してからきたので、最後の職員が避難してくるのをずいぶん待った。待っている間、一夜にして突然すべてが変わってしまった光景を見て、現実のこととらえることができなかった。〝これ、映画かな？これ本当？〟。あんなに簡単に家が流されて、車がぷかぷか浮くなんて……。

あの日悪魔のように牙《きば》をむいた海が、今は同じ海とは思えないほど本当にきれいで美しく、また別の夢のなかにいるような気さえしてくる。

マザーズホームの再開

震災から2週間後の3月28日には場所を移してマザーズホームは再開していた。障害児を抱える親子が行けるところがないと親子ともに大変だろうと思い、避難所に張り紙を出した。「マザーズホーム、〇〇でやっているから来られる人は来て下さい」。お母さん同士でつながっている人もいて、子どもたちは7～8名きてくれた。自閉症の子はとくに、「いつもと同じ日常」を再開すること、子どもたちそれぞれに自分の場所をつくることが大事といわれているので、そのことを心がけた。まず、紙芝居や絵本、おもちゃなどが流されてしまったので、早く支援してほしいと思いラジオに投稿した。すると投稿を取り上げてもらえ、各所からたくさん送っていただけた。しかし、障害をもっている子どもはこだわりがとても強く好き嫌いがはっきりしているので、キャラクターなどについてリクエストもできればなお良かったなと思う。

そしてちょうどこの時期に、臨床心理士の猪又初恵さん（194ページ）から桜楓会《おうふうかい》を通じて机と椅子の支援をいただき、子どもの居場所づくりにとても役立った。

震災後の環境の変化と障害児

自閉症の子で避難所に行かなくてはならなかったのは1人だけだった。その子は激しい多動症《たどうしょう》だったのと、避難所が体育館だったので仕切りがまったくないうえに大勢避難していたので、はじめはその子のお母さんが気を遣ってとても大変だったようだ。しかし、しばらくしてお母さんたちが共同で炊事当番をすることになり、そこでその子のお母さんが「うちの子、多動症なのでこうなのです」と話したことがきっかけで、徐々に周りの方々も理解してくれるようになったらしい。このようにきちんと説明しないと、一般の人にはただ「親のしつけが悪い！」と思われてしまう。

みな、自閉症という言葉は知っていても、自閉症が具体的にどういう障害なのかということまではわからない。子どもによってこだわるところが違うのが自閉症。食べ物の偏食の問題もあって、出されたものが食べられなかったりする。それらを理解していない人は、「あの子はわがままだ！」となってしまうのだ。

また、避難生活を続けるなかで、今まで一緒に住んでいなかった祖父母や親戚が一緒に住むようになるなど、家庭や家族環境が変わるたびに少し落ち着かなくなる子もいた。しかし時間の経過とともにふだんの生活にもどったり慣れたりしたので、長く尾を引いて大変だったという子はいなかった。今回障害をもつ子の親に話を聞いてみると、彼女、彼らなりに震災後の周りの状況を少しずつ理解したり、その環境の変化を受け入れようとしたりしていたようだ。

マザーズホームが早い段階で再開できたので、お母さんたちも遊びにきて泣いたり笑ったりしながら行ける場所・息抜きできる場所があったというのも良かったのだと思う。

私個人としては、震災10日後に孫が生まれた。本当は4月の予定だったがショックなことが続いたためか産気《さんけ》づいてしまい、余震で揺れるなかでの出産だった。水と電気は復旧していたのでなんとか赤ちゃんの介抱《かいほう》はできた。今思うとよくやったなと思う。悲しんでいる暇《ひま》はない、目の前のことを何とかしなければと、それだけの気持ちだった。震災直後はみんないろいろな意味で疲れている。震災の精神的なショックはもちろん、さまざまなボランティア団体がさまざまな支援をくれたが、いっぱいありすぎてもそれはやはり疲れてしまう。

（左から）内海さん、猪俣さんご夫妻

　幸い私はいろいろな知識を学ぶことが好きなので、そういう意味では、仙台などの遠方まで出ていかなくても、すばらしいボランティアの先生方がわざわざ気仙沼まできてくださるのは助かったし、学ぶことがたくさんあって楽しむことができていた。

　職員はだいたいが同じような被災状況だった。もし家族や知り合いで亡くなった方がいたら、ふつうに日々の会話をすることも難しかったのではないかと思うが、そうではなかったので、私たち、実はけっこう笑っていた。ちょっとしたことで笑っていたので目の前のことを乗り切れたのだと思う。

　このようにして震災後2年か3年ころまでは、毎日必死でなんとかしなければという気持ちが強く日々充実していたので、疲れを感じている暇がなかった。しかし震災から3年目、ふと我に返って〝私何やっていたのだろう……〟と思い、急に悲しみが襲ってきてものすごく落ち込んだ時期があった。自分のこと（マザーズホームのこと）だけしていて良かったのかな……と。そして、津波を知らない人たちと話をすると、どこか何か違和感を覚えた。誰にも気持ちがわかってもらえない、話が通じないようなもどかしい気持ち。だから同じ場所で、同じ思いをして、「だよねー！」と言い合える仲間がいるほうが良いのだと思った。

震災から5年、心の区切りをつけるためにこれからの支援について

先日あるお母さんが、「私のなかで明後日《あさって》が終わっていない……」とポツリといった。震災があった年は今年（２０１６年）と同じ日取りで、3月11日が金曜日、その2日後の日曜日（3月11日から見て明後日）に卒園式が執り行われる予定だった。卒園アルバムもお母さんたちの手によってすべて作り終えて、門出《かどで》の準備万端《ばんたん》の11日の金曜日。「それじゃあまた明後日ね～！」といってお母さんたちは別れた。そうして笑顔で手を振って別れたお母さんが、その直後に発生した津波で亡くなってしまったのだ。

だからその遺《のこ》されたお母さんは、「私のなかでまだ明後日が終わっていない」と5年間ずっと心に抱えていた。そこで今年（２０１６年）の3月9日に、震災前に在籍していたお母さんたちに声をかけて、みんなで写真を見て笑ったり泣いたりする会を開くことにした。そうすることで、そのお母さんも、亡くなったお母さんにきちんとさよならできるといいな、心の中で区切りをつけられるといいなと思っている。

このように5年という月日は経っていても、まだ全然〝終わっていない〟人が大勢いる。でもどこかで終わらせなければそこから前へは進めないし、それは自分で決めることだから、そのきっかけづくりになれば、という気持ちで集まりを企画した。私は、本当はすごく内気で泣き虫で前に出るのが苦手なので、人を実際に集めることはできないけれど、企画するくらいだったらできる、という感じで企画した。特別なことではなくても、2時間１０００円で借りられる部屋にみんなでいろいろなものを持ち寄って食べながら、話して笑ったり泣いたりしながら、傷ついた人に寄り添えればいいなと思った。そうしてやってみると、みんなが「うわぁ、良かったー！」と集まってくれた。震災後、

完成したマザーズホーム

いろいろな人が来てさまざまなことを〝やってあげよう〟としてくれたが、結局それが押しつけのように感じたこともあった。そのようななかで、被災者に寄り添う形の支援が一番ありがたかったのではないかと思う。

たった5年、されど5年。老人ホームで間借りしていたときは、いつまでここにいるのか、これからどうなるのかとても不安だったが、震災から5年の間にこのようなすばらしい建物・施設が建ち、安心して過ごせる環境が整った。ヘリコプターで助けられたときが1番、このマザーズホームが完成したときが2番目にうれしかった。

現在、この施設は利用料を取っていない。震災後、収入も皆さんダウンしているし、障害児を抱えているというだけでもすでに大変な苦労をされているので、そこは「企業努力」でいただいていない。これからも「明るく楽しく元気よく」をモットーに、地域で愛され信頼される施設づくりをめざしたい。

内海　直子 さん

気仙沼社会福祉協議会　障害児通所支援施設マザーズホーム元園長

プロフィール

16年ほど前に他の障害児施設からマザーズホームに転勤。2007年から2014年まで園長を務める。

5 次世代に少しでも明るい未来を
――エチオピアから被災地へ

新妻香織

フー太郎の森基金
NGO　1998年　エチオピアでの緑化と水資源開発

アフリカ5年間の旅のなかで、子どもたちにいじめられていたフクロウを助け、「フー太郎」と名づけ連れ歩いた後、森にかえしてやった。しかしエチオピアでは無計画な伐採《ばっさい》で砂漠化が進んでおり、日本に帰国後1本でもいいからエチオピアに木を植えようと、1998（平成10）年「フー太郎の森基金」という団体を設立した。日本中を講演し募金を募り、翌年から植林プロジェクトがスタートした。これまでにエチオピアの世界遺産の村ラリベラに220万本（現在300万本）の木を植林し、8つのため池造成、3つの学校建設、その他村の衛生問題改善等を行った。

はぜっ子倶楽部
松川浦の環境保護団体　2000年

福島県立自然公園松川浦は、東北最大規模の干潟《ひがた》を有する約700ヘクタールの潟湖《せきこ》であり、環境省のラムサール条約の潜在候補地に選ばれる生物の多様性は東北随一といわれる生き物の宝庫であった。はぜっ子倶楽部は「世界的視野で考え、足元から実践する」会にしようと発足した。その活動は松川浦の700ヘクタールの海域にとどまらず、流れ込む川、源流の森、周辺の人々の暮らし、あるいはガイドブックの制作にまでおよんでいる。現在、震災後の生物の調査を続けながら、松川浦の国有林0・45ヘクタールを植林し、10年間の管理を任されている。

松川浦での植林　活動中の新妻香織さん

東北お遍路《へんろ》プロジェクト

一般社団法人　２０１１年

東日本大震災により被害を受けた福島県から青森県までの沿岸地域に慰霊、鎮魂《ちんこん》の道を作ろうと発足。「千年先までも語り継ぎたい津波の被災地」を公募し、「東北お遍路巡礼地」として発表、現在62カ所（インタビュー当時は53カ所）になっている。

大震災を経てあらためて思うことは、「語り継ぐことが、最大の防災である」

大槌町・お遍路協力者探し

ということ。そこで千年先まで語り継ぎたい物語を見出して「こころのみちの物語」として発信している。現在は、標柱《ひょうちゅう》の設置や巡礼地マップやガイドブックの制作を進行中。東北の各被災地が連携して、経済的・文化的に自立発展できる復興の一助となるよう、活動を続けている。

ふくしま市民発電

一般社団法人　2012年

市民が出資する、地域のための発電所。福島県が2040年までに原発ゼロ、再生可能エネルギー100%にすると宣言しているので、市民活動のレベルでバックアップしようと考えた。相馬市内の工場やホテルなどでの太陽光発電からスタートし、次世代を育成するエコ教室を開催しながら、小水力、バイオマス、太陽熱など、持続可能でクリーンなエネルギーによる社会づくりをめざしている。

自分は天国にいる。天国にいる者がしないで誰がする！

私は若いころからずっとやりたいことをかなえて生きてきたと思う。編集者になりたいと志し編集者になり、ジャーナリストとして世界を見てみたいと、30歳で雑誌の編集者を辞め、アフリカに渡り、5年。アフリカ横断記でノンフィクションの文学賞「蓮如賞《れんにょしょう》」の優秀賞もいただいた。アフリカ横断の際は、ナイジェリアに3週間留置されたこともある。何度も死にそうな目に遭《あ》いながら、でも死ななかった。きっと人にはもって生まれた寿命ってあるのだと思う。そんな奔放《ほんぽう》な人生だったので、私は40代までしか生きられないだろうなと、何となく思っていたのに、なんと50歳になってしまった！　ということは、これからの人生はおまけのような、儲かった人生である。今までみんなに心配かけてきたので、今度はお返しする人生を送ろうと50歳の誕生日に思った。

そんなことを考えていたら、震災が起きた……。同級生は４人亡くなり、家が流されたり家族や家業を失ったり、そんな状況を見ていたら自分は天国にいるように思った。実家は流出したが、家族は無事で自宅も残った。神様に「残してやったんだから、働け！」といわれているように思った。ライフラインが途絶えていたので避難をしていたが、テレビで相馬の状況を見るにつけもどかしく、すっかり元気がなくなった夫とともに、10日後に相馬に帰ってきた。すると自宅は思いのほか線量が低かったので、ずっと相馬で活動をすることができた。

震災後、新妻香織のやることに支援したいと、263万円もいただいた。さまざまな支援活動に使い、そして復興のための団体の立ち上げにも使わせてもらった。日本女子大の桜楓会《おうふうかい》からの支援も大きかった。放射線測定器を10台、100万円分もすぐに送ってくれた。卒業生のある人は、大学から家が崩壊した卒業生に支給された援助金を、自分たちには不要だからと送ってくれた。このような人たちの熱い思いに支えられてやってきたのである。

反原発の活動

私が原発と出合ったのは、日本女子大の学生のときである。家政経済の広田寿子先生の環境問題のゼミの夏休みの自由課題のために今回事故を起こした福島第1原発に取材に行き、10枚でいいというのに、50枚もレポートを書いた。本を読み、原発の下請け労働者の被曝問題を知った。第1原発の広報の人は、「環境問題になぜこんなクリーンな原発をあげるのか。書けっこない」と笑った。地元の住民の方々は「安全であると信じたい」と話した。すでにここは水俣《みなまた》と一緒、企業の城下町だと思った。安全神話で目が曇っている。危険がまったく見えていなかったのである。

その後しばらく原発とは無縁な生活をしていたが、35歳でアフリカから帰国し、しばらくは相馬で暮らそうと思っていたころ、反原発の活動をしていた人たちと出会った。2002年ころプルサーマルの導入を検討する際に「県民の意見を聞く会」のメンバーに選ばれ、意見を述べることができた。そこで国の原子力政

京都文教大学とボランティア活動

支援物資配布会（角田公園）

被災者への支援物資を配ったときの様子

支援物資配布会での抽選会

被災者への支援物資配布会

策の間違えを訴え「プルサーマルどころではない。省エネで原発をすべてやめよう」と主張した。ところが福島県知事が逮捕され、プルサーマル反対の誓願《せいがん》も不採択となり、プルサーマルは導入されてしまった。その後180日で震災が起き、そして爆発となったのである。

だから今回の原発事故は、「もっとやれたのではないか」という後悔と苦渋《くじゅう》以外の何ものでもなかった。後の世代の人たちに、申しわけないことをしてしまったと思った。そして1ミリでもいい福島を手渡さなければと思い、これが原動力となった。2011年7月にエチオピアへ行って、フー太郎の森基金の活動は事務局と駐在員任せ、自分は福島の復興に力を注ぎたいといって帰国した。

2つのプロジェクトが誕生した

復興の第1段階は緊急支援、炊き出し、避難所の支援を行った。第2段階は仮設に移るための支援、日常品の支給などを行った。第3段階は自宅に居残った人たちの支援、アンケートを取り、物だけでなく、困っていること、行政に対して等を細かく聞いてまわった。第4段階はまちづくり、講師を呼んで7~8回、エネルギー、建築、観光など、2011年7月から毎月1回のセミナーを行った。そしてこのセミナーをきっかけに、ふくしま市民発電と東北お遍路プロジェクトが生まれた。

「ふくしま市民発電」は、福島県が2040年までに原発ゼロ、再生可能エネルギー100%にすると宣言したので、私たちも市民レベルでバックアップしようと、立ち上げた電力会社である。現在は太陽光による発電に取り組んでいるが、私たちが大きな可能性を見出しているのは、水道施設での小水力発電である。

これは、水道の導管にバイパスを作り、そこに発電機を設置するもの。水道は水路などを使った小水力発電と違い、ゴミが入らないうえ、24時間定量の水が流れるので渇水《かっすい》の心配がなく、安定した電力を確保することができるのである。現在、実証実験が始まっている。

また、何とか福島にもう一度観光客を呼び込もうと、２０１１年9月に「東北お遍路プロジェクト」をやろうと立ち上がった。巡礼地を公募したのだが、知り合いのいない岩手県は、２０１２年2月に被災自治体すべてをめぐってキーパーソンになる方を探した。そんななかで「自分の町にどう人を呼び込むかを必死に考えていたが、お遍路は凄《すご》い。東北全体で人を呼び込む仕掛けだ」と感心されたり、「あんた本当に福島からきたのか」と同情もされた。

手探りのなかでも嬉しい出会いがいろいろあった。あるとき、紹介された石屋さんを訪ねて標柱を建ててほしいとお願いしたことがあった。すると「1本でいいんですか？」といわれ、「実は車の中で2本ほしいと話してました」と正直に話すと、「聞こえていました！」なんて愛嬌《あいきょう》のある返事をくださる社長さんで、「20本くらいなら……」とびっくりするような話になった。しかもこぢんまりとした標柱をイメージしていたが、高さ２０１１ミリ、幅３１１ミリ、1本１３０万円もするようなものだった。

神通力というのか、強く願ったことは必ず実行する。決断が早い、石橋は見えない（渡ってから石橋だったと気づく場合も）、ぶれない、後悔しない。これが、新妻香織という人である。しかし一人でやることには限界がある。人と人のつながりは金脈なのである。

支援活動はいつからやっていたのだろう

大学時代は所属していた国文学科より、他学科のカリキュラムに興味がわき、また留学を志していたので、全コマ埋めて授業を取っていた。一般教養の授業で文化人類学を取りアフリカに興味をもった。東京外国語大学の大学院にまで聴講《ちょうこう》に行った。学生のときから興味のあることに関しては主体的に調べたり、のめり込んだりした。しかしそのころは、支援やボランティアに関しては何もしていなかった。三綱領や成瀬先生の教えは意識したことはなかったが、今では周りからは三綱領そのものを実践しているといわれ可笑《おか》しかった。

ボランティアの始まりを考えると、小学生のころにやっていた海岸清掃を思い出す。祖父は時間があれば海岸に出て掃除をしている人だった。その影響か、夏休みに毎朝ラジオ体操の後、班の友だちと1時間浜の掃除をした。

かなりわがままに生きてきたように思うが、自分の成功を自分のために使ったらダメになるとだけは思っている。ビジネスでお金を稼《かせ》ぐことには、ほとんど才能はなさそうだ。社会的な活動、人の喜ぶ姿を見ることがうれしいのかもしれない。人と交わりながら社会を変えていく力になりたい。来る者拒《こば》まず、去る者追わず。無防備かもしれない。しかし、ありがたいことも、ありがたくないことも、自分の人生に起こることは、自分に必要だから起こるのだと思っている。

志をもとう！

志をもつから道ができる。そしてやるなら好きなことをやりなさい。好きなことをやっていれば、苦労も苦労とは感じないから。学生時代には、わくわくすることの種をまきなさい、たくさんあればあるだけ楽しい。自分に引き出しをたくさんもつことで、人生が豊かになる。いつのころからか、人生はジグソーパズルのピースを集めるようなものと思うようになった。日々の選択の一つひとつがジグソーパズルのピース。どんなピースもあてはまるところがあって無駄なものなどないと気づかされる。

最後に結果を得るよりも過程が楽しいということにも気づくはずだ。

新妻　香織　さん

ふくしま市民発電代表理事・「フー太郎の森基金」代表

プロフィール

福島県富岡町生まれ（誕生地は帰還困難区域に指定）。日本女子大学文学部国文学科卒。JTB出版事業局勤務を経て、1990年より５年間アフリカで暮らす。アフリカ横断記「楽園に帰ろう」（河出書房新社）が第３回蓮如賞優秀賞
エチオピアの緑化と水資源開発を行う「フ—太郎の森基金」の代表。松川浦（相馬市）の環境保護団体「はぜっ子倶楽部」代表。「一般社団法人東北お遍路プロジェクト」「一般社団法人ふくしま市民発電」を創設、代表。2011年11月より相馬市議会議員

6 いちご栽培農家との交流 ——若い世代の来訪は楽しみ

齋川一朗

被災した状況、そのときの思い

和田地域は、気候が温暖でいちご栽培、水田、1975（昭和50）年ころの汚染がひどくなる前まではノリ養殖も盛んであった。震災のときの津波の被害は、地形が太平洋から少し奥まっていたので、大きながれきは流れ着かなかったが、ノリ養殖の網と竹が津波に運ばれて休耕田のビニールハウスに絡《から》みつきハウスを壊した。ノリ網は化学繊維のクレモナで大変丈夫だったため、網、竹とハウスの鉄パイプが複雑に絡みつき取り除くのがひと苦労だった。

しかし、高い畑地にあって、被害に遭わなかったハウスのなかではいちごは順調に生育していた。ほっておけば腐っていくばかりなので、組合員でいちごを摘《つ》んで避難所に差し入れた。最初の2日間は自分たちで摘《つ》み、箱詰めして運んだが、大量なため組合員では手不足となり、避難所の比較的元気な被災者に応援を依頼した。2時間程度の作業は被災者にとっても気を紛《まぎ》らわせる作業として喜ばれた。

2週間ほど続けたが、市内のスーパーも本格的に再開となり、いちごを販売してくれることになったので、被害に遭わなかった半分の人たちで気力を高め、仮事務所で営業を再開した。

新妻さんの支援活動について

旧知の新妻さんから安否確認と被災状況の問い合わせがあり、ハウス復旧に難儀《なんぎ》していることを伝えると、

観光いちご園

復興ボランティアで相馬に入っていたグループを振り分けてくれた。このなかには週に2回、鎌倉から駆けつけてくれる方がおり、その熱意を見せられると、落ち込むより自分たちもやらなきゃいけないという気にさせてくれた。

新妻さんのグループに引き続き相馬市を経由して、主に各地の連合からもボランティアが20人単位で復興作業を手伝ってくれた。

連合関係のボランティアは年齢の高い人が多かったが、さまざまな職業の現場経験者がそれぞれのノウハウを生かし、われわれのもっているトラクターなどの農業機械を有効に使い、ビニールハウスの撤去に貢献してくれた。受け入れるわれわれとすると食事やらお礼のことなどで鳩首《きゅうしゅ》を悩ませていたが、ボランティアの方は手弁当、しかもお土産までもってきてくれた。

実はそれまでボランティアは酔狂《すいきょう》な人のするものと冷笑《れいしょう》していたが、今回やっとボランティアの本質を理解することができた。

震災前には3ヘクタールあったハウスの半分近くを撤去しなければならなかった。被害が大きく、高齢ないちご農家4軒は再建を諦めて撤退した。翌年は残った半分のハウスと半分になった組合員で観光いちご園を再開することとなった。

例年いちごの開園式は、相馬市の観光シーズンのトップを飾るイベントとして盛大に行ってきたが、震災の年は周辺状況を考慮して質素にやるつもりで市長に相談に行った。相馬市としてはこれが最初の自立復興事業となったので、平野復興大臣の出席も要請してくれた。そこで被災・減少したハウスへの支援と、放射能汚染対策としてヤシガラによる水耕栽培ハウスの建設を約束してもらった。3期にわたりハウスを建設し、観光いちご園の運営に道筋をつけてくれた。しかし、いちご栽培は手間のかかる仕事であり、1月から6月初めまでが収穫期であるが、並行して苗作りがあるので1年中の仕事である。そのためか跡を継ぐ後継者がなかなか育たないのが現状である。

以前あった松林はすべてダメになってしまった。国は現在7メートルの道路兼堤防を造っているが、植林計画も立てられ松の苗木を植える活動が展開されている。そこでわれわれも新妻さんとともに植林して、「松の苗木の希望の森」を作る計画を立てている。ほかにも新妻さんは、講師を招いてのゼミナールを行い、そこで「ふくしま市民発電」と「東北お遍路プロジェクト」を立ち上げ、広範多岐《こうはんたき》にわたる活動をしている。世話になったわれわれとしてできるだけの協力をしてゆきたいと考えている。

また新妻さんは遊歩道をきれいにしようと、「フー太郎の森」の活動で知り合った京都文教大学の教授と学生に声をかけ、清掃作業をしてくれた。文教大学の人たちは苗作りなど、本当にたくさんのことを手伝ってくれた。東京農業大学の人たちは、田んぼの状態を見て除塩《じょえん》作業をしたり、いちご栽培6次化にもアドバイスをしてくれた。また企業も支援してくれ、あるシンクタンクには相馬出身の部長がいて、PCでのデータ処理ができるようにプログラムを作ってくれた。

さらに新妻さんは観光協会が作った市内の地図をもう少し面白くするため、このボランティアの人たちに協力を仰《あお》いだらどうかという提案をしてくれた。そして店の情報をQRコードで作ったり、地元のメンバーが夢を語って、それをイラストレーターに描いてもらい絵の地図を作りあげた。

新妻さんとは松川浦ガイドブック作成で3年間ほど

一緒に活動したが、彼女のすごいところは、めげないところ。一人になっても突き進む。そして彼女のエネルギーにみんなが吸い込まれてしまった。新妻さんに役割をわり振られるとみんなどんどん動いてしまうのであった。

いちご園での齋川一朗さん

今後、支援活動はどうあるべきか

若い世代の大学生のボランティアとは、子どもと一緒に仕事をしているようで、楽しかった。そのうちの2人は今でもリピーターとしてきてくれる。相馬のお父さん、お母さんと呼んでくれ、いい付き合いが始まっている。ほかでボランティアをした人たちの感想のなかには、自分が何もできないことに気がつき落ち込んだというのもあったが、ここにきた人たちはみんな楽しんでやってくれた。

しかし被災者のなかにはボランティアが手伝うことをいやがる人もいる。業者を頼んで、ちゃんとやってもらうほうがいいという人がいるのだ。善意の押し売りは迷惑になる場合があることも注意しなければならない。

相馬、松川浦の歴史から

さて、このたびの震災状況を顧《かえり》みると昔話や言い伝えを侮《あなど》ってはいけないものがあると気づく。津神社（佐々木の山）は津波の神社でここに逃げれば助かるといわれていたようである。しかし相馬はリアス式海岸ではないこと、海岸に並行して水田があるので津波が襲来しても水田に拡散するので被害は大きくならないともいわれ、忘れられてきた。

文献には慶長の大津波が2回あったと残っている。相馬東高校を建てるときのボーリング調査でも、過去に津波がきたことを示していたと新聞記事で紹介されていた。ところがそれらを誰も気にすることなく今回を迎えてしまったのである。住人として、郷土の歴史や言い伝えを知っておくことは大変重要なことなのである。

相馬、松川浦の復興状況

復興自体は順調であるが、もう少しいちご栽培の面積を増やしていきたい。しかしいちばんの問題は、後継者である。これは組合全体の切なる願いでもある。

水耕栽培はほぼコンピューターによる自動管理ができるので、後継者には農家以外の若手のUターンやIターンにも参入を働きかけて、4半世紀以上におよぶ観光いちご園を継続していきたいと考えている。とくに専門の知識がなくても大丈夫なので、ぜひ若い人にきてほしい。いちごを通じてカップルが誕生して後継者になってもらえれば最高である。

齋川　一朗　さん
和田観光いちご組合

プロフィール
1948年相馬市和田の農家に生まれる。1967年相馬高校卒業、家業である農業に従事するかたわら青年会活動に参加。1973年印刷会社に入社し1989年取締役工場長。2010年退職し、家業のいちご農家となる

7 木を植えるって夢がある！

杉本田鶴子

被災した状況、そのときの思い

相馬市内の自宅で震災に遭ったが、揺れたのでＴＶをつけたら、津波のニュースが入ってきた。家業の医院を4時で終わらせ津波に備えるよう職員にいったが、まだみんなのんびりしていた。しかし、原発事故が起こり、1号機が爆発し、3号機の爆発した3月15日に、もう相馬にはもどらないつもりで避難した。

ただちにに健康に被害はないという日本のニュースは信用できなかった。アメリカ、フランスのニュースでメルトダウンを知った。原発という目に見えないものをどう判断するか。自分で判断するしかなかった。新妻さんは学生時代から原発反対運動をしており、聞くと風上に逃げろといわれた。海岸線は津波の被害が甚大でともかく宮城県白石市をめざした。

しかし白石も電気、水道は止まり同じように被害を受けていた。爆発後は携帯電話での通話なども規制されていたため、ショートメールのみで情報交換を行った。

被災直後、復興での問題点は

結局1週間ほどで相馬にもどってきたが、その後の生活は大変なものであった。福島県農産物の摂取《せっしゅ》制限、出荷制限があり、3月17日には飲料水の安全基準は30倍にも引き上げられた。混乱した食料事情がおさまるまで1年以上かかった。現在、日常生活のなかで、食品の安全はだいぶ意識されなくなってきたが、4年以上たった今でも測定値はいつも気にしている。

相馬は復興がとても進んでいる。仮設住宅を取り払い、災害公営住宅に入居の予定である。井戸端《いどばた》長屋もできて全国から視察に来ている。しかし、災害公営住宅に入れない人たちもまだおり、どう言葉をかけてよいか悩んでしまう。生活の苦しい高齢者や自分だけ生き残った方には引き続き精神的なケアが必要である。仮設住宅ではバスを循環させて、買い物の手助けをしたり、お昼のお弁当を配布したりしていた。長屋での支援をどのようにしていくかも、考えていかなくてはならない。

支援をしたきっかけ

新妻香織さんと行った被災者支援活動としては、仮設住宅に入る人に日常品を配布したことから始まった。当時、何かせずにはいられなかった。支援物資のリクエストはとくにせず、全国から集まったものを、在庫にならないように必要な人に配布した。鍋、食器、衣類、バッグ、トイレットペーパー、サランラップ、自転車もとても喜ばれた。

（左から）齋川一朗さん、杉本田鶴子さん

支援活動のきっかけは、中国の思想（孔子の五十にして天命を知る）がずっと頭にあったから。50歳を過ぎたら、自分の利益のためだけに、あくせく働くのはどうかと思っていた。これは40代半ばから考えていたことでもある。子育てが終わり、余裕ができたからかもしれない。また、「助け合い」を身近に感じることのできた家の環境も影響している。祖父が地主で村長をしたり、伯父が県議であったりと、学校での教育というよりは家庭環境が、地域の人たちと助け合いながら生きるというのが当たり前だった。

いちばん最初にボランティア活動をしたのは、秋田にいたころ、子どもへの絵本の読み聞かせを主催したことである。しかしそれは自分の子どもにどんな本を読んでやればよいかわからなかったのでやってみた。50代に入り人権擁護委員の依頼があり引き受けたのは、社会とのかかわりをもちたかったからである。善意の押し売りではなく、マイペースに継続してかかわっていきたいと思う。

新妻さんとの支援活動

現在、新妻さんと計画している事業は、クロマツの植林である。1500本寄付してくれる人がいたのである。木を植えるって希望がある。木はどんどん大きくなっていく。成長した姿は100年後か、直接見ることはないかもしれないが、夢や希望がつながっていく。将来のためのクリエイティブな作業だ。気持ちを木に込めて託す。木は枝葉を伸ばし、森になるように次の世代にバトンタッチしていく。相馬の子どもたちにも、たくさん携わってほしい。そして自分たちの木を見守ってほしい。

日本中の大学生にもぜひ木を植えに来てほしい。多くの人が携わることで、将来ずっと、各地から自分の植えた木を気にして福島に見に来てほしい。

新妻さんは、私の能力以上のことを求めてくるが、期待に添えるかわからないがとりあえずやってみようかという気持ちにさせられる、不思議な魅力をもっている。頭で考えていても進まない。やってみるしかないのである。

今の学生に伝えたいこと

今の学生は互いのコミュニケーションの取り方が難しいように感じ取れる。それならば、身近にいる老人、違う世代の人たちと積極的にかかわり、手助けしているうちに何かやるべきことが見つかるのではないか。身近な相手が困っていることを聞いて、それを手伝うことから、ボランティアを始めてみてはいかがだろうか。

誰かに頼らなくても生きていけるという自信、精神的に自立していることが、何をするうえでも大切なことだと思う。

杉本　田鶴子　さん
薬剤師

プロフィール
1952 年生まれ　相馬市出身

8 大槌町の現状とこれからの支援

平野公三

震災からの時間とともに変化する町民の意識

戸建て住宅・長屋・アパートの形式のなかでも、当初は震災前の街並みのような戸建て住宅のニーズが高いだろうと思っていた。しかし、震災から4年を経た今、高齢化が加速し単身の方が増えているため、長屋を要望する住民が増えている。家族構成が変わり、自立するのはもう無理かもしれないという気持ちが蔓延《まんえん》してきている。さらに坪単価も50～70万に上がってきている。利子は優遇されるが元本は払わなければならないので、高齢者には経済的にも厳しい。

このように、徐々に住民の意識や経済的な面が変わってきており、公営住宅の方が増えている状況だ。将来的な町の負担は大きくなるだろう。

加速する人口減少

大槌町の人口減少も加速している。住基情（住宅基本情報）の人口では1万2000人を割っている。国勢調査が2015年10月にあるが、そのときにはおそらく1万人を割っているのではないかと思われる。当初の住基情の人口で復興計画を立ち上げているので、人口減少は計画に必ず影響が出てくるだろう。今考えている計画も大胆に変えていかなくてはならないのかもしれない。

人口が減っていることによって、まずマンパワーが足りなくなる。若者が大槌町にIターン、Uターンでもどって来ようとしても、ワンルームが7～8万円（都

大槌町（2015年春）

内とほぼ同価格）するので、帰ってくることができない。「人口を増やそう」ということで、プレミアム商品券などを出してはいるが、それで本当に人口が増えるのかはわからない。何か効果的な知恵を出そうとしても難しい現状である。

揺らぐ復興計画

防潮堤の建設が予定通りに進んでいない。予定では、防潮堤建設と区画整理が同時に進み、防潮堤ができるころに盛り土ができあがって区画整理ができるはずだった。ところが、現在（2015年3月）は防潮堤ができあがる前に盛り土ができてしまい、防潮堤ができていないことに対して、住民の地震と津波の不安がぬぐい切れない状態になっている。防潮堤ありきで家の建設を考えていた人が、防潮堤がないことの不安から、建設を渋ったり諦めたりしてしまう。その結果、当初予定していた固定資産税収入が町に入らなくなってしまっている。

一方、防災集団移転をする予定の広大な土地もあるが、用途がまだ何も決まっていない。物によっては将来住む町としては足枷《あしかせ》になってしまう可能性もあるし、マンパワーが足りずに誘致企業がなかなか確保できないでいる。

また、復興計画による町づくりが、沿岸部にある駅前を中心とした震災前と同じ姿なので、これで本当に住民がもどってくるのか、旧役場庁舎と駅が遠いのではないか、さらには駅を移せという声もあり、計画自体が揺れ動く可能性がある。

復興が遅れていることに対して

震災後に派遣で来てくれた多くの職員が地元の人に遠慮してしまい、地元職員ならば断る事案も、無理をして聞き入れてしまった。本来ならば、何を最優先にやらなければならないかを考えなくてはならないのに、住民の声を聞きすぎてしまうと集中力がなくなり、あれもこれもやろうとして職員が疲弊《ひへい》し、人手も足りなくなり、それが復興の遅れにつながってしまう。人もお金も集中させる体制が必要だったと思う。

行政としては、住宅再生という軸をぶらさずに集中管理をしていく方針を打ち出し、住民の声に右往左往してはいけなかった、という反省点がある。住宅再生ができないと、住民がどんどん離れて町として機能しなくなってしまうからだ。公共施設のなかでは、とくに子どもたちと高齢者に対する支援を優先させるべきだった。子どもたちには教育が必要なのでまず学校を、高齢者には3カ所くらいの支援ケアセンターを手当てしてそれ以外は増やさない、というような決断力をもって舵《かじ》を取れば良かった。

多くの首都圏の方々が東日本大震災を遠くの出来事だと思っているように、自分たちも阪神・淡路大震災は、遠くの出来事だと思っていた。しかし、NHKの番組で阪神・淡路の市役所の職員が「間違いだった」といっているのを見て、ショックを受けた。行政をやっている自分たちも、今だからこそ、直すべき部分は直していかなければならない。熟慮《じゅくりょ》とスピードを

大槌町の仮設住宅

一緒にやらなくてはならない、しかしそのパワーはない、とわかった時点で、住宅再建に集中して計画を進めれば良かった。

産業再生にかかわる雇用について

みなし仮設という制度が、良かった部分と悪かった部分に大きく分かれたと思う。移転先の受け入れのサポートが良かったためにそのまま住んでしまい、帰りたいけれど帰れない状況になって、この制度のために大槌町から出て行った人もかなり多かった。また、もう人が住めない危険区域の土地を国が施策として元の土地の8割の価格で買い取り、被災者にお金が入った、ということも産業衰退《すいたい》に拍車がかかったのではないかと考える。

この施策は、国が買い取ってくれてお金が入ってきた家とそうでない家の被災者間で、格差を生んでしまう要因にもなった。

また、大槌町は水産業といいながらも女性中心の加工所が多く、時間給のパートで、はじめから正社員という形ではなかった。そこで働いていた高齢の人たちのなかには、働かずとも被災者認定をされると支援金や義援金が自動的に入ってくる人がいたので、そのような人は働かなくてもよくなってしまった。

一方、働き手のなかで若い世代でも、子どもたちを学校に通わせたいと町を出て行く人たちがかなりいて、労働人口が減ってしまったので、産業の衰退を避けるためにも、やはり住宅再生を最優先にするべきだったと思う。

地域コミュニティーについて

仮設への入居は、阪神・淡路大震災の経験から、なるべく地区・コミュニティー単位ごとに入居するようにした。そのなかでも、うまくいっているところといかなかったところがある。うまくいかなかったのは、被災した地域の人がその地域の仮設に入れなかったところだ。とくに被害が大きかったところはその地域に仮設を作れなかったので、必然的にバラバラになってしまった。コミュニティーが分断されてしまうと、話し合いがなかなかできないという状況が生まれる。

また、復興の初期段階では、町をみなで復興しようとする意識があったが、ある程度時間が経って一応の方向性だけ決まると、会議に参加するのは足がある人、集まれる人だけになってしまったり、自分のことやそれぞれの地区のことだけしか考えられない人が出てきたりしてしまった。

これから必要な支援・課題とは

まずは、仮設への見守りが必要である。応急仮設住宅に住む一人暮らしになってしまった方々やコミュニティーに入れなくなっている人をケアしなければならない。災害公営住宅が建ってはいるが、きちんと地域に溶け込めるか、地区にポツンと建った住宅が既存《きそん》のコミュニティーと新しいコミュニティーをどう作るか、新たな団地ができたときに新たなコミュニティーをどう作るか、そのなかでのリーダーをどのように養成するか、などを考えなければならない。今まではコミュニティーに関しては、すでにできあがっていたので行政が入る余地はなかったが、今は入り乱れたコミュニティーを見守らなければならず、行政の範囲が広がっていると感じる。

　また、派遣できてくれている生活支援の方々を、長い期間をもって見守っていく必要がある。そういう方々が本気になれるように、経済的・身分面でしっかりとバックアップし、マンパワーとして必要なのだという、経済的裏づけをすることが重要である。

　最後に、もっとも必要な課題は、リーダーの養成である。ものごとをきちんと整理できる事務作業に長《た》けた人。トップダウンとボトムアップのバランスが取れ、調整できる人。大切なことの優先順位をつけて、きちんと筋を通せる人。個々の話を聞いて右往左往しすぎないことも必要である。町民の顔色をうかがいながらでは行政はできないし、押し並べて全部やろうというのは無理だからだ。

　そのようなすべてをコーディネートできる人が必要であるし、これから育てていかなければならないと思う。これからの大槌のためには、人が大事だといえる。

平野　公三　さん
大鎚町町長

プロフィール
震災当時は町職員（総務課長）だったが、法の規定により、2011年6月21日から2011年8月28日まで町長職務を代行。2015年8月28日から現在（2016年4月）まで町長を務めている

9 津波てんでんこ

鈴木るり子

大槌町の被害状況

岩手の地盤は〝岩〟手だけあってとても頑丈《がんじょう》で、地震では墓石も倒れなかった。しかもNHKの報道ではじめ、津波は3メートルだといっていたのに対し、堤防が6メートルの高さだったので誰も逃げなかった。その後の報道で大津波と修正されたが、その報道があったころには大槌町はすべての地域で停電しており、誰も情報を得られずに津波から逃げられなかった(大槌町は、発災から1カ月停電していた)。

実は大槌町では震災直前の3月3日に全町あげての津波訓練を行っていた。ところが、国道45号線に「ここまで津波がくる」という標識が立っていたが、誰もその標識を信じず、その標識を使っての訓練はしていなかった。さらに3月8日に大きな地震があり、その際に津波注意報が出たのだが、結果的に津波が50センチメートルしかこなかったということがあり、よけいに油断してしまっていた。もしも標識をみんなが信じて訓練していて、11日の大震災時も標識まで逃げていたら、みな助かっていたと思う。しかし職員は、標識を信じずに行った訓練通りに、住民避難のために担当の地域まで行き、住民を誘導している最中に亡くなってしまった。ずっと60年に一度大きな津波がくるといわれ続けていたのに、訓練のときにそれが生かされなかったのだ。

さらに、地震から津波がくるまで時間があったので、一度は避難した人も再び家にもどってきてしまった。津波がくるなど思いもよらなかったので、逃げるときに家に鍵まで閉めた人もいた。

2011（平成23）年3月13日、大槌町へと続く道路は壊滅状態になっており、道路がないなかでどう物資を運ぶかという大きな問題に直面した。国道106号線から大槌町に入っていく山道（赤い鉄の扉があり、大雪のときに閉鎖される。震災時はアイスバーン状態だった）だけが通れることがわかったが、山が燃えて火事になり10トントラック以上の大きさの車が通れない状況だった。そのような場所は被災した190キロメートルの沿岸線のなかでも大槌町だけで、周囲から孤立してしまったのだ。当時、内閣府のSNS情報からは、大槌町はいちばん被害が少ないと配信されていた。大槌町が断絶されていたために、いちばん被害が大きかったところが、いちばん遅く国に情報がもたらされることになってしまった。被害の状況は、読売新聞社のヘリが上空から撮った写真で知らされた。

最初に沖縄の医療団と大阪府の消防が救助に入ってくれたが、道路の状況が酷《ひど》くてびっくりしていた。DMATも入ってくれたが、緊急性のある48時間の活動であった。自身も対策本部に入る際、自衛隊に山が燃えているので危険だと止められた。しかし、その道しかなかったので通してもらった。大槌町に入って最初の集落が夫の兄弟夫婦の集落だった。亡くなっているかもしれない……と覚悟を決めたが、生きていてくれた！　思わず最初に出た言葉が「生きていたの？」であった。大槌病院の屋上に避難していたので助かったのだ。まさにサバイバルであった。

交通網が遮断《しゃだん》されているために物資も届かず、ガソリンや灯油もなかった。そこで何とかしたいと、知り合いの国会議員を頼り、「山の火事を消してほしい」「物資をヘリコプターで投下してほしい」とお願いした。

住民の安否確認

大槌町では、震災により1400人が亡くなっている。大槌町の保健師は5人のうち1人亡くなり、地域包括支援センターの社会福祉士とケアマネージャー2

人も亡くなっている。

副町長に、住民の安否確認をしてほしいと申し出たところ、副町長は混沌《こんとん》とした状況では「できない」といったので、自分がやると申し出た。盛岡から大槌町は、東京から盛岡間の新幹線の時間と同じくらいかかるが、震災直後は交通規制があったので、車はスムーズだった。住民の安否確認のための保健師たちは、東京近郊からは夜行バス、その他の地域からは秋田空港を経由し新幹線で盛岡、そこからはタクシーを使って大槌町に次々とやってきてくれた。仮設のトイレを用意して、役場から毛布を入れてもらい、スクールバスを借りて大槌町を丸ごとローラー作戦した。

住民基本台帳が流されてしまい、誰がどのような状況なのかまったくかわからない状態だった。ゼンリンの住宅地図と照らし合わせながら、誰が命を失ったのか、生き残っているのかまったくわからなかった。とにかく何でもよいから情報がほしいと思った。そこで大槌町の保健師に、副町長と安否確認をさせてほしい、その作業が一緒にできないかをお願いした。安否確認には、地元をよく知っている地元の保健師の了解が必要だったからだ。反対されても、のちのち安否情報は絶対に必要になることだから理解してもらわなければならなかった。

電気と水道が1カ月くらい復旧しなかったので、避難所では発電機や毛布など物資で暖をとっていた。避難している人やボランティアの人は、買い物は当初移動販売を利用していたが、道路が復旧してからは商業地が残っていた隣の釜石市に行って買い物をしていた。お風呂はタクシーで釜石市にある銭湯へ行っていた。

保健師たちは、お風呂はタクシーで釜石市にある銭湯へ行っていた。銭湯代は無料だったがタクシー代は自腹だったので、２週間お風呂に入れないということもあった。ローラー作戦は、農家の作業小屋で宿泊し自給自足で行った。友人が埼玉県から駆けつけ炊事を担当してくれた。道端で採《と》れたふきや山菜をおいしく調理して食べさせてくれた。作業は不眠不休で行われた。

そのようななか、全国から駆けつけてくれたボランティアも精神的に落ち込んでいくので、ボランティアのケアも必要だった。一緒に参加していた精神科医に専門職にも起こる心のケアについて話してもらった。今回は、ボランティア同士が寝食《しんしょく》を共にして一緒に過ごしたのが良かったと感じた。それほど心が折れるほどつらい現場であった。

住民の安否を住民基本台帳に86％の入力ができた。それを成し得たのは、安否確認をしなければ町民の健康状態を知ることができないという強い想い、つまり保健師だからできたのだと思う。

町民と大槌町役場の職員の心のケアについて

大槌町は湾に面した町で、役場・警察・郵便・銀行・病院・診療所などすべての機能を津波で失った。大槌町役場も役場としての機能を失ったため、対策本部を城山に立ち上げ、副町長が避難所の配置、遺体安置所

の配置などの陣頭指揮を執《と》ることになった。

自衛隊が到着する前までは、地区の人たちが遺体安置所に運んで、遺体をきれいにしてあげ顔を見て名前をつけた。火事にもなったので焼死体もあった。今生き残っている人たちは、みなそういうことをしてきた人たちである。

13日に保健師として大槌町に入ったときは、みな興奮状態なので本当によく話してくれたが、絶望期である現在は心の奥にしまっている。一生話せずにお墓までもっていかなければならないことを心にもったまま生きている。たとえば、生き残った人は、遺族に「どうだった？」と最期の状態を聞かれ、そのたびにつらい気持ちと情景を思い起こさなければならない。夢に出てきて眠ることができなくなる、という過酷な状況。生きている理由も壮絶なのだ。そこに寄り添うこと、心のケアを絶対にしなくてはならない。

大槌町役場の職員も、震災を機に立場が一変してしまった。死亡届を受理する仕事では、上司の死亡届を顔見知りの家族から受け取ることや、知り合いの遺族

が次々とやってくる。また、大槌町では関連死が50名いる。関連死の調査は役場の職員の仕事だが、小さい町である大槌町では、知り合いのところに調査に行かなければならないということだ。それは精神的にとてもつらいことである。

警察や自衛隊など命令系統に強いところは、トップを中心に、精神が弱っている人には「帰りなさい！」と命令していた。しかし、行政は帰りなさい！といっても、帰ろうにも家をなくしているし、避難所へ寝に行くと避難住民からもいろいろいわれてしまうので、不眠不休で仕事をしていた。そんな状況から職員の命を守らなければならないと考え、とにかく職員を暗い所で寝かせてあげてほしい、と副町長と教育長にお願いした。それも、24時間ではなく48時間、休暇を与えるようにいった。それでも家族や家をなくした職員は現地に見に行ってしまう。ひとときも心が休まる時間がなかったのである。

現在残っている職員のうち、３分の１は震災後新しく入ってきた職員で、残りの３分の２のうち、半分（つまり全体の３分の１）は精神を病んでしまい治療中である。全国からきた行政のお手伝いはほとんど住宅再建の仕事に投入され、つらい仕事には立ち入れなかった。それくらい震災後の役場の仕事は大変な任務だった。

復興状況について

復興住宅が作られるのが遅く、大槌町の仮設住宅には今も４０００人入っている（最初は４４００人）。県営の復興住宅ができているところもあるが家賃が高い。仮設は無料なので、家賃の高い復興住宅は空いている。町営住宅は、もともと町営住宅入居者や高齢者、障害者向けで、所得に応じて家賃が決まるので、低所得者向けのところは復旧した。一般の人が入るための新しい１戸建てで、今は家賃を払っていても３年後に優遇を受けられるという住宅ができてきたが、まだ数えられる戸数しかない。

しかし仮設住宅も、復興の遅れで長期間の入居が予想される。しかし、あくまでも仮設なので、雨漏《あまも》り、隙間《すきま》風、寒さなどの対策が不完全で、建物はもたない。県営住宅の価格を下げるべきだと思うが、それでもまだ足りない。盛り土だらけで地盤が脆弱《ぜいじゃく》なため、建築基準に満たなくて許可が下りず、土地の造成に手間どっている。資材の高騰と人員不足のために家を建てる自己資金も足りないという状況である。資材高騰と人員不足の影響は住宅だけではなく、中高一貫校を作る公共工事でも、大槌町は25社に出して入札は1社のみであった。かつての街並みはなくなったが、復興中の町は砂漠のようだ。

見守り支援活動について

大槌町の人口減少が止まらない。入院できる医療施設はなく、仮設が寒く過酷な環境だったりするので、盛岡へ移住する人が増えている。しかし、そのようにして盛岡へ転居した人が、口では大槌町へもどらないといっているが本音とは違うように感じる。本心は、もどりたいけれど、いつ町が復興して住めるようになるのか見通せないからだと思っている。

もりおか復興支援センターで毎月1回、大槌町から移住した人の集まりをもっている。最高齢89歳の女性は、盛岡にマンションを買ったが、大槌に帰りたくて毎日夢を見るそうだ。みなと集まるのは大好きだが、集まりにくるときは泣きながら来ると話す。夢に出てくる自分の家の状況を克明に話してくれる。実はこの女性の家があった場所は、現在危険地域で家を建てられない地域なのだ。

そもそも盛岡と大槌町は同じ岩手県内であるが、食文化がまったく違う。大槌町ではイルカやマンボウザメを食べる文化が古くからあり、その他の魚も切り身ではなく、1尾で売られており、臓物《ぞうもつ》、皮等も食べていた。また、小正月は「きのぼりだんご」といって、豆腐のおからを入れた団子《だんご》をみずきの木につけて豊穣《ほうじょう》を祝った。内陸はお米の粉を入れるが、沿岸はお米が取れないので、小麦粉の団子で小麦粉が固くならないようにおからを入れ、たっぷりのクルミと胡麻《ごま》を

津波で跡形もなくなった中心部に建つ旧大槌町役場

入れて団子にし、よくしなるみずきの木につけた。

小正月の飾りも、内陸はモチ米をついて色を付けたきれいな繭玉《まゆだま》だが、沿岸は魚を吊《つ》るした。飢饉《ききん》のときは「かためし」といって、流れ着いた昆布と大根とひえあわを焚《た》いて食べていた。交通網が悪いので、文化も言葉も岩手の内陸と沿岸でまったく違うのだ。

また、盛岡で生活している人は大槌町では経験のない集合住宅に住んでいるため、近隣にどのような人が住んでいるのかわからないという、初めて感じる不安もあった。住民票を盛岡へ移し形式上は盛岡市民だが、本質的に盛岡市民になれない。一方で住民票を大槌町から移したことへの後ろめたさもあるため、大槌町へももうもどれないという狭間《はざま》にいる。そのような葛藤《かっとう》のなかにいる人たちの心のケアをしたいと思う。大槌町で死にたい、という人をできるだけ連れて帰りたいと思っている。

一方、大槌町に残った人の間でも、復興の遅れが住民の意識を変化させている。役場は細かくニーズを聞いて応えようとしているが、住民の側のニーズも流動

竣工した災害公営住宅

的なので大変だと思う。住む場所も、避難所、仮設住宅、被災者住宅などいろいろあるが、決断できない住民も多いのが現状だと思う。復興が遅れ生業がなく生活の場とするには厳し過ぎる。

また、はじめは同じ状態で避難所に入ったが、支援金が支給されたことや仮設住宅の地区割りで、住民の間に徐々に差が出てきてしまった。仮設住宅に入る人は、もともと高齢化が進んでいたためほとんどが高齢者であり、以前は広い家に住んでいたのに、今では一人暮らしの高齢者は4畳半一間の生活を強いられている。そして仮設への入居は、阪神・淡路大震災の経験から、なるべく地区・コミュニティー単位ごとにしたが、被災面積が広範囲のため、地区割りはうまくいかなかった。最初はバラバラの地区の人たちも被災者同士で仲良くなるが、そこでまとめ役のリーダーが抜けていくと、途端にまとめていけなくなった。とくに被害が大きいところは、その場所に仮設を作れなかったので、コミュニティーが分断されて話し合いができずに必然的にバラバラになってしまった。復興の初期段階は、町をみんなで復興しようとする意識があるが、ある程度時間が経って方向性だけ決まると、足がある人・集まれる人だけになってしまったり、自分のことや各々の地区のことしか考えられない人が出てきたりした。

このように復興の遅れのために、住居問題や地域コミュニティーによって精神的に苦しい生活をよぎなくされている住民の孤独死をなくすために、地域支援センターや集会所を活用して、見守り活動を今も毎日行っている。

ボランティア――日本女子大学の支援について

住民を力づけたのは、全国からきてくれたボランティアの人だ。１階部分が泥で埋まったが、重いもの、１階にあった白物家電も運んでくれた。川も全部さらってきれいにしてくれた。総勢で人口の10倍ほどのボランティアが入ってくれた。

また、日本女子大学桜楓会《おうふうかい》理事長の後藤先生はじめ、

鈴木るり子教授の話に聞き入る様子

日本女子大学の支援には本当に感謝している。桜楓会事務長の内藤さんも理事の先生方と大槌町にきて八幡商店を訪れてくれた。日本女子大学の支援がどれだけ被災民に勇気を与えてくれたことか。まずは義援金の100万円は副町長へ、その他の桜楓会や学生からの義援金はお米代に使った。また、食物学科から支援されたたくさんの食器やお箸、調理器具（鍋・フライパン）がとても喜ばれた。最初に設置された仮設住宅地にもって行き、事前に入居者の人数を聞き、1軒ごとに必要な食器をセットして配った。仮設に入るときに支給されたのは家族人数分のお茶碗だけだったので、とても役立った。

これから必要なこと――復興への想い

大槌町は、新たな街づくりが行われている。今は、私たちが作り上げてきたすべてが地下深く埋没して、町は砂漠のような景観になっている。

この町は美しい町だった。復興には、心も体も健康でコミュニティーを再現できる力が必要となる。意図的に自治会を作りリーダーを募《つの》り、勉強会や情報交換をして、リーダーを育てる土壌環境を育てていかなくてはならない。食文化や伝統芸能、祭りなど復活させていくことが、コミュニティーも再現できるしリーダーを育てることにも良いと思う。

保健師は防災・減災のための計画と訓練を住民とともに実施し、復旧・復興について提言できる能力が必要だと思っている。

そして、行政にも同じような能力が必要である。今回は、国主導で復旧・復興が進められた。あの混沌《こんとん》とした状況のなかで、町が熟慮とスピードをもって復旧・復興を進めることはできなかったかもしれない。しかし、国土交通省に13メートルの堤防が必要と指示され計画しているが、大槌町の赤浜地区は住民の総意で13メートルの堤防に反対した。津波は高いところに逃げなければダメで、海が見えなくなる高い堤防はいらないと反対した。

大規模災害であればあるほど熟慮とスピードを併せ

もたなければ、行政として20年後、30年後の責任はもてない。そこは首長が大きく判断しなければならないことである。今回は力がなくて外部から入れざるを得なかったが、〝ここは自分たちの範囲で、自分たちの力で解決するのだ〟という判断力や決定力が、これからの行政政策として必要だと思う。そして早く次のステージに進もうとすることが大事で、なぜこうなってしまったのか考えなくてはならない。復興の遅れから関連死が生まれた。住む場所がなければ、働けない。定住することと仕事をすることをどうするか、長引かせることで、どんどん害が大きくなってしまう。悪い環境が長くなればなるほど、人間もすり減って、立ち直れなくなってきてしまう。自立できなくなってしまう。そしてよけい復興が遅くなる。だから一刻も早く、住居と仕事を復興させなければならないと思う。

復興には30年以上かかるだろう。そのとき大人になる子どもたちの対策を取らないと町に将来はない。とくに海岸の子どもたちは、落ち着いて勉学に励む環境が整っていない。狭い住居、砂漠化した街並み。いつか日本女子大学の学生の皆さんにも数日間だけでも良いので学習支援をしてもらいたい。保健師なので住民に対する想いが強く、子どもたちの将来にも責任をもちたい。できるだけ早く大槌町に帰り、復興に民間人として携わることが大事だと思っている。一方で、現在の仕事も看護職を育てているので、とても重要だと考えている。

鈴木　るり子 さん
岩手看護短期大学教授

プロフィール
北海道別海町・京都市伏見保健所・岩手大槌町で保健師として勤務,2004年4月から現職。岩手公衆衛生学会長などを歴任
大槌町の全戸に対して家庭訪問し、健康状況などを調査。得た情報を分析・統合し、施策につなげるなど、保健師の専門性を生かして力強い支援活動を実施した

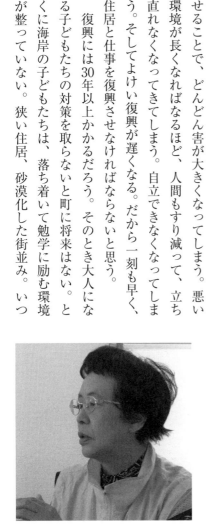

10 避難所の運営に必要なこと

越田由美子

震災直後に必要なこととは……生かされた研修

震災後は毎日、朝4時半に起きて夜12時ころまで働く日々が1カ月近く続いた。そのなかで、まず何が必要かを考えた。当時、たまたま役場で老人福祉や介護保険の担当をしていて、緊急時にはどういうことが考えられるか、避難所の運営にはどういうことが必要かという研修を受けていたため、予備知識があった。その経験が非常に有効で、考えた結果、次の4つを実施した。

1　相談窓口の設置

避難していた中央公民館は、災害対策本部と避難所とが同じ施設内にあった。そこで、お年寄り向けの相談窓口を開設することにした。すると実際はお年寄りだけでなく、老若男女さまざまな町民が窓口へやってきて、安否確認をはじめ、多種多様な相談を受けた。その結果、徐々に町民が今、何を必要としているのかを把握できるようになった。

2　町民の安否確認

住宅基本台帳が津波で流失したことにより、従来の町民情報が確認できなかったこともあり、町民の方々の安否確認ができない状況だった。

震災直後の安否確認については、震災後のメディアはテレビが映らないので、安否確認をする手段としてはラジオを頼るしかなかった。そこで、制服を着ているので一目でわかりやすく、さらに各地域をくまなくまわっている郵便局員に、居る人の名前（ひらがなかカタカナ）、年齢、住んでいる地区を、だぶっても良いのでとりあえずすべて書いてほしい、とお願いした。何故ひらがなかカタカナにしたのかというと、ラジオで流す際に、名前の読み間違いを防ぎ正確に確実に読んでもらうためだ。そして集まってきたものを貼りだした。

また、大槌町町役場の保健師であった岩手看護短期大学の鈴木るりこ教授（２３７ページ）に「町民をよく知っている保健婦が各避難所をまわり、状況を確認することが本来の保健師の役割だと思うので、その作業ができないかをお願いしたが反対された。何か方法はないか」と訴えた。すると、自分の気持ちを察し、鈴木さんも大槌の町民の方々のことを思い、４月下旬から全国の保健師や看護婦の方々に声をかけ、１２０名程度の方々がボランティアで大槌の地図を片手に、避難所や、在宅者の方々を訪問し、安否確認作業を展開することができた。

３　避難所の自主運営

公民館では、震災後２～３日かけて生活班、配膳《はいぜん》班、などの班をつくり、知り合いにやってくれないかを頼んだ。自分は役場の仕事があったので直接的な避難所運営はできなかったが、前記の班はお願いすると何人かやってくれた。またある避難所では、民生委員だった人がリーダーをやってくれて、避難所内での居場所を絵地図にし、それをもとにトイレ掃除当番などの当番制も徐々に生まれたり、配給時になるべく平等にゆきわたるような工夫も生まれたりして、各避難所で自主運営がされていった。

４　サポートセンターの設置

阪神・淡路大震災の経験から、共同住宅が必要だと思うがどうか、という議題が役場内でもち上がった。そのときに、まず仮設住宅の現況を調べ、それと合わせて住民の年齢と人数を考慮した結果、今必要なのは、社会福祉施設とサポートセンターを合わせた施設だと考え、その施設を2つつくった。その計画を進めるなかで、サポートセンターよりも介護施設のほうが必要だ、と主張する上司もいたが、何度も折衝《せっしょう》した結果、社会福祉協議会＊に委託することができた。

＊社会福祉協議会：民間の社会福祉活動を推進することを目的とした営利を目的としない民間組織。

意思決定をし、思いを行動に移せた

もともと自分の素質・素地があったことと職場の理解があったことの両方だと思う。人生のなかでいろいろ経験してきたし、職場では部下に恵まれた。自分が悩んでいるときに、いろいろな案を出してくれる部下がいたので、ある程度強くいうことができた。

避難所からの自立について

8月11日にすべての避難所が閉鎖した。しかし、出ることを拒《こば》んだ人もいた。なぜなら、避難所にいれば食事・光熱費の心配はないし、被災者認定をされればお金ももらえる。そのような状況が続くと、被災者なのだからやってもらって当たり前、物資ももらって当たり前、という意識が芽生えてしまい、自立からどんどん離れていってしまう悪循環が生まれた。

その結果、自立できる力のある人は避難所からどんどん出ていき、その力がない人が避難所に残っていくという構図に拍車がかかっていった。

地域のコミュニティー再建に向けて

震災後、避難所のなかである程度コミュニティーができていた。しかし、避難所の生活が少し落ち着いたかな、というところで避難所を出て仮設住宅に移り、また仮設住宅での生活に慣れてきたかなというころに、自宅に移ってまた一から新たなコミュニティーを形成しなくてはならず、その度重なる精神的労力は高齢者にはとても大きな負担であった。できれば一つの避難所がそのままのコミュニティーで仮設住宅に移れ、その仮設住宅からまたそのままのコミュニティーで自宅・地域に移れればよいと思う。

また、住宅再建の次のステップとして、地域の人々が集う場所の提供と一人暮らしの人を近所の人といかにかかわらせるかが必要である。昔は個々の家同士往来が頻繁《ひんぱん》にあり、頻繁に人を家に招き入れてお茶を飲むなどしていたが、震災後はそのようなことがなくなった。原因は、同じ被災者でもその家庭・その人によって被害の大きさ、もらっている手当、もらった物資などが全部違ってしまったからだ。口には出さないが、それぞれにわだかまりがあり、そのわだかまりが原因で、近所の家の話し声や笑い声が聞こえることさえも嫌に思う人まで出てきてしまった。このようにして引きこもりになる人や関連死が徐々に増えてきている。

今はそのような状況だが、おそらくそのわだかまりは時間が解決してくれると思う。その過程で、家の中ではなく井戸端《いどばた》会議ができるような集会所などが各所にでき、そこで定期的に集まることで以前のような家同士の関係に少しずつ修復していければ、と考える。集まることによって刺激になり、引きこもりになりたくてもなれない環境が生まれるので、コミュニティーが完成するまでは、コミュニティーの発達のために何らかの仕掛けが必要であり、それは自治会活動などがよいのではないかと思う。

大学生ができる支援とは

全体的に、大槌町のなかでもメディアに取り上げられ、仮設など被災者が明らかにいるとわかるところにしか、ボランティアによる支援はきていない印象を受ける（源水地区は家がほとんど残ったので、目に見える被害は大きくはなかった）。「ボランティアが行きたいところ」と「ボランティアによる支援を求めているところ」を調整・コーディネートしてくれる機関があればいいと思う。

現在、地域ケア会議という活動があり、各地域の仮設住宅をまわっている生活支援員や、民生委員、保健婦、包括支援センターの人などの関係機関が、さまざまな分野から障害者や高齢者の見守り活動をしている。このような支援には大学生というよりは、ケアマネージャーなどプロの支援が継続的に必要であり、それは地域のなかでやらなければならないことである。

一方、大学生が地域に入ってできることは、行事やイベント、力仕事、地区の運動会など、アクティブなイベントなどの企画・運営などが適していると思う。このようにして学生が被災地にくることで、被災者が助かるという面もあるが、それ以上にもっとも重要なのは、その学生たちが次の世代に自らの経験を引き継ぐ、という意味合いが非常に大きいと思う。実際に見るということはテレビの画面越しで見るのとはまったく違う。

1000年に1度の大震災といわれているが、運まかせではなくやはり事前対処が重要で、それは勉強して学び、それを次の世代に伝えることが重要である。

越田　由美子 さん

プロフィール
震災時、役場福祉課にて高齢者福祉を担当。2012年３月退職
40年の間に、現業課、町民課、税務課、教育委員会、財政課等各部署を異動。
福祉課においては、児童福祉（児童虐待、DV等児童相談）介護（介護保険計画、要援護者対策、町と福祉施設との緊急時福祉避難所締結）を担当

11 大好きな大槌町のためにできること

八幡幸子

東日本大震災発生直後……壮絶な夜

外で様子を伺っていると、消防隊員の「大きな津波がくるぞー！」と叫んでいる声が聞こえた。お父さん（ご主人）と、「自分たちは避難せずにここ（家）にいようね」と話し、お父さんを自宅の2階に避難させた。再び外へ出てみると、女性と男性、合わせて3人が逃げてきた。自宅は海が見えない場所にあるので、津波の実感はなかったのだが、川からトラックやがれきが流れてきて、堤防が氾濫して下水と水路（川）から一気に津波がやってきた。

逃げてきた人に、家の2階に避難するようにいうが、1人のおじいさんだけ足が悪くて逃げられない。津波による浸水のスピードがとても速かったが、そのおじいさんは水の浮力を利用して塀《へい》に捕《つか》まることができ、なんとか助かった。その後、塀から車のボンネットへ移動したのだが、それから1時間以上水が引かなかった。私がおじいさんを助けに行こうとすると、家の2階に避難したおじいさんの奥さんに〝危ないから〟と引き留められたが、80代のおじいさんが水に濡れたまま1時間半も外にいたらどうなるかわからないと思い、意を決して、1メートル以上の水をかき分けて助けに行くことにした。やはり水がとても冷たい。ボンネットからおじいさんを降ろして2階まで行こうとしたが、ボンネットの上に1時間半もの時間、じっとあぐらをかいていたので、おじいさんの足が動かなくなってしまっていた。さらにおじいさんは寒さでガクガクと震《ふる》えていた。しばらくすると多少は動けるようになったので、水の中を胸と背中を押しながら家の2階まで上がり、お父さんの服を着せて、お父さんが寝ていた寝床の温もりで温め、マッサージをした。

おじいさんを助けている最中に、もう一人、隣人のOさんが、「寒いよー、死にそうだよー、助けてけろー」と叫んでいた。寄り道に車を置いてもどろうとしたときに、上下から水がきて挟《はさ》まれて逃げ場を失ってしまったようだ。ずぶ濡れになっていたが、まだ67〜68歳だったのでその後逃げたのだろうと思っていた。

その日は月夜の晩でいくらか明るかった。助けたおじいさんの容態が安定し、ほっと胸をなでおろすと、幼稚園の子どもたちが山のほうに逃げたと伝え聞いていたので、〝子どもたちの食べるものどうしたかな〟と心配になり、様子を見に行くことにした。家を出てすぐ、ふと先ほどのOさんがどうなったか気になり、「Oさんいるのー?」と聞いてみた。すると、「うぅっ…うぅ…」という全身から振り絞った声が2回だけ聞こえ、声のするほうを見ると全身グタっとして横たわっているOさんがいた。あわてて2階に連れて行こうとしても水を含んでとても重い。それでも全力で押して運び、なんとか家までたどり着いた。そして2階への階段の途中で休憩しているときに、Oさんは2回だけ目を少し開けてくれた。やっとの思いで2階にたどり着き、布団に寝かせ、生きていると信じて心臓マッサージをした。マッサージをすると目も口も開き、血圧計も150くらいまであがった。しかし心臓マッサージを3分もやるとものすごく疲れて、少しでも休むとすぐ0になってしまう。それを何回も何回も繰り返した。助けたい気持ちでいっぱいだった。

外に消防の人がいたので救急車をお願いすると、20分くらいで来てくれた。救急隊員に、大槌病院まで運んでもらえないかと頼むが、大槌病院は機能していないといわれた。大槌病院は3階まで津波がきて、さらに火事で燃えていて機能していなかったらしいが、そのときは町で一番大きい病院が機能していないということが想像できない。町のほうを見ると、火事で真っ赤に燃えて引火したガスボンベがあちこちで爆音を轟《とどろ》かせていた。救急隊にご遺体を処置してもらいたかったが、仕方なく「ここで看取ります」といって、救急車には帰ってもらった。

眠ることもできぬまま時間が過ぎていく。とにかく何か食べようということになった。冷蔵庫が1階の天井を破って2階に突き出ていた。炊いてあるご飯を食べようと思い、お櫃《ひつ》をもつとなぜか重たい。見ると、塩水が入り込んでいて塩辛く、とても食べられなかった。結局、無事だったちくわや缶詰を食べた。

姑が12月8日に亡くなり、震災時はまだ家に祭壇があった。そこで、近所の人を集めて一緒にOさんを看取り、塩水に浸かった冷や飯で一杯飯を作って祭壇に供えた。Oさんを助けることができず、とてもとても悔しい。みんなでご遺体の周りに寝てご遺体を温めながら一晩を過ごした。

避難所で自分ができることとは
——自主運営への道程

翌朝、炊き出しをしようとガスボンベとガス釜を出してお米を炊《た》こうとしたら、火の気がすぐ下まできていたので、避難することになった。シーツを切って背負いヒモを作り、動けないお父さんを近くの避難所へ連れ出していたときに、ちょうどあかね会（大槌町に拠点をおく医療法人）の方が、「うちに来て」といってくれて、結局あかね会にはその後2年間お世話になることになった。

あかね会へ行くと、すでに避難している人が200〜300人いた。その人数が目に入った瞬間に、自分には何ができるだろう、何をしたらよいのだろうか、と考えた。〝そうだ、家にちょうど大量の布団がある〟と気づき、施設の人に持ってきてよいかと聞くと、許可してくれ、さらにワゴン車も貸してくれた。こうして布団、シーツ、毛布など50枚くらいすべてをあかね会に運び、皆さん使ってください、ということであげた。

次に何ができるだろうと考えたときに、自分のお店に食べ物がある、と思い浮かび、あかね会の職員に来てもらい、缶詰・飲み物・ソーセージなど、包装されて中身が無事な物をあかね会へもって行った。あかね会の食事担当の人に、一度水に浸かっているので入所者にはあげないでほしいといわれたが、避難者にはあげて良いといってもらえ、施設の方の協力をもらって炊き出しを出すことができた。

こうして食事は手配することができた。さて次は何ができるだろうと寝ながら考えていたときに、お手洗いが必要だ、と気がついた。早速施設のスタッフに聞くと許可をもらえたので、道路に置いてあった仮設のトイレを運んだ。しかし、今度は浄化槽がすぐに一杯になってしまい、流すための水も足りずにちり紙がすぐに詰まってしまった。そこで、

・小の時は2～3回貯めてから流す
・ちり紙は袋を置いてそこに捨てる

というルールを考え、職員に伝えたら了承してくれ、みなにいってくれた。

次に〝溜まったちり紙を焼く焼却炉がない〟と気づき、ドラム缶を利用して燃やすことを思いつく。しかしドラム缶はあるのだがそれを切断する機材がない。〝そういえば八幡にお父さんが作った焼却炉がある〟と思い出し、ユニック車を借りて運んでもらった。その結果、毎日朝から晩まで、オムツ以外のちり紙や汚れた服、その他のゴミを燃やすことができた。

また、最低限のマナーだけはきちんとしたかったので、「洗濯物を避難所の周りに干すことはやめよう」「山側の木にロープを張って、見えにくい場所に干そう」と提案したら、みな賛同してくれてやってくれた。こうして、当面の最低限の生活は手配することができた。

こうして避難所で生活を送るなかで、徐々に変化も生まれてきた。あるとき自分たちが掃除をしていると、20～30代の若い子たちが「おばちゃん、何か手伝う？」と聞いてくれたので、「食事の係りをしてちょうだい」と伝えた。こうして、若い子たちは食事の係り、自分たちは掃除、お年寄りは玄関の掃除や焼却炉の管理、というように、自然に役割分担が決まって、みんなが自分の範囲でできることをした。さらに、そのなかでリーダーも自然に生まれていった。

八幡商店再開

あるとき、「おばちゃん。子どもがポテトチップスを食べたいといっているの」といわれた。〝そうだ、自分たち大人は何も食べなくても我慢できるが、今の子どもたちはお菓子なんてどこにでもあって、我慢する時代ではないのだ〟と思い、店にお菓子が残っていることを思い出した。箱は汚れていたが中身は大丈夫だったので、子どもたちにあげたときに、やはり店が必要だと感じ、お父さんに「お店始めますか？　やめますか？」と聞くと、やりますと答えてくれたので、店を再開することを決意した。

その日から店の再開に向けて、毎日店の泥を片づけに通った。ある日、片づけをして避難所にもどったときに、「はぁ、今日も泥の片づけ大変だったよ……」とお父さんについ愚痴《ぐち》をいってしまった。するとそれを聞いたおばあさんに、「おら、家もすべてのものも流されたから、することない」とがっくり肩を落としながらいわれて、はっとした。家がなくなってしまった人に対して、いけないこと、申しわけないことをいってしまった、と思った。それからは周囲の人を気遣い、「いってきます」「ただいま」くらいに留め、言葉づかいをきちんとするように心がけた。

そのような折、大槌保育園の園長先生に、もしできるなら卵焼き1個とおにぎり1個でかまわないのでお弁当を作ってくれないか、と頼まれる。それから1日でも早くと思い、冷蔵庫などの設備を業者に頼み、2011年6月1日から幼稚園のお弁当をはじめ、6月7日に店もオープンすることになった。震災からすでに3カ月が経とうとしていた。ちょうどそのとき、被災地の商店の復興状況について、大槌のローソンが1番目で八幡商店が2番目だったことを、新聞などのメディアが大々的に報道してくれた。その反響がとても大きく、情報発信することの重要さを感じた。

また6月4日に、近くの中学校のグラウンドでNGOが大きなイベントを開催してくれた。そこに八幡商店も出店したのだが、そこで作ってもらった「八幡商店開店のお知らせチラシ」をNGOがみんなに配布してくれたのだ。このように支援団体の人が、すべて至れり尽くせりやってくれた。

8月1日には町立の保育所のお弁当もはじめて、温かいスープを手作りで作ってあげた。すると、「こんなの食べたかったんだ〜!」と、所長先生にも子どもたちにも喜んでもらえた。毎朝4時に起きて、8時半までに180人分を1人で作った。詰める作業は3人のお手伝いがきてくれた。子どもたちがスプーンを持ちながらお弁当を楽しみに待っている様子がテレビに映ったりして、そのほほえましい姿が生きる張り合いになった。

職務に没頭する職員を見て感じたこと
——〝自分は何ができるのか〟の原動力

当時、あかね会のデイサービスの利用者たちのなかには、家族が1人も訪問にこないので、「うちの子たち、孫たちも誰もこない!」と騒いだり泣いたりする人があちこちにいた。そのようなお年寄りを囲って職員5、6人がじっと座り、その話を聞いている。このように利用者の話を聞くために、デイサービスのスタッフに職員も加わり、仮眠を取りながら2時間おきにローテーションを組んでいた。そして次の順番の職員たちは、利用者の部屋の入り口に座って待機していた。この、利用者を大切に思う職員たちの職務はすごいことだと思った。

ケアマネージャーをしていたある女性は、ご主人は行方不明、家もなくなり、そのような状況にもかかわらず、ケアマネージャーとして利用者の安否確認に出てくれた。遺体安置所で夫の遺体を探した。遺体というのは、最初は白い顔がだんだんと茶色になり、最後は顔がふくれあがり真っ黒になる。目があちこちになっていたりして、人の顔とは思えないほどになる。それでも自分のことは置いておいて職務を遂行するその女性を見て、女性のパワー、心遣い、すごさ、強さを感じた。

大槌町役場の総務部長(現町長)と職員が避難所に役場を代表してきた際には、避難所のみんなが、ふだん我慢していることや不満を、総務部長と職員に次々に当たり散らした。ほかにぶつけるところがないので、役場の職員をはけ口にしたのだ。それでも職員が、「はい」「検討します」とただただ真摯《しんし》に謝《あやま》る姿は、見ていてとてもかわいそうだった。町職員にとってはもの凄いストレスだったと思うが、それは職務だったのでしなければならないと思ってやっていたのだと思う。町長は、今でも談笑している姿を町民に見せられなかったり、食事に行ったりできないと語っていたが、その日々はものすごく大変なことだと思う。さまざまな思いを抱えて、行政の最前線に立って働いていた。

私は、そのような状況をつねに見ていたので、各地から支援できてくれた先生や医者などさまざまな人から、「今、何をしてほしいですか?」と聞かれたときに、「私たちはもういっぱいしてもらっているから、それよりも何よりも、職員のケアをしてください」と切実に願った。職員だって被災者であり、家族がどうなっているかわからず、家にも帰れない。そのような状況にもかかわらず、避難所の人たちのためにずっと頑張って働いてくれていたので、本当に頭が下がる思いだった。そして、そのようなみんなの一生懸命な姿を見ていると、〝私は何ができるだろうか〟と自然に思った。私にも何かできるはずと、いろいろ考え、いろいろしながら、学ばせてもらった。ボランティアで支援にくる人も、自分は何ができるか? という自分の考えをきちんと発信することが大事だと思う。

情報発信からつながる復興

2011(平成23)年3月17日に釜石市に行った。お父さんにインスリンという薬が必要なので、釜石市の県立病院に行くと、「2年間来院していないので薬を出せない。駅前に赤十字のテントがあるから、そこへ行ったらよいですよ」といわれて、そこで薬をもらうことができた。大槌町にはそのような情報がまったくなかったので、みんなに釜石の赤十字に行けば薬がもらえるということを教えてあげた。このことから、実際に歩いて情報を得て、本当の情報を発信することの大切さを感じた。

そして、ここ桜木町から情報をどんどん発信しよう、と思った。ちょうど3月28日の新聞に、桜木町のWさんの家にボランティアがきて家を片づけてくれた、という記事が載り、それからすぐ4月3日に、社会福祉協議会が桜木町にボランティアセンターを立ち上げてくれた。そこで桜木町から情報を発信しよう、桜木町から町をきれいにしていこうと思った。

震災後の桜木町は、家はかろうじて残ったのだが、海岸にあった水産物加工所が津波で流され、魚がすべて上の方まで上がってきてしまい、それが腐敗し、ウジ虫がわいてハエが大量発生してしまっていた。支援でハエ取りの用具がいちばんほしい、というくらいに大変だった。

そこでまず、何百人ときてくれたボランティアとともに他の家から片づけ始めた。桜木町まで上がってきた魚は土を掘って石灰を混ぜてすべて埋めた。よその家に勝手に入るのは不法侵入になってしまうので、家主とコンタクトをとり、毎日10時から14時半くらいまで、1時間おきに休憩をとりながら、ボランティアに片づけ方（片づける部屋の順番など）を教えながら片づけた。

また、地域内に民宿はあるのだが、旅行客が多く滞在していたため、復興のための工事関係者やボランティアにくる人たちの宿がなかなか取れない状況だった。そこで、八幡商店の和室をリフォームして、木製の2段ベッドをたくさん作った。すると情報を発信していたお陰で、タイミング良く、京都の旅館から掛布団を大量にもらうことができた。また、いろいろなものを支援してもらったなかに敷き布団もあった。汗染みがついているものも多くあったが、数十万円かけて打ち直して使った。こうして、簡易ではあるが大人数が宿泊できる環境が整い、たくさんのボランティアを受け入れることができた。

大槌町のなかで、無料で食べること・泊まることができるのは八幡商店だけだったが、この体験を若い人に広めることが大事だと思ったので、ボランティア、とくに大学生を積極的に受け入れた。

八幡さんに流れるボランティアの精神
――復興への強い気持ち

どうしてここまでできたのかというと、大槌町が大好き、とくに桜木町、自分の地域370軒（今は320軒まで減っている）が大好きで大事にしないとダメだと思ったからだ。この土地にきて40年。八幡家は代々観音様のお宿をしていて、お祭りもあり、人々をまとめたりコーディネートしたりすることに関して慣れていた。お店もしていたので、資材も揃っていた。

また、自分の育ちも関係していると思う。実家は農家だったのだが、父にも母にも「分け合って食べろ」、「自分は7でよい、残りの3はよその人に施《ほどこ》しなさい」と教えられて育った。乞食や怪我をした軍人など困っている人にも、米を分け与えていた。このようにして、小さいころから分け合いの精神が育てられていた。子どもが生まれてからも、自分も3人の子どもたちに、食べ物をいつもなんでも分けて食べさせた。

そして、商売をしているところに嫁いだので、地域に密着したことを大事にしようと思った。何かの手伝いがあるというとお店を閉めても、手伝いに行った。また、お店をしていたお陰で地域の人との交流も多く、顔見知りがたくさんいた。商品の配達もしていたので、町の様子を熟知していて、置いてある自転車や三輪車を見ただけで誰のものかわかるくらいだった。

だから、震災のときも大槌町のためにとにかく夢中だった。気持ちが集中して、ここからどう前に進むか、ここから復興しよう！　という強い気持ちだけだった。さまざまな支援の方がきてくれるなかで、各世帯平等に支援がいきわたっていないと嫌な思いをする人が出てきてしまうが、それを気にしていたら何もできない、半分以上が良ければそれで良いだろうと考えた。そのような気持ちでいかないと、前には進まないと思った。前向きだからすべてうまくいった。ここに嫁いできて、周りの人がみな良い人でいつも支えられてきたので、それに報《むく》いるにはやるときにやらなければと、と思った。2～4時間だけしか寝られない日が続いて具合が悪くなり寝込んだときに、初めて

〝あぁ、私も人だったのかぁ〟と思ったが、それ以外は性格もあるし、神が降りてきている状態で、大槌町のために無我夢中の毎日だった。

震災の傷跡
——伝えることのできない一人ひとりのドラマ

震災後4日目に、初めて避難所がある山手側から町へ降りた。避難所で、〝病院がなくなった〟とか〝お寺も神社もなくなった〟、〝家がなくなった〟など、何もかもがなくなったと聞かされたが、現実のこととして理解できていなかった。しかし避難所からヒッチハイクをしながら下ってきて車から降りた瞬間、その光景を見て体が震《ふる》えて動けなくなった。「なにこれ……」。外国のメディアがすでに入っていて、自分たちが立ちすくむ姿を写真やビデオに撮《と》られたが、「やめてくれ」という言葉さえも出すことができなかった。

まず町のほうに行ったが、戦争でもあったのか、というほどに焼け野原になり、物は錆《さ》びて荒廃していた。普通の地震と違う光景。津波がきて、さらに火事にもなったからだ。次に神社に行くと、震災から4日目が経っていたが、まだ車の中に遺体が遺《のこ》されていた。遺体の首がなくなって頭部だけ違うところにあった、神社に4人逃げてきたが、坂道で4人とも津波に足を取られて4人ともいなくなってしまった、などの話を聞いた。次に大念寺に行った。お寺の奥さんが「八幡さん、よくきたね」といってくれたので、「良かったね、助かって」というと、「おら、申しわけね」と、自分だけ助かって申しわけないといって泣いた。「これから、みんなで助け合おう」と励ました。

多くのお年寄りは、後世に伝えなければという気持ちで、自分の体験したことを人に話して発散できているが、若い人の多くは、今でも当時のことをいえないでいる。たとえば、江岸寺というお寺から逃げるときに、上り坂を歩いて逃げている親子を走って追い抜いた若い人。追い抜いたその親子はその後、津波にさらわれた。そのことを3年経って、やっと人に伝えることができた。その人は、話すことでその親子が救われるわけではないという悔しさと虚しさがあったのだろう。また、夫の両親を助けられなかった女性。夫は、あのときの状況ではどうしようもなかったと頭では理解していたのだが、つい、自分の親をなぜ助けなかったのか、と詰問《きつもん》してしまい、それがきっかけで夫婦関係が悪くなり、女性が自殺したということもあった。

　このように、被災者一人ひとりにドラマがあり、体験があり、まだまだ話せないこともたくさんあるのだ。

これから必要な支援とは
——大学生へのメッセージ

　最初からいっかんして思っているのは、とにかく大槌にきて話を聞いてほしい。とくにお年寄りは、若い子たちがみな好き。談話室で話しを聞く会などでもよい。とにかくここへきて、ここで体験したことを、みんなで話し合いたい。

（鈴木るり子氏）「まずここにきて、4年経ってもまだこうなのだ、まだ家を建てられない状況なのだ、ということを見てほしい。言葉を発してくれる人はまだよいのだが、自分の言葉でいえない人もいる。それは、何らかの作業を通して口を開いてくれることもあれば、表現方法はそれぞれなので、さまざまな人たちに会うことも大事だと思う。ここの現場を見てもらい、その間に、いろいろな人に会うことが大事。

　今の学生たちは、コミュニケーション技術が落ちてい

（左から）鈴木るり子教授、八幡幸子さん

る。

たとえば、『食事していますか?』『しています』、これだけで問題なしと判断し、報告してくるがそれは違う。アセスメント能力がないので、言った言葉をそのままに受け止めてしまうが、それは違うのだというとを学んでもらいたい。私たちが言葉にすることのできない部分を見つめ、共感し、寄り添っているだけでも、違ってくると思う。そうすることで、震災というのがどれだけつらいことか、わかってもらえるのではないかと思う。」

大槌町はすばらしい仲間たちがチームを組んでやっている。やはり大事なのは人である。借金は残したくないとは思うが、お金はもういらない。もうなにもいらない。それよりも何よりも人とのつながりを作りたい。そして若い子たちにこの経験をどんどん伝えていきたいと強く願う。

八幡　幸子　さん

ファミリーショップやはた経営

プロフィール

1974年に大槌町の八幡正一さんと結婚。夫の正一さんが脳梗塞により寝たきり状態となり、自宅で介護をしながら八幡商店（食料品店と日用品店）を切り盛りしている。地域の中核といってもよいほど、地域の人々に頼りにされている。震災後は各地から多くのボランティアを積極的に受け入れ、“ボランティアの母”とも呼ばれている。日本女子大学桜楓会の支援もこの店を通じてなされた

12 Give & Takeの支援活動
——ベルリンから震災孤児の施設を設立

柏木博子

「子どもの村東北」への支援

私がドイツに行ってオペラをはじめたときは乳児を抱えていたのだが、ドイツ人みんなが助けてくれて本当にありがたかったので、いつか自分のできることで返さなければ、というのがつねに頭にあった。すべて give & take の世界だと私は思っている。私が give できないときは take だが、give できる段階になったら give しなければいけないという思いが潜在的にあったので、東日本大震災の様子を見たときに、直感的にこれはたくさん孤児が出るに違いない、その子どもたちを助けなければと思った。子どもオペラ歌手時代にUNICEFのチャリティーコンサートに常時出演していたこともあり、昔から子どもと動物は助けなければならない、という気持ちが強かった。時間的にもちょうど余裕ができ、give の時代に入ったときに東日本大震災が起こったのだ。

すぐに新聞社にいた知り合いの特派員の方に子どもたちがどうなっているか調べてもらい、日本にどのような支援活動があるかを聞いた。すると、世界中で国際的に活動しているSOSキンダードルフ（子どもの村）というNGOが、そのコンセプトを通して、震災孤児をはじめ、さまざまな事情で家族と暮らせない子どもたちのための施設として「子どもの村」を東北に作ろうとしている、という話を教えてくれた。すぐにコンタクトをとって、設立委員会ができる前にプロジェクトに入ることができた。そこに私の主催するコンサートの上りをすべて送る、ということを決めて、

子どもの村東北

家具を寄付した会社の社員たち

今日まで応援している。

去年（2014年）の12月にやっとこの「子どもの村東北」が開村した。開村直前の秋に施設を見学することができたのだが、ちょうど私が行ったときに、家具を寄付した会社の若い社員たちが、全国から交通費自前《じまえ》で駆けつけてきて、家具を組み立てている様子を見て、こういう活動が支えになっているのだなととても印象に残った。

「子どもの村」がある茂庭台は、春は桜、秋は紅葉など、とてもきれいなところだった。

チャリティーコンサートについて

現在、年間だいたい4~5回コンサートを開催している。震災当初は、ドイツ国内でもさまざまなチャリティーコンサートが催《もよお》されて、毎日いくつものコンサートをやっていたので、そのなかで集客するのはとても大変だった。そこで何回も回数を重ねることにし、さらにコンサートをやるたびにコンサートの主催者として挨拶をし、今被災地がどのような状況なのかを一言でもいうようにして、みなさんの記憶を呼びさますようにした。

　また、お客さまからお金をいただくからにはそれなりの演奏を提供しなければならないので、ハイレベルの演奏家に出演してもらうというのが私の主義。そのなかでも、ベルリンには世界中から若い優秀な音楽家たちが集まってきており、ベルリンの音楽大学には、すでにいくつものインターナショナルコンクールで入賞したようなすばらしい音楽家たちが、ひとまず学生として在籍している。そういう若い音楽家たちを見つけだして、公のコンサートの機会を与えてあげたり、ベルリンフィルをはじめベルリンの4大オーケストラのメンバーとして、オーケストラのなかで弾くだけでなく、ソロや室内楽の演奏も活発にやりたいという意欲に溢れた若い人たちに頼んで出演してもらったりしている。

　今では私のやるコンサートはレベルが高い、ただのチャリティーではないと評判になり、皆さんきてくださるようになり、常連の方もできた。そして開催するたびに、みな「その後どうなった?」と被災地のことも気にして聞いていてくれている。

　震災2年目にコンサートをしたときは、河北新報社

BENEFIZKONZERT FÜR
DIE TSUNAMI-WAISEN IN JAPAN
Cornelia Gartemann (Violine)
Christoph von der Nahmer (Violine)
Julia Gartemann (Viola)
Martin von der Nahmer (Viola)
Martin Menking (Violoncello)
Knut Weber (Violoncello)
spielen
Felix Mendelssohn Bartholdy
Streichquintett B-Dur op. 87
(2 Violine, 2 Violen und Cello)
Franz Schubert
Streichquintett C-Dur D956
(2 Violine, Viola und 2 Celli)
Freundeskreis KIBOU希望
www.fk-kibou.org
SPENDENKONTO:
Freundeskreis Tsunami-Waisen KIBOU e.V.
DE75 1004 0000 0126 7699 00
Mit freundlicher Unterstützung durch:
Dieter & Si Rosenkranz
gynosense
Stiftung St. Matthäus
50+ silbermedia
CLASSICTIC.com
HARDY
STEINWAY-HAUS BERLIN
20. JUBILÄUM DER
KIBOU-BENEFIZKONZERTE
Mitglieder der Berliner Philharmoniker
spielen Streichquintette von
Schubert & Mendelssohn
Mo. 27.03. 2017 - 20Uhr
St. Matthäus-Kirche im
Kulturforum
Eintritt: EUR 20,- (Schüler/Studenten frei)
2017年3月のチャリティーコンサートちらし

チャリティーコンサートの様子
2014年5月22日

チャリティーコンサートの様子
2014年6月26日

で被災地の現状を映したパネルを作ったという話しを聞いたので、コンサート会場の教会でコンサートの前後日にそのパネルの展示会をしたいと思った。そこで、河北新報社の与野珠美さん（１８４ページ）に連絡をとったところ、本来、河北新報は個人的に貸し出ししないということだったのだが、与野さんの頑張りによって、特別に無料でパネルを何枚も送ってもらえた。そのための送料はなんと桜楓会《おうふうかい》宮城支部が引き受けてくださって、ここでも桜楓会の連帯の強さに心から感謝した次第だった。

展示会では、今まで報道を見たことがない人も〝こんなにすごいことがあったのか〟、〝ここで孤児がたくさん出たのか〟と、みんな一生懸命に見てくれ、活動の意味をより深く理解してもらえた。このように定期的に活動することで、ドイツ人の東日本大震災の記憶の補強をしてきた。

若い演奏家の育成

ここでもgive & takeなのだけれども、若い音楽家たちはみな、震災孤児の支援のためというと、無償でも喜んで出演してくれる。そこで、代わりにこちら側では本格的なちらしを印刷してあちこちに配布したり、新聞やマスコミ関係に宣伝して、彼らの名前が少しでも世間に知られるようにバックアップしたりしている。

私自身もコンサートをお願いすることで、若い人のエネルギーをもらっている。何もしなければそれで終わってしまうけれど、コンサートを開催するためには、いろいろな人とコンタクトをとらなければいけないし、ドイツ語でメールの交換もしなければならないのでドイツ語のレッスンもまた再開した。何もしなければただ老いるだけだけれども、このようにチャリティーコンサートを開くことで、同時に皆さんからエネルギーをいただいたり、新しいことに挑戦する機会を与えられたりしていて、今ではそれが生きがいになっている。

私のNPOの定款《ていかん》には目的として「震災孤児を助ける」「芸術の奨励《しょうれい》」という2つの項目があるので、芸術の奨励ということで、優秀な若い音楽家たちを見つけ出してコンサートをしてもらい、それが同時に震災孤児の支援につながればこれほどありがたいことはないので、これからも自分の体力が続くかぎりやっていこうと思っている。

学生時代について

学生時代から〝誰かを助けたい〟という気持ちをもっていたわけではなかった。福岡女学院というキリスト教の学校で中高6年間学び、高校時代はコーラスに熱中していた。英語が得意だったので英文科に行ったら、といわれて日本女子大学の英文学科に入ったが、入ってみるとすばらしい方たちがたくさんいて、当時は劣等感でいっぱいだった。

またコーラスをはじめようとコーラス部に入り、1人の部員の方から芸大出身の先生を紹介されて通いだすと、その先生が私の声を「100万人に1人の声だ」といってくれた。4年生のとき、卒業後の進路を聞かれたときに、英文はもうダメだから、他大学の心理学科に行き直そうかなと伝えると、「じゃあ芸大に行きなさい」とその先生にいわれ、「あなたなら受かります」と保証までしてくれた。そのように卒業する半年前にいわれて、半年で受験の準備をしたのだが、卒論もあったのであの半年間は本当に苦しい無我夢中の日々だった。幸い無事卒業もでき、同時に芸大にも受かってしまった。

オペラもする気はなくて、芸大のときはリード科だった。結婚して主人が医者としてドイツに行くことになったので、この機会に本場でドイツリードを勉強しようと思って付いて行った。ところが私がドイツで付いた先生から、オペラ座の試験を受けたら、といわれて受けてみたら入っちゃった。だから、すべて〝人がこうしなさい〟ということに、〝はい、そうですか〟とやってみたらうまくいったというだけ。素直さだけが取り柄だった（笑）。

活動を進めていくうえで苦労したこと

ちょっとした苦労はいっぱいあるけれど、ポジティブ思考なので落ち込んでもすぐに立ち直る。音楽家はルーズな人が多くて、こちらの予定通りに事が運ばないのはしょっちゅうだし、直前にキャンセル、ということもあるけれど、自分も経験者でそのあたりの事情を理解できる。普通の人だったらとんでもないと怒ることでも、よくあること、と対処できる。そういう意味では、私がやっているとわりと物事がスムーズにいく。

私は九州女なので、のぼせ症。猪突猛進《ちょとつもうしん》するから周りのみんなが見ていられない、助けないと転ぶ、大変なことになる、ということで、みんなが助けてくれてなんとか転ばずにやってこられた。いや、何回か転んだかしら（笑）。

日本とドイツのチャリティー活動の違い

ドイツ市民は何かがあったときにヨーロッパの国々のなかでも最初に助ける国民性。だから私も子どもがいてもやっていけたのだとよく思う。私の考えでは、ドイツ人はよく助けるのだが、自分を犠牲にしてまでは助けない。自分の余力のある部分で助けるので、その見返りを期待しないのだ。日本人の場合、〝あのときあれだけやってあげたのに、何のお礼もなかった〟というのがあるような気がする。日本はウェットで、ドイツはすごくドライな感じ。キリスト教の隣人愛の教えが根本的に身についているような気がする。

先日ドイツ人の会員に、自分たちが送ったお金がどこの部分にどう使われているか、きちんと見届けてきてほしいといわれた。「子ども村」のホールに支援者の名簿が掲示されているのだが、そこに私たちの「津波孤児を助ける会・ＫＩＢＯＵ」ときちんと出ていたので、その写真を撮ってきてドイツ人の会員に見せたらやっと納得してくれた。ドイツ人は出したお金がその後どう使われたかをきちんと知りたい人々なのだ。

日本では震災が起きたとき、すぐに赤十字などにたくさんの寄付が集まったが、あれはどこにいったのか発表されていない。さまざまな報道があり、あれだけ寄付をしたのにいったいどこに消えたのか未だにわからないでいる。

一方で、国外からも支援が継続的にあるということは、被災地にとって精神的にもうれしいことだと思うので、ドイツ人は忘れていないよ、というのを伝えたい。そしてドイツ人が忘れないために、たくさん写真を撮って、みなさんに「子ども村」がどういうところかを見せている。すると、みなが「子ども村、どこまでできたの？」など、関心をもって聞いてくる。

若者に向けてのメッセージと今後の活動について

まず自分は何ができるかを考え、調べてみて、自分のできる範囲で協力したらよいと思う。今は協力できないという場合でも、〝私はダメだわ〟と思うのではなく、またいつか自分ができるときにすればよい、というように考えていけばよいと思う。つねに、今の自分にどういうことができるか？　ということを、自分でしっかり見極めて動くべきだと思う。助けたい気持ちさえあればできることはあるはずだが、忙しければ無理して助ける必要はなく、自分が目下《もっか》従事している仕事を一生懸命やればいいわけであって、余裕ができたときに行動すればいいと思う。〝私は何もできない〟と引け目を感じる必要もない。

私も昔は歌に集中していて周りを見る余裕がなかったから、そのときこのような震災があったとしても何もできなかったと思う。でも今は時間も人とのつながりもできたから、こちらから発信できるようになった。

震災のときに孤児を引き取ったおじいさん、おばあさんはじめ親戚の方たちが、震災後5年目を迎えてさまざまな問題を抱え込んでいるようだ。しかし、東北の女性は何かあっても口に出さずに、飲み込んでしまう人が多いようで、子どもたちをこれ以上預かっていられないということをいってはいけないと思って、必死でギリギリのところでやっている方がたくさんいる。今考えているのは、そういう方たちが子どもたちを連れながら一緒に集って、そこから自然に自分たちが抱えている問題をオープンに話し合えるような機会ができないものかと思っているが、具体的なアイデアはまだちょっとできていない。

三綱領と社会貢献

日本女子大学の三綱領《さんこうりょう》に、「信念徹底」「自発創生」「共同奉仕」とあるが、私もこの活動をはじめたときに、ふと「信念徹底」「自発創生」「共同奉仕」……、今私がしていることはまさにこれだ！　と思った。成瀬先生は「社会貢献をずっとしていきなさい」とおっしゃっていたが、その精神がいつの間にか自分のなかに根づいていたのだということに気がつき、女子大で学ばせていただいたありがたさを今になってかみしめている。

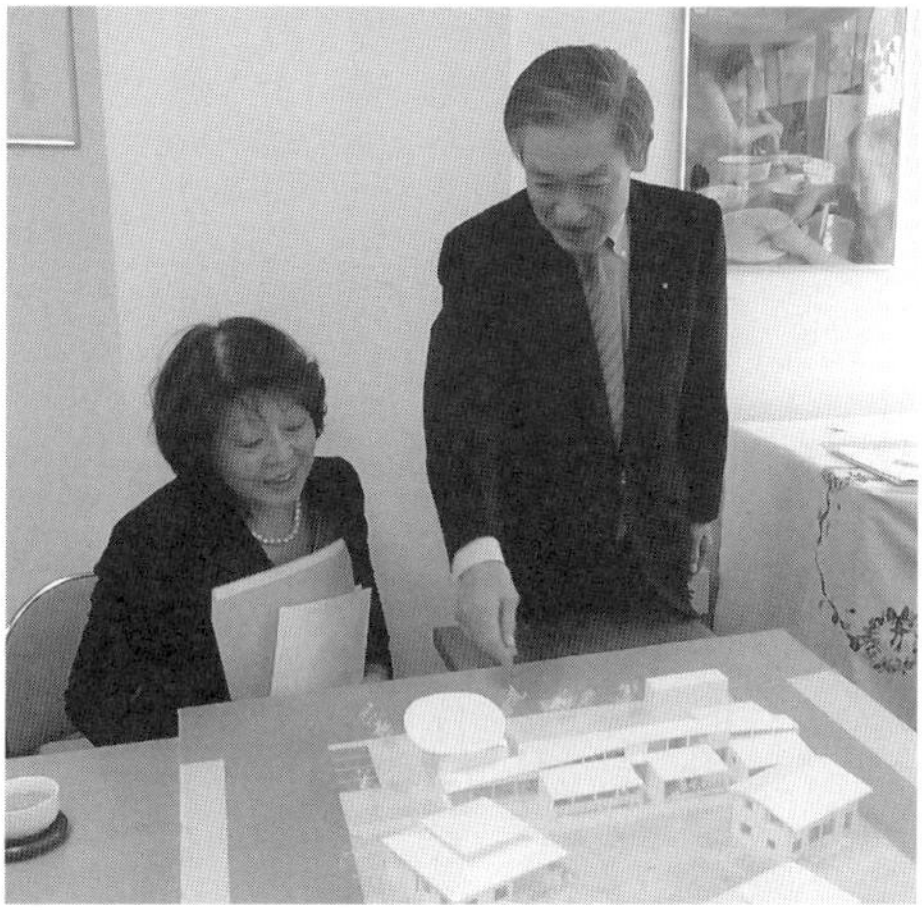
柏木博子さん（左）「子どもの村東北」の模型を前に

柏木　博子　さん

NPO「KIBOU」主宰、元オペラ歌手

プロフィール

日本女子大学文学部英文学科卒。その後、東京藝術大学声楽科へ進み、同大学大学院を卒業。1969年にドイツへ移り住み、以来20年以上にわたりオペラのソリストとして数々のドイツ国内の歌劇場と専属契約および客演契約を結び、活躍する

現在は引退し、東日本大震災後にベルリンにて震災孤児を支援するＮＰＯ法人津波孤児支援の会「ＫＩＢＯＵ」を設立し、チャリティーコンサートを主催している

13 チャリティーコンサートの開催
――熊本から宮城県への支援

古川紀美子

津波によって子どもたちが一斉に海に流され、のみ込まれていったテレビの映像を目にしたとき、涙が止まらなかった。その光景が目に焼き付いて、私の心から離れなかった。生き残った子どもたちには、逝《い》ってしまった子どもたちの分まで幸せになってほしいという思いから、熊本で合唱コンサートを開催し、その売り上げをこの町の小、中一校ずつに寄付したいという支援活動を思いつき、私と同時期に県教育委員をしていた委員OB7名に提案して賛同を得、また桜楓会《おうふうかい》熊本支部にも共催として加わってもらった。これまで、チャリティーコンサートを数回企画、実行した経験から、実行を一任されたが、桜楓会熊本支部の後押しは心強いものであった。

支援する対象2校を選ぶころ、桜楓会の全国総会があり、そこで宮城県支部の与野珠美さん（184ページ）に出会い、対象校を選んでもらった。6月には支援校2校を訪ねたが、まだ、がれきの残るなかを桜楓会宮城県支部の会長等が車を運転して与野さんとともに案内してくれた。

〝子どもたちが子どもたちを応援する〟という趣旨《しゅし》を掲げ、そのために全国の合唱コンクールで金賞を受賞している熊本県内の小、中、高および県立盲学校器楽部に出演を依頼し、それぞれから快諾を得た。震災半年後の11月、県立熊本劇場大ホールを借り、プログラムの構成、ちらしの作成、そしてチケット販売を始めたが、協力を要請した県内の高校同窓会や桜楓会などの協力は驚くほどで、大ホール定員1800名に対しチケット販売数は2200枚を超えた。当日の来場者は1600名を超え、劇場でも驚かれるほどであった。収益は全額を二分し、選定した小、中各1校に140万円ずつを送ることができた。

出演した熊本の小学校と東松山市の支援した東松島の小学校が今でも友好の輪を保っていることは私にとっても想定外の喜びであった。

今回の熊本地震後、宮城県への支援を覚えておられた方から熊本へ激励の言葉をかけてもらったことを感謝したい。

日本女子大学だからこそ学べたものと大学生へのメッセージ

「あなたたちが受けた教育はあなたたちだけのものではない。社会に還元しなさい」

卒業式での、当時の上代《じょうだい》タノ学長からの言葉は、強く私の心に響き、70年以上の人生で、生きる指針となってきた。さらに当時実践倫理《じっせんりんり》という講義があったが、建学者成瀬仁蔵《なるせじんぞう》の志と精神を知り、人間教育の基本を学んだように思う。とくに三綱領は、人が生きていくうえでの基本的指針となるものであろう。建学者のわれわれに残されたこの教えは、人生の岐路に立ったとき、進むべき道、選ぶべき生き方をも示唆しているのではなかろうか。

日本女子大とのつながりも、ふだんあまり意識したことがないが、県教育委員長に任命され、新聞に日本女子大学卒というプロフィールが紹介されたとき、日本女子大学という存在がいかに大きなものであったかを認識させられ、この大学に学んだことが今の私を育ててくれたことを思い知らされた。私はこの大学に学んだ数々の歴史と校風が培地《ばいち》となって、将来の自分を醸成《じょうせい》するものと確信する。

熊本が大地震に襲われた際、母校から励ましを受けたことに感謝している。また、住居学科の教授ら数名が現地調査や状況調査研究に来熊され、私たちも研究の一助に連なることができた。この研究が少しでも世の中の役に立つことを心から願っている。

県立盲学校器楽アンサンブル部（2010年全国大会金賞受賞）

古川紀美子さん挨拶
左は司会の高校3年生
（全国アナウンス大会受賞）

東日本大震災
被災学校支援コンサート

2011.11.28（月）　18:00 開場　18:30 開演
熊本県立劇場コンサートホール

ごあいさつ

東日本大震災のあの悪夢のような被害は、多くの方々の心に未だに鮮明に焼きついていることと思います。崩壊した学校の子供たちの傷ついた心を思うとき、所は違っても教育に携わってきたものとして、無関心ではいられません。現・元熊本県教育委員会の有志が、多くの方々のご協力をえて、この被災地支援コンサートを開催する運びとなりました。

このコンサートには、被災地の仲間達に明るい笑顔が戻ってくることを心から願う熊本の児童・生徒達の熱い思いが込められています。

支援は、確実な目に見える支援をと考え、熊本県も応援している宮城県東松島市とも相談の結果、東松島市立大曲小学校と矢本第2中学校の2校にさせて頂くこととしました。

ご来場くださった皆様方、そしてご協力を戴いた方々に心からお礼申し上げます。

被災学校支援コンサート実行委員会

主催　被災学校支援コンサート実行委員会

共催　熊本YWCA

後援　NHK熊本放送局　RKK　TKU　KKT　KAB

もみじ

ふるさと

ちらし、プログラムは
住居学科の卒業生作成
（桜楓会熊本支部）

支援小学校入り口に置かれた歓迎の小黒板
成瀬先生の肖像が貼られており一同ビックリ

合唱は女性合唱用、高校生合唱団と合同　弦楽五重奏団も参加　ソリストは熊本出身・東京在住の2人
全員ボランティア（桜楓会員2名も合唱に参加）

案内してくれた桜楓会宮城県支部の会長、副会長と与野さん
両端の男性は支援した中学校の校長、教頭

CDの表紙
作成もボランティア

古川　紀美子　さん

元熊本県教育委員長・桜楓会熊本支部

プロフィール

熊本市在住
1940年　島根県松江市生まれ
1958年　島根県立松江高等学校卒
1962年　日本女子大学家政学部理科１部
（化学専攻）卒業
1991～2010年　熊本家庭裁判所調停委員
1999～2006年　熊本県教育委員
2006～2008年　熊本県教育委員長

第6章

熊本地震からの問いかけ

1

被災者の思い
——桜楓会熊本支部のヒアリングから

1「心が安らぐような声かけをしてくれた男性
避難所に対して良い印象しか残っていない」

家政理科Ⅱ部　新制15回生

本震の次の日、隣の家で1人暮らしをしている88歳のおばあさんがきて、家にいるのが怖いので避難所に避難したいとのことだったので、夫を自宅に残して一緒に付き添うことにした。

指定避難所である近所の小学校へ行くと、体育館やその周辺がすでに満杯。「教室のほうも使って良いですよ」といわれ、廊下の最後にある教室でやっと2人が入れるところを見つけて、おばあさんと2人で入った（夜8時ころ、夫とも合流）。

その夜ボランティアの男性が見まわりにきて声をかけてくれたのだが、その声かけがすごく自然で場の空気になじんでいるような、とても心地がよく、不安な心が本当に安らぐ感じがした。その方はその後も何回も見まわりや声かけにきたが、おそらく子ども連れやお年寄りがどこにいて、どのような状況かを把握していたのではないかと思う。次の日のお昼にはその男性を中心として、若い男性6人くらいがラーメンの炊き出しをしていたが、みな明るくてとても良い雰囲気だった。

校舎の建物も新しく頑丈《がんじょう》で安心感があり、夜もみながが静かで物音ひとつせず、トイレもすべて清潔に消毒されていて、さらに見まわりの男性の安心感もあって、とても居心地が良かった。

それが避難所に入ったときの最初の印象だった。余震が怖くて一緒にいたおばあさんがなかなか家に帰れず、夫とも話し合って結局5月8日まで避難所にいた。このように避難所に対してはとても良い印象しか残っていない。

熊本市、益城町上空から

2 「娘からの電話で福岡の息子宅まで避難遠方避難をしたことで得られたこと」

食物学科　新制18回生

東京に住むふだんはおとなしい娘から電話があり、強い語気で「お母さん、（息子が住む）福岡に今すぐ行きなさい！」といわれたので、夕方だったが福岡まで行くことにした。タクシーに乗るが大渋滞で、結局息子宅へ到着したのが夜11時半ころだった。福岡県に入ったとたん、たった1つ県を跨《また》いだだけなのに、コンビニは開いているし、人も町もいつも通り穏《おだ》やか。孫たち（小学生）はニュースも見ずにマンガを見ているし、自分だけが別世界にいるみたいだった。

東京の友だちが心配して毎日電話をくれていたのだが、福岡に避難したことを伝えると、その友だちに、「私は今日からやっと安心して眠れる。ありがとう」といわれた。その言葉を聞いたときに、自分がただ頑張ればよいというのとはまったく違って、避難しないことでいかに私が子どもや兄弟、友人たちに心配をかけていたのか、その人たちを安心させるという意味でも避難することの大切さがわかった。

また、遠方に避難したことで情報が過多にならず、心の安定を得られた。自宅にもどってからもテレビはいっさいつけずに、心が静かになるような音楽をつねにかけて、必要な情報だけを自分で決めて取り入れた。心を静めて精神の安定を保った。

３「避難所へ行くまでとその後の生活」

家政理学科１部　新制12回生

私はあちらこちらから心配してもらったので、お礼に近況を報告するのが義務かなと思って、冊子を作った（下図参照）。

本震のとき、夜中に驚いて足の悪い夫と外へ出た。すると車がスースーとどこかへ向かって次々走り過ぎていく。いったいどこへ行くのだろう、私たちはどこへ行ったらよいのだろうと途方に暮れた。２軒隣の人に聞くと、みな広い駐車場へ退避《たいひ》しているとのこと。それを聞いたお隣のお家もそこに行きますといって行ってしまった。私たちは老夫婦２人で本当に心細

城のある街
市電の走る街
私の住む街

大好きなこの街は今回大きな地震に見舞われお城まで破壊されました。

この震災に皆様から暖かいお励ましをいただき心からから感謝申し上げます。

感謝に換えまして近況報告と、被災体験の駄文を認めました。この被災体験が役に立たない平安を祈っております。

熊本はこれから復興に向かいます。

二〇一六年四月二六日

図1

かった。

そこで、近所の指定避難所の小学校へ避難することにしたが、車でラジオを聞いていたためバッテリーが上がって車が動かなくなってしまった。しかたなく毛布を持って小学校へ向かってトボトボ歩いていると、その小学校方面からお向かいの家の方がもどってきて、「小学校は満杯で入れない。指定避難所ではないけれど中学校は空いている。一緒に行きましょう」と誘ってくれ、バッテリーも直してくれた。最近、〝老人は車をやめるべきだ〟という風潮《ふうちょう》だが、やはりこのようなときは老人には車が必要だと感じた。

中学校は指定避難所ではないので食料も何もなかった。ただ大きな体育館に柔道の畳が敷いてあり、1人1畳くらいのスペースはあったのでそれはありがたかった。家の被害は、瓦《かわら》が飛んだくらいで、あとは大丈夫だったが、夜は余震が怖かったので1週間ほど夜だけ中学校へ行き、夜明けにコンビニに寄って、少しだけ陳列している食料を買って家に帰るという生活をした。

4「不動産管理業を営みながらの被災。マンション高層階の被害と管理物件の被害を受けて」

国文学科　新制25回生

私は不動産管理業の仕事をしていて、前震のときは東京に出張していた。東京で熊本地震のニュースを聞いたとき、熊本の人間はみなそうだと思うが、熊本に地震は絶対にこない！　という何の根拠もない自信をもっていたので、まず嘘だ！　と思った。そして熊本へもどる機上で熊本飛行場が閉鎖されたので、突然最後の熊本便となった飛行機で自宅へ帰った。

自宅はテナントビル街の中心部にある10階建てマンションの10階に管理人として住んでいる。東京から帰るとピアノや冷蔵庫などすべて倒れていたのを、ふだんは南阿蘇に住んでいる、同じマンションの7階に住む娘婿の両親が片づけてくれていた。ある程度目途がつき、続きはまた明日、と寝たあとに本震がきた。そのとき、私が出張だからということで、娘が大量のカレーライスを作ってくれていたのと、たまたま使用後の天ぷら油を捨てておらず、さらには娘婿の大好きなキムチが冷蔵庫に大量に入っていて、それらが床一面にばら撒《ま》かれてすさまじい光景になっていた。その日は近所の友だちと主人と3人で車中で寝たのだが、狭くて足を伸ばせないのが本当につらく、その後は目茶苦茶ではあるが自宅で寝た。

次の日からは、管理物件に関する被害や問い合わせ、保険関係、苦情などの電話がひっきりなしにかかってきて、その処理にずっと気を張りながら忙殺《ぼうさつ》されていた。そのような毎日が続いていた先日、約一カ月ぶりの東京出張があって3日間東京にいたのだが、〝揺れない〟という安心感から体が緩《ゆる》んだのか、体が熊本にもどることを拒否したのか、熊本の飛行場へ降り立った途端に人生で初めて全身に蕁麻疹《じんましん》が出た。頭では、なんとかしなければ！　と気が張っていたが、体が反応したようだ。現在でも管理物件に関する処理が山ほど残っていてまだ気は張っているが、体を過信せずにやっていきたいと思う。

5「震災後のコンビニの状況　地震でわかったこととこれから」

住居学科　新制21回生

私は上熊本の西区に住んでいて、ふだんはコンビニで午前中だけバイトをしているのだが、震災後にコンビニに行っても他の飲み物はあっても〝水〟だけがまったくなかった。また、コンビニのお弁当を作る工場が被災したため商品が入ってこず、コンビニ自体もオープンしたり、閉めたりを繰り返していた。そのなかでオープンしているときは、いつもは私（店員）が「ありがとうございます」といっているのに、商品があまりないにもかかわらず、逆にたくさんのお客さまに「ここが開いていると安心する。良かった。ありがとうございます」といってもらった。コンビニに全国各地からボランティアがきて手伝いで売ってくれたが、その人たちはまったく力んだ感じがせず、できることをしにきました、という感じだったので、それを見てありがたい気持ちとともに力ももらった。

全壊家屋

私たちが熊本でクヨクヨしていてもダメだ、みんな自分ができることをしなければいけない、と思った。

地震が起きた直後は命を守ることに必死だったが、それを過ぎた今はこれからどう住居や仕事など生活を再建していくか、大変なのはこれからだと思う。

今回の地震で、家具の固定は突っ張り棒ではダメで、L字金具をビスで止めなければ意味がないこと、指定避難所でない避難所は役所のリストに載っていないので、物資がまったく届かないことがわかった。そして罹災証明が取れないと、次の一歩が踏み出せない。補助が降りるのは半壊からだが、それ以外の被害も大きい。その意味でも本当に大変なのはこれからだと思う。

6「前震で、今後50年地震はこないだろうと思った 避難の様子と先の見えない補修問題」

家政経済学科　新制31回生

家族でテレビを見ているときに前震がきたのだが、何をしてよいのかわからないくらいの揺れで、私は茫《ぼう》然《ぜん》としてしまい、主人と娘は揺れるテレビを抑《おさ》えていた。そのときの被害は茶碗が2~3個割れただけだったが、初めて経験する大きな揺れだったので、今後50年はもう大きな地震はこないだろうとそのとき確信してしまった。

本震の日は、東京からの知人を家に泊めていた。そして本震が発生し、私たち家族は一刻も早く家から逃げ出したかったのだが、東京の知人は、机の下に潜《もぐ》ったままいっこうに出てこようとしない。家がつぶれても困るので外の車に知人を避難させて、私たちは近くの避難所に避難しようと向かったが、まだ避難所として整備される前でトイレの異臭に耐えられず、自宅へもどり自宅前に停めた車で寝ることにした。ところが、車の中は狭くて体が伸ばせずとてもつらく、吐き気までもよおすようになってしまったので、その後は自宅で寝ることにした。

本震のあと〝熊本が壊滅する！〟と思ったときに、普通の電話は通じないなか、他県にいる娘と息子とSNSの電話機能で同時に会話ができて、SNSはすごいなと思った。熊本は頻繁《ひんぱん》にくる台風に耐えるために本瓦《ほんがわら》の家が多かったが、今回はその重みが原因で大きな被害を受けてしまった。自宅の被害としては、お風呂のタイルがボロボロになったり、基礎部分や外壁にクラックが入ったりした。このように今回の地震は、一部損壊《そんかい》と半壊が非常に多い。全壊ならば建て直すという判断で先に進みやすいが、一部損壊や半壊だと補修工事が多くなるので先行きが見えにくく、不安でいっぱいな現状だ。

7「日頃から備えが少しあったので避難所には行かなかった。地震を経験してわかったこと」

児童学科　新制12回生

熊本城の西の裾野に住んでいる。被害としては、下から屋根を見上げるとたいしたことなく見えるが、数日前に保険会社の建築士が見にきたら、9割以上の瓦《かわら》がずれているので取り替えが必要だといわれた。

前震のときは、とりあえず避難口を確保と思い玄関を開けて段ボールで隙間《すきま》をつくり、玄関に置いてあったヘルメットをかぶって、寝ている主人を起こしてヘルメットを被せた。前震の直後にお風呂に水を溜《た》めたが、すでにお湯はレンガ色だった。本震のときはベッドから飛び起き、立っていたつもりが気づいたら四つん這いになっていた。前震のときのようにまた玄関に行きたいが、揺れによってなかなか進めない。あらゆるものが落下して、手を洗おうとしても流しも洗面台も落下物でいっぱいになっていた。3階建ての2階は、主人の本がすべて飛び散りガラスが割れて、今でも厚底の履物《はきもの》を履いて2階を歩いている。きれいにしたいという気力がまったく湧かない。

道路に崩れ落ちた家屋

ずっと揺れている感覚だし、ニュースで1カ月以内にまた地震があるとずっと流れているので、どうせまた散らかると思っているのかもしれない。1階もガラスやお皿が割れたが、それはなんとか片づけていちおう生活はできている。腰を痛めているので、日頃から備蓄を少し多めにしていたので避難所には行かなくて済んだ。

日本女子大の自分のクラスの責任者がクラス全員に連絡をしてくれ、そこからの連絡、また友人、親戚など全国からお見舞いを受けた。しかし、固定電話の電話の所に行くのが困難で、通話中は余震があっても逃げられない。気持ちは嬉しいし、また励ましももらったが、今度自分が逆の立場になったとき、気持ちがわかるだけにお見舞いのしかたは難しいなと思った。また大袈裟《おおげさ》かもしれないが地震を経験して人生観が変わった。こだわるものがなくなり食べ物の好みが変わった。そして、危機感という勘《かん》は女性のほうが働く、ということも実感した。

追記：その時点で気づかなかったが、その後故障や使用不可のもの等——クーラー、室外機、掃除機（ガラス破片等の吸い過ぎ）、テレビ不調、カセット、プレヤー類、それに雨漏り等ジリジリと増えている。また突然、大量の雨漏りが始まり、家内にもブルーシートが増えていく（8月1日現在）。足場が組まれたのも3カ月ほど待って、また数日前、雨漏りの箇所に二重のシートをしたが、依然続き、補修の人員確保、瓦等の材料確保が困難な現状。

8「名古屋から引っ越して2年目に被災　大好きだったと気づかされた熊本城」

家政経済学科　新制21回生

2年前に名古屋から熊本城の北側に引っ越してきた。名古屋には20年以上住んでいたのだが、そのときは東海地震が起こるとつねにいわれていたので、用心して家具を固定したり水や簡易トイレを備蓄《びちく》したりしていた。しかし熊本に越してきて安心してしまい、今年の3月にあった火災保険の見直しの際には、全壊でも50%しか出ない地震保険を外してしまっていた。

前震では、食器棚の食器が落下して割れた。本震は就寝中で、慌《あわ》てて起きて外へ出ると近所の方が声をかけてくれ、深夜に近所の公園へ一緒に避難した。明け方、家にもどると断水していた。水とお茶の備蓄が少しあったが、給水車がきているということで近所の中学校へ行くと人で溢《あふ》れかえっており、「給水車はもういない。コップ1杯ほどしかもらえなかった」といわれた。しかし、次の日に給水拠点になっている街の中心部のほうの公園へ行くと、ポリタンクいっぱいに水をもらえたので、給水は避難所などよりも公園のほうがもらえるのかなと思った。

それ以外の家の被害としては、外壁と風呂場、階段の踊り場や犬走《いぬばしり》に亀裂が入り、その亀裂は余震のたびにどんどん大きくなっている。しかし、リフォームの際にオール電化にしたので、本震から4日後に水が出るとライフラインは回復し、わりとすぐにふだんの生活にもどれた。

各地の友人がいろいろなものを送ってくれ、なかでも甘い食べ物がいちばんありがたかった。メールもいっぱいきて、その返事を書くのに疲れてしまった。しかし返事が出せないと、送り主にとても心配されてしまった。

また、それまで毎日のように熊本城の公園に夫婦で

熊本城と石垣

散歩やラジオ体操をしに行っていたのだが、そこが閉鎖されて行けなくなってしまったこと、なによりお城があのような残念な形になってしまったことが本当に悲しい。自分でもこんなに熊本城が好きだったのか、と思うくらいとても残念な気持ちである。

9「84年生きてきて戦争は経験があるが　こんな地震の経験は初めてだった」

国文学科　新制5回生

私は、戦争の経験がある。戦争は、敵機が爆弾を投下するともどっていくが、地震は突然きて収まることなく、何度も押し寄せてきた。84年生きていて、こんな経験は初めてだった。

わが家は2階建てで、1階が鉄筋で2階が木造である。ここの土質を調べたところ、阿蘇の火山灰（ヨナ）が堆積《たいせき》してできた土地であることがわかり、建築に際して地下を3メートル掘り下げて、特殊鉄筋と生コンを流した。基礎工事をしっかりしてあるので（鉄筋4階建てができる強度）、今回の地震も被害は少なかった。

地震発生時には2階の寝室にいた。揺れが収まらないので、これは大変と思い、下に降りようと立ったが、立っていられず、廊下を這《は》い這いし、階段を後ろ向きにやっと降りた。ホールでは電話がジャンジャン鳴っており、早く取ろうと思ってもなかなかたどり着かない。やっとの思いで受話器を取ったら、東京の娘からだった。

ドアは開きづらくなっていたが、食堂に着くと、観音開きの食器棚から客用のガラス食器やコーヒーセットなどフローリングの床に散乱、破損していて足の踏み場もない。

大急ぎで片づけていたら、近所の人たちが様子を見にきてくれ、手伝ってくれて、とてもありがたかった。翌日、東京より息子がきてくれた。熊本空港はすでに封鎖され、福岡空港に着いたが、新幹線も高速道路も不通で、レンタカーで帰ってきた。

遅い夕食をゆっくり済ませ、そろそろ就寝と思ったとたん、再度地震、いつまで経っても揺れが止まず、ひどくなるので、避難することに。近所の人たちも声をかけてくれ、県立大学に行き、階段教室で頬杖《ほおづえ》をついて2晩過ごした。

翌日より、近くの市立中学校の避難所に行き2週間過ごした。ライフラインが復活するまで帰宅できなかった。日を追って、スーパーなども開店したので、車で買い物に行けた。朝食の配給をいただいて、家にもどってみると、2階は4部屋とも雨漏りしており、作り付けの書棚の上の方の本が落ちて散乱していた。屋根《やね》瓦《がわら》が破損して雨漏りした。今は、ブルーシートで覆《おお》い応急処置してある。1階は書棚より本が落下、散乱、ピアノがずれたりした。建物そのものの被害はなくてよかった。

桜楓会《おうふうかい》からすぐにお見舞いがきて、ありがたく思った。

10「学校再開で避難所を閉設しようにも、精神的ダメージから出ていかれない人たちがいる」

児童学科　新制36回生

小学校の教師をしている。自宅建物はさほど被害はなかった。本震のあとは近所の方と広場で夜明かしをした程度だった。

全壊家屋

　私の勤めているA小学校も被害は少なく避難所になった。蛇《じゃ》口《ぐち》から水は出なかったが水道管は被害がなかったので、プールの水は使わず、直接水道管からバケツで水を汲んだ。私も月曜日から勤務したが、一時は400人も避難しており、学校が再開した今でもまだ15組の人がいる。今残っている方たちは精神的に不安定になっており、慣れたところから出たくないというのが理由のようだ。

　ゴールデンウィークの間、夜間は男性教師、昼間は女性教師が交代で避難所としての対応にあたり、学校再開したあとは校長先生と教頭先生で見まわりをしていた。役所の方もきてくれた。

　学校再開後、子どもたちのメンタルケアも必要で、鹿児島からカウンセラーがきて、1対1で15分のカウンセリングを行った。授業支援も多くの方がきてくれて、5年前にお世話になったからと宮城県からも1週間きてくれた。

11「避難所では、互いに励ましあって楽しく過ごせた」

通信食物学科　53回生

　11階建てのマンションの9階に住んでおり、悲惨な目にあった。本震のときは息子がタンスの下敷きになり、ようやく這《は》い出した。すべてが投げ出され、1カ月かかってやっとガラスが片づいた。主人が大切にしていたボヘミアグラスも貴重なアルコールもすべて割れてしまった。

建物がエキスパンション部分で40センチも離れ、余震によりさらに亀裂《きれつ》が入り家のなかも目茶苦茶なのに、保険会社に「一部損壊」と審査された。自宅は修復に多額のお金がかかるが60万円しか保険金が出ない。

まだ公民館に避難しているが、今でも50～60人くらいいる。自宅マンションがオール電化で、給湯器が故障しているので、水漏れしてしまい、給湯器が直るまでは自宅に帰れない。しかし、給湯器は不足している。

地震後すぐは校区の小学校に避難した。そこではみなルールを守り、飲食店をやっている人が炊き出しをしてくれた。消防団員がみんなの不平不満を聞いてくれて、おかげで避難所でも楽しく過ごせた。

12「過去の経験から物資の流通は改善され、拠点までは早く届くようになった。しかしそこで滞《とどこお》り市民に行き渡らないという現状があった」

通信児童学科　在学中

東区に住んでいる。被害のひどかったところだが、わが家は平屋だしさほど被害はなかった。前震のときはたまたま家族4人が一緒にいたが、子どもを抱えるのに必死だった。本震のときも子どもを抱え、近所の人と近くの小学校へ避難した。指定避難所であったスポーツセンターは屋根が落ちていたので、その小学校は避難してきた人で溢れていた。

2月くらいに、スポーツセンターで大がかりな避難訓練をやった。ドクターヘリがきて屋上から運び出す訓練や、消防車やパトカーがきて地震体験も行った。何百人もの炊き出しの訓練もしていたが、今回水が出ず炊き出しはできなかった。

自衛隊がきてくれたのは2週間後だった。熊本市の99％の水道が復旧したと報道されたが、ここは最後の1％の復旧しなかった場所だった。子どもたちも雨水をバケツにためてトイレの水に使うなど、工夫していた。

後日ＰＴＡの手伝いで学校に行ったとき驚いたのが、物資があり余っていたことである。先生がたも困っていたが、市役所からの指示で配るものの個数が決まっており、消費期限がくると廃棄していた。こっそりいただいて近所に配ったりしたが、あまりにももったいない。かといって、これらをもらいにくる人もいない。

今回の地震では、過去の経験を生かし拠点までは物資がスムーズに運ばれてきたが、そこで停滞し、末端の市民に行きつかずアンバランスな状態であった。

13「避難先での人の情けがありがたかった」

食物学科　新制29回生

最初の余震のとき、主人の病院が菊池市にあり災害拠点病院だったので、主人は夜ごはんも済みお酒を飲んでいたので、そこまでタクシーで4分ほどかけて行った。行ってみたらかねてより訓練を受けている職員も全員集まり、患者さんもどんどん運ばれ、次の日の本震でそのままテントを張って診察することになった。その後しばらくは本人は病院に詰めたままだった。

熊本市内の自宅はあまり被害がなかったが、水が出なくトイレが流れないのに困りはて、福岡にいる大学生の息子の家に1週間避難した。犬を2匹連れて行きペットホテルに預けたが、1週間後迎えに行った際、支払いをしようとすると、愛犬家のオーナーに料金はいらないといわれ、人の情けを感じた。

途中福岡から、熊本に残っている近所の人に連絡すると、「避難所は大変だからまだ帰ってこないほうがいいよ」といわれた。「避難所では夜も眠れず、子どもも走りまわり、トイレも汚く、家がつぶれて死んだほうがマシと思って帰ってきた」といっていた。10日間避難所にいたとのこと。避難所によって雲泥《うんでい》の差があったようだ。

14「自分は幸いにも避難所生活をしなかったが、友人は大変な思いで必死に過ごしてきた」

国文学科　新制16回生

私の親しい友人の4人姉妹のうちの3人が避難したときの状況を聞いた。崖下《がけした》に住んでいて、土砂くずれが心配で避難した。近隣の小学校に避難したが、毛布もなく2日目には団地の集会所に移ったが、毛布を持ち込んで寒さをしのいだ。熊本駅の近くの山のふもとに避難した人は、入り口付近におり緊急時の出入りのために扉が閉められずとても寒い思いをした。津波がくるという噂もあり、みんなで裏山に避難した。みんな必死だった。足の不自由な人は、ボランティアが食事を運んでくれたが、そのほかの人は並んでおむすびをいただいた。靴を履《は》いて寝てくださいという指示も出て、3~4日はそうしたが眠れずに脱いだ。今はゆっくり眠れない避難所を出て、自分が元勤務していた病院の応接室を夜だけ使わせてもらっている。あとひと月くらいはかかるだろう。

15「夜、1人で寝るのが怖い。避難所でのプライバシー保護と不安感のバランス」

住居学科　新制25回生

特別養護老人ホームの施設長をしている。大地震のときは幸いなことに2階建ての建物はほとんど被害なく、台所の上置きの棚が落ちたくらいであった。誰も被害なく無事に済んだ。

当初住民は校区の小学校の体育館に避難し、5月の連休明けに、近所のスポーツセンターが2次の避難所となった。昼間は高齢者、虚弱な方が残り、その方たちのために特養の地域交流室にお茶とお菓子などを用意した。2人、3人の利用しかなくあまり増えなかった。1人ゆっくり静かなところにいたいということだった。

ある若い人は夜1人で寝るのが怖いので避難所にいるという。またある人は避難所ではプライバシー保護のために段ボールの壁が立てられているが、その壁が高すぎて周りがよく見えない、音は聞こえるが夜間、1人でそこにいると不安感がつのる、再度地震がきたとき、自分だけ取り残されたらどうしようと思うという。

大地震を経験し精神不安定になっている方が少なく、避難所のプライバシーと不安感排除をいかに上手に図るか難しいと思った。

2

寄り添い、支え、つなぎ合う

平田京子

2016(平成28)年4月14日に発生したのが熊本地震である。そして誰もがこれで終わったと思っていた矢先の4月16日夜中の1時25分に発生した本震は、震度7を記録する激震であった。主な被害は熊本県と大分県、その周辺地域である。

4月14日の揺れで身を守った人々は、散乱する室内の片づけをはじめていた。16日の本震では1回目よりさらに激しい揺れが襲い、家屋の倒壊も激しかった。発生したのが夜中のため人々は逃げ惑《まど》い、避難所が次々と満杯になるなか、安心できる身の置き所を求めてさまよった。そして避難所では体育館の天井が落下しているなどで使えなかったり、正式な避難所ではなかったために食料や水がなかったり、ようやく場所を見つけても自分のいる場所が廊下のトイレの脇ということも多かった。初期の避難所は水や食料の不足にも悩まされた。ボランティアなどの手伝いに深く感謝した人もいた。

これまでの記録にないほど余震が激しく多かったことが人々の恐怖や不安をかきたて、「こわくて家の中に入れない」人々が多数出てしまった。子どもたちも身体のみならず心まで傷つき、家に入りたくないという子もいた。そのために家族で車中泊をする人も多く、エコノミークラス症候群の罹患率《りかんりつ》がこれまでになく高かった。こうした被災者のなかで、日本女子大学出身の15名の思いを緊急調査してまとめたのが、「第6章 熊本地震からの問いかけ」である。被災から約1カ月後の5月に自ら集まってくれた被災者の言葉であり、それぞれの話は溢れるような思いで熱く語られた。

桜楓会熊本支部の皆さんから話をうかがっているところ

各自の話でわかるように、人々はそれぞれ異なる経験、思いをもち、置かれている境遇も千差万別である。実にさまざまな体験が語られているが、これらの意見をこれからの支援活動にあなたはどう生かすだろうか。被災者から問いかけられたものと考えて、自分ならどのように事態を改善していくか、ぜひ考えてほしい。まだ熊本地震の被災地は復興の途上である。これからもどのように寄り添っていくのかが問われている。具体的に何をどうするのか、どうしたら被災者の人々に安心感をもってもらえるのか、たくさんのヒントが詰まっている経験談である。

被災者は決してかわいそうなだけの存在ではない。自立した大人であり、他者へのやさしさ、気づかいももっている人々である。その人々を支え、ともに歩むことはできるだろうか。寄り添い、支えるためには、どのようなことに注意すべきなのか、どのようなことが必要なのかを見抜く鋭い目と、人々が困っていることから発想する冷静な頭脳が必要である。そして何よりも思いやりをもつこと、奉仕する精神がなければ、支えることはできない。

　多くの友人、親類、家族に励まされた被災者の人々は、人のつながりに感謝し、自ら立ち上がる決意をかためながら、一歩ずつ復興へと向かっていっている。いったん絶望し、少しずつ前を見はじめた人もいる。まだ立ち上がれない人々もたくさんいる。

　何か物をあげることがいちばんの解決であろうか。初期のころには不足物資や金銭は喜ばれるだろうが、いつまでも物をあげるだけの支援が続くと人々の自立心は薄れ、依存体質を生むことになりかねない。人々の自立心を阻害するようなことは「支える」とはいわないのである。

　人と人の関係をつなぐことなのか、何かイベントのようなものがよいのか、現地の事情に合わせて柔軟《じゅうなん》でユニークな発想が望まれている。そして被災者が自らの足で力強く前に踏み出せるように支える、それが支援の際に求められる。

熊本支部の皆さんと日本女子大学教員

おわりに

今を生きる若い世代へ
――支援者となるための8つのステップ

本書では災害後、支援者になった人々の活動の歴史と日本女子大学創立者らの教育を通した熱意を記すことで、大学とそこから育った若き女性たちが何をめざしたかを見つめた。現代の部では、卒業生たち・在学生による大地震後の支援活動の概要とその原動力となったもの、読者に伝えるメッセージなどをつづり、社会のために生きる先輩たちから何かを得たいと思う皆さんに向けてのメッセージを集めた。

卒業生もそうでない人々も、みな、それまでの自分の経験を応用して、自分のできることで支援活動を行った。これらの活動から見えてきた先輩たちの「社会に貢献する」という生き方から、読者の皆さんに伝えたいことは実に多様だが、おおよそ次の8点にまとめられる。

1. 視野を広げる
2. 共感する力を強める
3. 独創的に発想する
4. 行動する力をつける、目標達成までぶれない、諦めない
5. つなげる力を磨く
6. 知識を豊富にもつ

7．実践してみる、経験しておく

8．情報を発信する力をつける

「1．視野を広げる」とは、他者をつねに思考のうちに置くことであり、自己しか見ない狭い生き方からの転換である。自分自身で人生を切り拓《ひら》いていきながら、他人をも大切にして生きることは大切なことであり、その基礎になる考え方といえる。日本女子大学の場合、創立当初から実践倫理《じっせんりんり》という授業があり、創立者成瀬仁蔵《なるせじんぞう》は「視野を広げよ、国家を、世界を見よ」と熱く語ったという。視野を広げることで、「自分を殺して社会に貢献するのではなく、社会に貢献することで初めて自己を確立することができる」ということを説いた（第2章参照）。自分中心の視野から、他者のために生きることを見据《す》えた広い視野に拡張することが自分を見出すための最初のステップとなる。

「2．共感する力を強める」とは、本書の支援対象である被災者の気持ちに立って、人々の気持ちを具体的に洞《どう》察《さつ》することができるか、その想像力を高めよということである。他者の苦しみに共感できる力は、本書で見たとおり、支援した人々が具体的な支援行動に踏み出す強いきっかけになっている。

「3．独創的に発想する」という項目に関して、具体的に支援するためには、アイデアが湧《わ》かなければ実行に移すことはできない。被災者に同情することは大切なことだが、同情あるいは熱意だけで問題解決はできない。独創的な発想は行動力とペアになる概念であり、従来の例にとらわれない柔軟な発想が求められる。

「4．行動する力をつける、目標達成までぶれない、諦めない」とは、支援者となった人々全体に共通する点である。動き出す原動力をどのようにつけるか、そしていったん決めたらぶれない強さが問われている。本書に紹介した人々にとっても、途中には数多くの困難や心折れる体験が多々あったことと思われる。しかし諦めずに進む、やりとげるまで行動する力を見てきた。これらのすばらしいお手本を少しずつお手本にしていこう。

「5．つなげる力を磨く」では、どれだけ発想がすばらしくても、支援に関して行動するときに一人ではできないことがほとんどである。他者とつながるためのスキルを有しているかが、私たちに問われている。そして助力してくれる協力者を見つけられるか、その人々と協働できるか、その人々のことまで思いをめぐらすことができるか、あなた自身が他者に対してどのくらい思いやりがもてるか、それらのスキルを問われることになる。多数の人々をつなげ、その人々が自ら手伝おう、一緒にやろうという気持ちになってもらうことができれば、被災者支援活動は必ず実現する。その実践までにさまざまに経験を積んでおきたい。

「6．知識を豊富にもつ」。これはいうまでもなく、大学などで豊富な基礎知識をつけておくことであり、具体的な行動には不可欠である。支援活動をするのに被災者は一般的にどのようなことに傷つくか、被災者は何に関心をもっているのか、行動するとどう影響が出るのか、先人の知恵を身につけておくことが活動の前に必要である。逆に被災地でボランティア活動などを実施する場合、やってはいけないことは何か、などを事前に知っておかなければ、よい支援はできない。

「7．実践してみる、経験しておく」は、その字の通り、練習してみる、経験しておくことがいかに大切かを示している。日常から何かを経験しておくことが、非常時の支援活動に生かされた例を見てきた。複数の支援者が大学時代のサークル経験や教員とのかかわりについて思い出を語っていた。それらの機会をどう生かすかはあなた次第である。また日頃からの人的ネットワークが非常時に転用されることが多いこともわかった。それらは大学での専門教育だけでなく課外活動、学生自治活動などから生まれる場合もあった。それらの豊かな経験を日頃から積んでおくことが大切なのである。

そして「8．情報を発信する力をつける」ことで、支援活動の状況を他者に知らせ、理解が進み、多くの人に協働してもらいやすくなる。また他者と支援に関するノウハウやニーズを共有することができるようになり、後世に伝えることも可能となる。支援活動を行いながら情報を発信するには、日常時・非常時にもメディアの活用スキルやメディアリテラシーが求められる。またあやふやな情報を伝えることは活動にとって望ましくない結果を引き起こす。それらについてやはり日常から訓練しておくこと、実践してみることが私たちに求められている。

「社会に貢献する」生き方を選択できる人になること。それはこれからの社会で生きるために不可欠な力である。自分を殺して奉仕する生き方のような自己犠牲的《ぎせいてき》生き方ではなく、豊かな自己を確立するために、「社会に貢献する」ことが不可欠なのである。自分のことだけを考えて生きていては、自らの価値を客観的に見出すことはできない。

支援者となった人々は、学校や大学、社会でさまざまなことを学び、いろいろな考え方や社会に触れながら、あなたと同じく少しずつ経験を積んできた。その経験を生かして支援に結びつけたのである。だから若い世代の読者の皆さんは、これから毎日を生きるなかで少しずつ、経験を積んでいこう。そして自分のやっていることは社会にどれだけ意味があるのか、考えながら少しずつ必要な能力を磨き、目標をもってさまざまな経験をしてほしい。一方、大学や若い世代を通過した読者の方々は、すでにいろいろな経験を積んでいると思われる。これまでに積んできた経験を災害時の被災者や社会のなかで困窮《こんきゅう》している人々に向けて、新たな形で生かして支えてほしい。動いていなかった人は、日頃できることから経験を積んでいこう。支援者となった人々は最初から防災をイメージしていたわけではなかった。日頃、自分が関心をもって取り組んできたことを自然と活用しているのである。あなた自身の経験がこれからに生きてくることを信じて、その可能性を忘れないでほしい。共感し、何かしたい、という強い思いから社会貢献は始まる。その瞬間に向けて自らを磨いていこう。

冒頭の「はじめに」で述べたように、あなたの受けた教育はあなただけのものではない。社会に貢献して生きることで、あなたの能力を最大限生かしていくことが可能となる。社会や地域に貢献することは、募金する、何か物資や技能を提供する、被災地の産業を応援するなど小さな一歩から始まる。それにとどまることなく、少しずつ活動を大きくし、多くの人々を救うリーダーになるための実績を積んでいくことが大学教育を受ける人々に求められている。社会に役立つ人を育む、それは教育の大きな役割の一つなのである。

実際に歩んでいる人も、まだ支援を行ったことがない人も、本書で紹介した多様な活動を道しるべに、活動をなしとげた先輩たちのメッセージに耳を傾けてもらいたい。それらは灯台のようにあなたを照らしながら、正しい道へと導いてくれる。

あなた自身がその「ともしび」を大学時代あるいは生涯《しょうがい》のなかで発見し、周りの人々とともに生きること、他人から信頼され、感謝されることをしていくことで、あなた自身の生きる価値を見出すことにつながっていく。人は自らに役割があると思えば、それに向かって努力することができる。しかしそれは決して平坦《へいたん》な道ではなく、時に非難されたり、拒絶《きょぜつ》されたりすることもあると思われるが、それでもなお諦めずに、努力を続けていくことの大切さを先輩たちは教えてくれている。日々の鍛錬《たんれん》のしかた、生き方と知識をさまざまな形で教えるのが教育の場であり、それらで行った経験は、あなたの土台になっていく。

筆者たちは大学でつねに学生とつながっており、災害後の被災地とつながるコーディネーターとしての役割を果たしたりもする。大学は教養を深め、専門知識と専門的な技術を伝授《でんじゅ》するのと並行して、皆さんが「支援する」という生き方を選択できるよう、基礎となる部分を教育やさまざまな活動を通じて提供する場でもある。

また卒業生組織が行った災害後の社会貢献活動の歴史は、本書で初めてまとめられたのだが、このように卒業生がネットワークを作る力をこれからはよりいっそう大切にしていく必要がある。大きな災害後、大学は授業や学生対応という本来の業務に関する立て直しに追われ、十分な活動を指導できないことが多々ある。そのなかで被災者を思い、情報伝達手段がかぎられるなか、他者のためにスピーディーに活動し、卒業生の思いをつなげていったのは昔も今も卒業生組織であった。

被災者にお見舞いの連絡を入れて励まし、被災地で支援する人に全国の卒業生が金銭的なバックアップをした。世界中のネットワークを使って支援活動に結びつけた。大学のある本拠地から離れた場所でも、物資などの支援やお見舞いを通してつながり、各地卒業生が活動するきっかけを作った。こうした卒業生を思い、お互いにつながり、社会貢献を実行できる卒業生組織があること、そこが日頃から大学とつながりながら、幅広い経験を在学生・卒業生に提供することは、大学の創立当初から構想されていたが、年月とともに少しずつ薄れていた。

在学生と卒業生とが、一緒に社会的な経験をすること。これらはとても大切なことであることを筆者らは改めて強調しておきたい。卒業生組織が大学とつながることで、すでに巣立った女性たちが社会貢献を軸にして再びつながることができるようになる。創立当初の大学では、自立した女性を生活面・社会面で支えるためにさまざまな支援・教育をしていた。このように大学とそこで学んだ人々を日頃からネットワーク化し、経験を積んだ人々の絆《きずな》を結ぶこと、そしてこれからの世代に結びつけていくことで、大学で学んだ人々の力を初めて結集することができるのである。

あなたは社会で貢献するという面から、自分の生き方を見出したか？

それを創立者は、「天職を見出す」と表現した。本書が、あなたの天職を見出すための一助になるように。私たち筆者はそれを強く願っている。

日本女子大学研究プロジェクト　代表　平田京子

２０１７年３月

付属資料

1 「震災善後録」と「震災以後ノ記録」

岸本美香子

日本女子大学成瀬記念館に、関東大震災直後の記録が2点残されている。いずれも日本女子大学校用箋二つ折り（袋とじ）、縦23・8cm、横16・7cm、板紙の表紙がついた和綴じの文書である。

「震災善後録《しんさいぜんごろく》」は、表紙を除く全34ページで、地震当日の9月1日から20日まで、6日を除く19日間の記録である。表紙には「大正拾弐年九月一日　震災善後録　記録係」と記載されている。1日の項には、震災当日の在校者および来校者の氏名が記され、2日以降は来校者の氏名、教職員の動向、桜楓会の活動内容等が簡潔に述べられている。3日には軍による警備を要請、7日には、卒業生および学生の被災者は母校に避難できる旨、新聞広告掲載を申し込んだことがわかる。桜楓会員に母校および桜楓会の現状を知らせるため、はがき２０００枚を謄写刷りし、8日に発送、また11日には桜楓会の救護事業についての話し合いが行われ、被服救護部を設けることが決まった。13日からは桜楓会員および在校生・家族の罹災状態調査を開始、19日には上野公園小松宮銅像前に市社会局と日本女子大学校および桜楓会合同の児童救護所が開設された。「震災善語録」の内容は『家庭週報』第７２４号および７２５号に掲載されている。また、『成瀬記念館２０１４』（No.29）に全文が翻刻《ほんこく》されている。

「震災以後ノ記録」は表紙を除く全32ページ、7日から28日まで、15日を除く21日間の記録である。表紙には「大正十二年九月一日　震災以後ノ記録　編輯部」とある。内容は「震災善後録」と重複する部分もあるが、主として新聞広告および『家庭週報』の編集・

発行に関する記述が占める。17日の項には、小石川大塚警察署より口絵・挿絵禁示のこと、原稿または校正刷りを警視庁検閲係に提出するよう示達《したつ》があったことが記されている。編集部では写真・記事を準備する一方、印刷所との交渉が続く。従来の印刷所（博文館）は業務再開の目途が立っておらず、他の2社から見積もりを取るも不調に終わったが、博文館の「義侠《ぎきょう》的《てき》」態度により、10月5日に震災後最初の号を発行することが可能となった。

震災関連の資料はこの2点のほかに「来訪者名簿」「罹災者名簿」「罹災者調査名簿」が作成されたことが「震災善後録」に記載されているが、これらの資料は確認されていない。なお、『家庭週報』には第724号から728号にかけて罹災者調査報告が掲載されている。

2 家政学部主催のシンポジウムから

東日本大震災から4年が経った2015（平成27）年3月14日に、日本女子大学家政学部が主催したシンポジウムが行われた。地震発生直後から教職員と在学生がボランティアや研究活動など多様な形で動き、卒業生がネットワークを生かし、地域と結びつきながらさまざまな支援活動を行ってきた。しかし未だ多くの被災者の生活は再建していない。これから家政学部はどのように寄り添っていけばいいのか、そして大地震が頻発するかもしれないこれからも、家政学部はどのような社会的役割を果たすべきなのか、これからに向けて思考していくときである。これまでの経験とそこから得られたことを共有するため、本学教員、在学生、卒業生、支援活動の実践者など、多方面からの報告がなされた。卒業生をはじめとして多くの方に参加いただきそのときの支援や体験を伺って、有意義な意見交換も行われた。以下は登壇者の講演概要である。

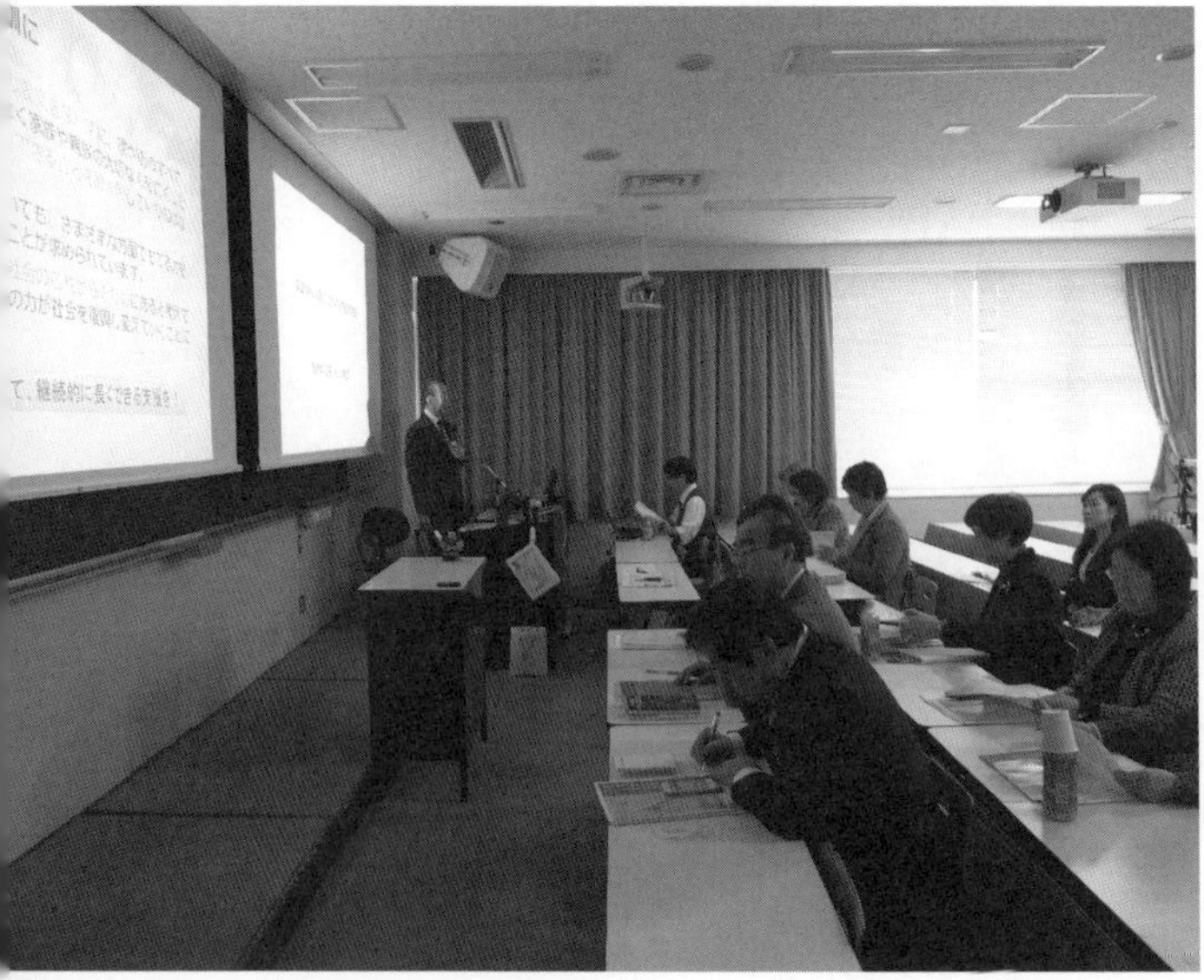

次世代に少しでも明るい未来を！

新妻香織

津波にのまれ原発事故で痛めつけられた福島を、次世代に少しでも明るい未来として手渡したい。私たちは中継ぎ世代としてやれることはなんでもやっていこう、という思いで日々活動を行っている。

福島の相馬市で行った活動

私はエチオピアで緑化と水資源開発を行う、「フー太郎の森基金」というNGOを主宰《しゅさい》していたので、そのNGOの手法で相馬市において震災後の活動を行った。

相馬市では458名が津波にのまれ、私の実家も流失した。翌日からは原発の爆発事故が続き、次世代に対し取り返しのつかないことをしてしまったと、後悔と苦渋《くじゅう》が胸をふさいだ。この社会を選択した責任は私たちにある。ともかく次世代によりよい福島、相馬市を手渡さなければならないと思った。

わが家はたまたま隣で津波が止まり、被災から免《まぬが》れた。周りの人のすべてを失った状態に比べると自分は天国にいると思ったので、私は働こうと決心した。重い肺の病気をわずらう母と年老いた父を兄に頼むため、震災後10日間ほど相馬市を離れたが、相馬市の様子をテレビで見て、居てもたってもいられず相馬市に帰り、次の日から救援にあたった。エチオピアの駐在員だった青年が、お兄さんとやってきてくれた。その後彼は海外のNGOで岩手の被災地で働き、彼のお兄さんは鎌倉から他の青年たちを連れて週に2回も来ては私と一緒に活動をしてくれた。また友人、知人だけでなく、桜楓会の方々からも顔の見える支援をしたい、と託されたお金は263万円に上り、これをすべて被災地支援に役立てた。

第1段階　緊急支援

炊き出し、泥掻き、がれきのなかの思い出探し、ヘアカット、マッサージ等いろんなことをやった。放射線測定器は桜楓会に依頼したところ、10台も送っていただいた。それを、南相馬と相馬の教育委員会に寄贈し、学校に配布するなどして大変感謝された。

第2段階　生活支援

6月に避難所から仮設住宅に入る際、赤十字が電化製品や布団などの支給を行っていた。しかし食器や家具などの細かな生活必需品が不足していたため、それらを市民や全国に向けて呼びかけ、あるいは購入してグラウンドで6回配布した。なかには中古車も5台届いたので、必要な方々にお渡しした。また観光地相馬を考えたとき、売りの海と魚が厳しい状況になってしまったので、まずは観光いちご園を復活させようと、鎌倉の青年たちとハウスの解体や泥掻きを行って農家の背中を押した。

第3段階　在宅被災者の支援

被災はしたもののかろうじて自宅に住める人もいたが、実はいろいろ不自由で困っていたようだったので、個別訪問をして何が必要か、どんなことをしてほしいか聞いてまわった。東京などから放置自転車を集めて、600台送ってもらった。また桜楓会から送ってもらった高圧洗浄機の貸し出しも行った。

エチオピアで10年間、一緒に活動していた京都文教大学が、今度は10年間相馬市に入るといってくれて、学生課がバスを仕立てて学生を連れて来てくれた。彼らは希少種のいる県立公園の整備やいちご園で仕事をしてくれている。

第4段階　まちづくり

被災し、壊滅してしまったわが故郷をそれぞれが思いをもって作りなおそうと、建築、エネルギー、観光などの専門家を招いて、毎月1回の勉強会を開いた。そこで2つの一般社団法人が生まれた。1つが東北のお遍路プロジェクト、もう1つがふくしま市民発電である。

東北のお遍路（こころのみち）プロジェクトとは、再び福島に観光客が来るのか不安になったので、来なければならない理由を作ってしまえないか考えた末のことだった。四国お遍路のような巡礼の道を東北の被災地に作れば、福島だけに来ないわけにはいかないだろう。青森県の市から福島県のいわき市まで津波の被害のあったところを歩いてもらい交流人口を増やし、被災地にお金を落としてもらおうという計画である。公募の後、3年かけて選定作業をし、２０１５年2月に新聞等で53カ所を巡礼地として発表したが、今後１００カ所位にしようと計画中である。

福島県は２０４０年までに再生可能エネルギー１００％の県にすると宣言した。それなら私たちも市民レベルで手助けしていきましょうということで、「ふくしま市民発電」という団体を作り、工場や店舗などの4カ所の屋根80キロワットの太陽光発電からスタートした。しかし政府が買い取り価格を下げたり、電圧抑制をかけたり制限をしているので、太陽光以外のもので電気を起こそうと考え、水道管の導水のなかにタービンを入れて発電するマイクロ水力発電にたどり着いた。相馬広域水道企業団に提案し、現在実証実験

「東北お遍路（こころのみち）」ちらし

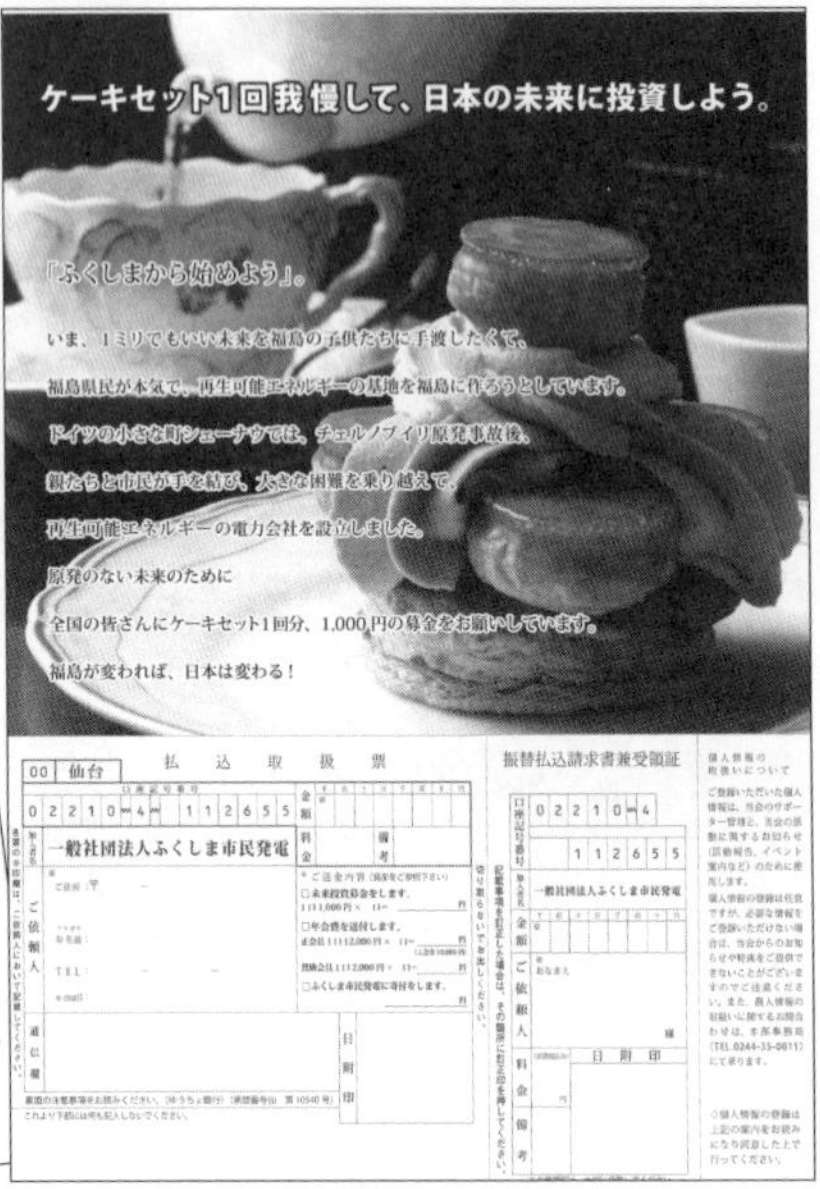

「ケーキセット1回我慢して、日本の未来に投資しよう」ちらし

が始まっている。

また森林バイオマスの可能性も感じている。福島県は森が7割を占めているが、除染ができない場所になっている。木を切ってバイオマスエネルギーとして活用し木を植え直せば、エネルギーと雇用と森林再生がかなう。林の再生は、福島復興のためには大変重要な課題である。

第5段階　相馬市会議員として

2011年11月相馬市会議員の選挙に出た。そもそも市民活動で世の中を変えられると思っていたが、今回は破壊が大きすぎて、市民活動では限界を感じた。この4年間で復興計画はほとんど決まるから、今自分がそこにかかわらなくては絶対に後悔すると思った。原発事故で痛めつけられた福島を、次世代に少しでも明るい未来として手渡したい。しばらくは若い世代が福島を離れていてもいい。その間は私たちが中継ぎ世代としてやっていくから、という思いで日々議員として活動を行っている。

相馬市は福島県のなかで津波での被害を一番受けたところであったが、復興のトップランナーでもあった。復興事業が127あったが、そのなかで125が着手、もしくは完了している。しかし箱ものはできたがランニングコストはどうかなど、課題はまだまだ山ほどある。市長はリーダーシップをとってどんどん進められる人だが、自分の相馬市への思いが強いすぎて、住民の意見をあまり聞くことがなかった。しかし今後は住民の意見を反映したものにしてほしいと願っている。お店や旅館などは準備が整っているものの、人手不足のため、未だ100%稼働できない状況である。

若い女性が出て行ってしまい次世代が心配である。また住民の対立を招く政策にも不安を感じる。原発事故の保証金をもらえる人ともらえない人の区別が明白ではなく、本来助け合い、協力し合う地域の人たちがぎくしゃくした関係になってしまう可能性があるからである。まだまだ解決しなくてはならない問題の多い被災地である。

これから

これからが本当の支援であると考えている。一生懸命精一杯頑張ってきた人こそが、4年目の今、疲労感を感じている。相馬市では仮設住宅はこの3月で終わり公営住宅や自分で建てた家などに移っていく。しかし未だ自分の行き場を決めていない人たちが、21世帯もいて日々孤独な思いをして暮らしている。また移転できた人たちのなかには二重三重のローンで不安になっている人もいる。自分が病気になってローンが返せなくなったとき、何か保証はあるのだろうか……。

教育委員長と話をしたとき、被災経験のある子どもたちが荒れていると聞いた。その背後には不安定になっている大人が存在するということだった。PTSDの対策や教育の大切さに加え、これからはお金による支援をあてにするのではなく、コミュニティーを再生することが大切であると考えてほしい。地域が再編されてお互いが助け合い、力になっていくことが、何かあったときの保険になると思うからだ。

また、新しい森づくりが始まる。津波で消滅した国有林のなかに植樹をしていこうと思っている。亡くなった人たち、生きられなかった人たちのためにも、故郷の再建に今後も力を尽くしていきたい。

物資を配布したなかで、化粧品がとても喜ばれた。80歳を超えたおばあちゃんが何度もきた。女性の「美しくなりたい」という思いが生命力なのだと感じた。

避難所での活動

新妻香織

福島県富岡町生まれ（誕生地は帰還困難区域に指定）。日本女子大学国文学科卒。ＪＴＢ出版事業局勤務を経て１９９０年より5年間アフリカで暮らす。アフリカ横断記『楽園に帰ろう』（河出書房新社）で第3回蓮如賞優秀賞。エチオピアの緑化と水資源開発を行う「フー太郎の森基金」の代表。松川浦（相馬市）の環境保護団体「はぜっ子倶楽部」代表。「一般社団法人東北お遍路プロジェクト」「一般社団法人ふくしま市民発電」を創設、代表。現在、相馬市議会議員。

津波てんでんこ

鈴木るり子

大規模災害が起きたということは、住めない町になったということだった。全国から保健師が集まり、大槌町の全戸を訪問し安否確認を行った。健康状況などを調査、得た情報を分析・統合し、保健師の専門性を生かして力強い支援活動を実施し、さらに政策提言を行った。

壊滅した街並み

3月11日、14時46分地震が起こり、巨大な津波が来て、火災が発生した。大槌町は美しい自然のある町だったが、一瞬にしてすべてが壊滅してしまった。関連死の50人を含め、町の人口の8・4%の人を失った。未だに行方不明で死亡届が出ていない人もいる。4キロ平方メートルが浸水し、すべての行政機関、医療施設なども失い、小学校5校中4校が被災、中学校2校中1校被災した。そのなかで保健師としての全戸家庭訪問調査が始まった。

私自身も、観光船が民宿の上にのったことで有名な赤浜地区にある自宅が被災、家財道具すべてを失った。1階はすべて

旧大槌町役場（多くの町職員の命が失われた建物）

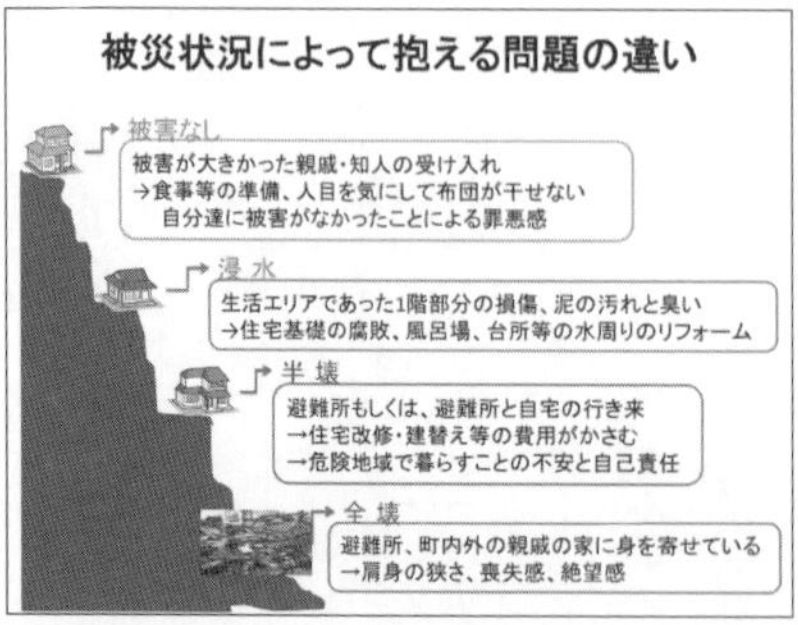

被災状況によって抱える問題の違い

1メートルの高低差でまったく異なる被害

がれきで埋まり、大阪の消防団によって「遺体はない」という印がつけられた。

津波はただの波ではないのである。1メートルの高低差で被害がまったく異なった。私たちの研究でわかってきたことは、この1メートルの差が、生き残った人に大きな影響を与えたということである。

つまり、サバイバーズギルトである。残された人々は大きな心のダメージを受け、これが自殺などにも結びついてしまった。

桜楓会からの支援

大槌町の役場の職員40名が亡くなり、町長も亡くなったので、副町長に桜楓会からの義援金が届いた。かなり早い段階でいただいたと、感謝していた。

岩手看護短期大学の理事長が桜楓会の役員をしていた関係で、桜楓会から大槌町に食器や鍋をいただき、6月4日の第1期の仮設住宅に4トントラックで運ぶことができた。仮設住宅には家族の人数分の食器は配布されていたが、それでは足らず、桜楓会からの食器は非常に喜ばれた。義援金ではお米を買って仮設住宅に

桜楓会の食器は大変喜ばれました

食器の配布

届けた。

私たちの活動を『大槌町保健師による全戸家庭訪問と被災地復興』という本にまとめた

全戸を訪問し安否確認をして、残っている人の健康問題を分析し、町への提言をしていくという政策提言だった。4月23日から5月8日、延べ555人が参加してくれて、みな黄色いベストを着て調査した。博士や医師も黄色いベストを着てみんなと一緒に調査を行ってくれた。みんな自給自足でやった。交通網もなく、被害もひどいなかでのこの活動は非常にありがたかった。

ここで注目すべき成果は、住基情報が津波で流失して残っていないなかで、住基台帳に86・8%の入力ができたことである。つまり選挙名簿を作ることができたのだ。その結果、町長や町会議員選出のための選挙を、8月に実施することができた。これは奇跡的な早さであった。

全戸家庭訪問健康調査の詳細を記した本

調査から見えてきたもの

大規模災害が起きたということは、住めない町になったということだった。施設が破壊されると住民が流出していった。たとえ一時的に減ったとしても、社会資源があればもどってくるものだが、それ自体が破壊されてしまったという現状が起きていたのだ。

また、大規模災害は以前からあった健康問題を顕在化させることがわかった。それゆえ平時の予防活動が重要である。さらに災害後は早期に地域保健・医療・福祉の社会資源を復旧復興させることが大切である。住民の暮らし、生業を維持できるための復興政策を早急に実施することが重要なのである。被災地支援で必要とされていることは、全戸家庭訪問における安否確認と健康状態の把握について分析し、施策化して提言することである。

　そして、津波で流されたということは、その人に残されていた人生そのものが奪われてしまったということがわかった。それがいかに重要で、国民的にみても大きな欠損となってしまったか。この分析は世界的な論文になっている。

　このような大規模災害ではDisaster Public Health Nursing Team つまり訓練されたチームの創設が必要である。48時間の支援を行うＤＭＡＴでは大規模災害には太刀《たち》打《う》ちできない。住民の日常生活の復旧と被災したコミュニティーの再生支援を図るための政策提言できる長期派遣チームである。

大槌町の今とこれから

　4つの小学校が被災したのでプレハブの仮設小学校ができ、2年後にようやく小中一貫の学校ができる。復興は遅れている。自宅のあった赤浜地区は住宅再建の目途がまったく立っていない。そのなかで安心して生活できる地域づくりをめざし、毎日生活支援者が各戸を訪問して孤立死を防いでいる。私も月に一回健康相談を開いているが、そのなかで刻々と変化する、被災者の心の状態がわかってきた。これも現在研究しているところである。

　「津波てんでんこ」という津波文化を伝えているものがある。究極のサバイバーズギルドを回避する言葉である。てんでんに逃げなさい、他者を気遣わなくていいから。地震がきたら高い山に逃げなさい。縄文遺跡があるところとは、１０００年に1回の津波にもあってない、ということがわかる。これらは、今後私たちがさらに伝えていかなければならないことである。

鈴木るり子
岩手看護短期大学・専攻科・地域看護学専攻　学科長・専攻科主任、教授。

北海道別海町・京都市伏見保健所・岩手大槌町で保健師として勤務。２００４年４月から現職。岩手公衆衛生学会長などを歴任。

復興のシンボル　銀杏の木
津波の後の火災で真っ黒に焼けた銀杏の木、2011年10月には大きな実をつけた

「継続は力」をモットーに「感性と論理」の融合を図る

石川孝重

家政学部の震災に関する支援の概要

最近の大学の置かれた環境を考えると、大学での学問を社会に何か展開していくべきである。日本女子大学の家政学部としても２０１１（平成23）年の震災を忘れずに、「生活に密着して継続的に長くできる支援」を、キャッチフレーズとしてやっていこう、ということになった。大きな災害のときにはさまざまな支援活動が行われるが、それを継続的にやっていくというのは大変難しいこと。そこであえて継続的にということを強調して、寄り添った支援を続けたい。

家政学部でできること

現在の社会は世界的に大きな変換期にあり、物質というよりは精神的な豊かさ、幸福のとらえ方も多様な広がりを見せている。それには幼いころからの「暮らし」が重要である。家政学部では、この「暮らし」をさまざまな観点から追求することができる。

家政学は、人間の家庭生活、社会生活の環境にかかわる諸問題を自然科学的、人文科学的、社会科学的に探究し、得られた知見を科学的に理論化し、さらにそれを実生活に応用することにより、人間生活をより豊かに、かつ合理的なものとし、広く人類の福祉に貢献することを理念・目的とした実践的総合科学である。

本学の家政学部は5分野にわたる学科をそろえ、家政学を総合的な観点から学べる数少ない学部である。児童学科、食物学科（食物学専攻、管理栄養士専攻）、住居学科（居住環境デザイン専攻、建築デザイン専攻）、被服学科、家政経済学科があり、それぞれがその広がりをもっている。

3．11の震災を教訓に

家政学部は生活をベースに築いている学問体系であるので、私たちは２０１１年の震災を忘れずに、家や街のすべてを失っただけでなく家族や親族の大切な人を亡くした被災者のために、できることを最大限していかなければならない。

大学の活動においても、さまざまな方面でもてる力を使って努力することが求められている。

大学の活動は花開くことが難しいが、そのなかでも大学ができることをつねに考えながら努力していくことが必要だ。とくに本学部が実学であるということもあるが、最近の大学の置かれた環境を考えると、大学での学問は社会のこれからのためにあるということを念頭に置きながら、社会に何か展開していかなければならないと考えている。学生一人ひとりの力が社会を復興し、変えていくことにつながっている。

私たちにできることをしよう
We are with you のワッペンとステッカー

生活に密着して継続的に長くできる支援を！

家政学部としては、「生活に密着して継続的に長くできる支援」をキャッチフレーズとしてやっていこう、ということになった。大きな災害のときには他大学でもさまざまな支援活動を行う。しかしそれを継続的にやっていくというのは大変難しいことである。そこでここではあえて「継続的に」ということを強調したい。

住居学科でやった一例を紹介すると、「私たちにできることをしよう　We are with you」というのがある。これはワッペンの形でつくり、２０１１年からのオープンキャンパスで教員、学生が付けた。何かしていこう、被災した人の心に寄り添っていこうということで、記憶はもちろん、意欲を喚起《かんき》する意味などで行った。

家政学部の支援活動

家政学部では有志者だけでなく、学科主体、学科の卒業生の会、研究室などで、さまざまな支援活動を行った。そのほかにも２００８年より行っている家政学部賞の受賞対象に、震災に関係するものも多く選定してきた。学生奨励金による支援活動も続けている。桜楓会には被災地への学生派遣にも支援いただき、本学部の学生がいちばん多く現地に行かせてもらった。学部の教員による研究活動でも専門性をもっているので、それぞれが被災者に密着しながら支援活動を行っている。

岩手県大槌町での学生による調査

また他大学でもそうであろうと思うが、学生の卒業論文、卒業制作、修士論文のなかにも震災に関することが多々出てきており、それを深掘りしていくことも、さらに社会に発信していくベースとなるであろう。学生個々のボランティア活動で紹介できるものが多くある。

東京でもこれから起こりうる首都直下などに際し、どのような避難所を運営していくかなどを話し合う、生活に密着した地域活動がほぼ毎年行われている。

石川孝重
日本女子大学家政学部長（当時）
日本女子大学　家政学部長・理事・評議員（当時）、住居学科教授・工学博士。構造安全、防災、建築／住居構造、環境振動、教育、住教育、情報、マルチメディアが専門分野。

3　東日本大震災における日本女子大学
および学生、桜楓会、卒業生による支援活動

1）大学での取り組み

タイトル	活動内容	主催者 ＊肩書き、所属は活動当時のもの（あるいは閲覧時）	活動時期
義援金	19,103,500円（2014年10月現在）	日本女子大学	2011年～
被災者に経済的支援	学費等の減免 学寮への優先入寮および寮費減免	日本女子大学	2011年～
震災後の心のケア	各附属園校でスクールカウンセラーより、児童・学生の心のケア	日本女子大学	2011年～
写真展「東日本大震災 未来を写そう！ プロジェクト」	国際ＮＧＯ「プラン・ジャパン」の企画に賛同 被災体験を振り返るのではなく、身近な復興の側面を子どもたちの目線で見つけ、未来への希望につなげる	日本女子大学	2011年10月～11月 70年館1階
限定メニュー販売	生協食堂（目白）にて、売上金の一部を被災地の子どもたちのための以下の支援に寄付 ・宮城県での「子どもの心のケア」サポート ・岩手県、宮城県、福島県での「子どもマガジン」作り	日本女子大学	2011年10月～11月
絵本寄贈	「フィールドワーク演習」にて、読まなくなった本、絵本の寄付を求め、それらにメッセージをつけて被災地に送る	児童学科　川端有子教授	2011年
傾聴ボランティア	埼玉県の仮設住宅で何が困っているか傾聴しながら、それに対応する	児童学科　請川滋大准教授	2011年4月～5月
あそび広場開催	親子向けあそび広場を開催（ぴえろのあそび広場） 埼玉県の体育館（仮設住宅の役目を終えてからはコミュニティーセンター）で月に1度開催 いわき市にてあそび広場を2カ月に1度開催	児童学科　請川滋大准教授 学部生 児童学科　請川滋大准教授 院生	2011年5月～現在 2013年～
仮設住宅における運動プログラムの作成と実施	高齢者が狭い空間でも音楽に合わせて実施できる運動プログラムを作成	児童学科　杉山哲司准教授 児童学科　澤田美砂子講師 児童学科　西村陽平教授の学部生2名	2011年
保育園幼稚園における運動環境の支援	放射線の影響を低減するために、緑黄色野菜を取ることが効果的であるため、「野菜を好きになること」をめざした体操を作成 DVDとして福島県内の幼稚園保育園に配布	児童学科　杉山哲司准教授 児童学科　澤田美砂子講師 食物学科　五関正江教授	

タイトル	活動内容	主催者 ＊肩書き、所属は活動当時のもの（あるいは閲覧時）	活動時期
小学生向け体操	「なぞなぞお野菜体操」の小学生版を作成し、DVDとして配布	児童学科 澤田美砂子講師 児童学科 鹿内菜穂准教授と学部生	
仮設住宅への生活用品の提供	岩手県大槌町の仮設住宅への生活用品（食器、鍋、箸）の送付 支援費用は学科教員の寄付	食物学科 教員一同	2011年4月
義援金	謝恩会の中止による返金を寄付 日本栄養士会による被災地復興支援活動で支援金送付	食物学科 61回生 食物学科 有志	2011年5月
目白祭お米プロジェクト	「東北憩いカフェ」の収益金を「お米プロジェクト―仮設住宅支援物資としてお米を配布する」に寄付	食物学科 飯田文子教授 食物学科 田辺里枝子教授	2012年 2月
食品の調理・加工による放射性物質の除去率の測定	「福島の子どもたちが日常生活を取りもどすこと」を目的として、調理・加工による放射性物質の汚染の低減を測定し、安全・安心な調理・加工法を提案する	食物学科 五関正江教授	
育児用ミルク、離乳食の送付	管理栄養士の卒業生に打診し、希望のものを送付した	食物学科 五関正江教授	2011年3月～4月
寄付	日本調理科学会理事として、学会協賛の災害食メニューを検討し、成果を発揮したことに対して寄付を行った	食物学科 飯田文子教授	
医療機関への支援	仙台逓信病院へ医療機器、薬剤の提供と医師、看護師の派遣	食物学科 東田寿子特任准教授	
「学科ロゴ」の作成	大震災被害者のための支援活動を促進するため、学科の公式行事などで数多く使用	住居学科	
「かわいい」を贈ろう シュシュ・プロジェクト	女性被災者の自己実現支援プロジェクト 被災地に布地と裁縫道具を送り、髪飾りであるシュシュを作成し、それにメッセージを添えて学内や文化祭などで販売 純利益全額と購入者のメッセージを被災地の製作者に送付した	住居学科 平田京子教授 院生、学部生	2011年
「東日本大震災における保育所・学童保育所の被災実態と防災避難に関する研究」	被害のあった保育園を対象に実態を調査し、今後の備えなどを発信した	住居学科 定行まり子教授	2012年3月
保育園で砂場づくり	福島県南相馬市の保育園で砂場をつくった	住居学科 定行まり子教授	2013年7月

タイトル	活動内容	主催者 ＊肩書き、所属は活動当時のもの（あるいは閲覧時）	活動時期
原発事故後の実情、現状の調査	福島県すべての保育園・幼稚園に原発事故後の実情・現状について調査した 同時に子どもをもつ家庭を対象に調査した	住居学科 定行まり子教授	2013 年
子育て支援室と園庭の計画	同上保育園で計画中	住居学科 定行まり子教授 院生、学部 4 年生	2014 年
復興まちづくりワークショップ	岩手県釜石市でのワークショップの手伝い	住居学科 薬袋奈美子准教授 学部生	2012 年、2013 年
被災地での集落居住調査	調査を通し、被災地との交流を図った	住居学科 薬袋奈美子准教授 院生、学部生	2012 年〜
「東日本大震災当時の衣生活の調査」	寒冷地の被災地に必要な被服のガイドライン作成	被服学科 多屋淑子教授 学部 4 年生 廣井文絵 他 3 名	
「空間放射能線量の高い地域における安心安全で快適な子ども服の検討」	生活支援研究活動に取り組み、解決に取り組む	被服学科 多屋淑子教授 院生 竹崎泰子	
見舞金と会費の免除	被災地に在住する会員に見舞金を出し、5 年間の衣の会会費を免除	被服学科 卒業生 衣の会	
布団の支援	「家庭に眠る客用布団類を被災地に贈る運動」を立ち上げ、㈱白洋舎の支援を得て、布団を回収しクリーニングを行い被災地に送付した	被服学科 卒業生 衣の会	2011 年 5 月
下着の支援	下着上下 2400 枚の希望があったので、㈱グンゼの協力を得て被災地に送付した	被服学科 卒業生 衣の会	2012 年
毛糸・浴衣の支援	衣の会総会、会報、ホームページを通し、不要な毛糸を集め被災地の仮設住宅に送付 会報、ホームページを通し、浴衣、帯、下駄を送付 被災者同士のコミュニケーションを図れるように支援した	被服学科 卒業生 衣の会	2012 年
家政経済学会おける講演会	神谷さだ子氏によるチェルノブイリ原発事故・福島第 1 原発事故に関する講演を開催 講演後に被災地の水産物や加工品、被災した動物の写真集販売	家政経済学科 家政経済学会	2011 年
家政経済学会における講演会	東日本大震災後宮城県内の復興支援活動に携わった「スコップ団」団長の平了市による講演を開催	家政経済学科 家政経済学会	2012 年

タイトル	活動内容	主催者 ＊肩書き、所属は活動当時のもの（あるいは閲覧時）	活動時期
東北被災地研修	南三陸町「さんさん商店街」で見学と買い物 陸前高田市下野和地区災害公営住宅でヒヤリング調査を行い、復興した牡蠣養殖場を船で見学	家政経済学科 堀越栄子教授 学部生	
新設科目「フィールドスタディー（農業・農村）」	授業ならびに農村での2泊3日の農家ステイによる体験学習が行われる	家政経済学科 堀越栄子教授 学部生	2016年～
震災とメディアに関する研究		家政経済学科 後藤敏行講師	
南三陸仮設住宅での食事支援		家政経済学科 高増雅子教授	
福島県郡山市逢瀬町との交流		家政経済学科 秋元健治教授	2016年～
宮城県気仙沼市での訪問ヒアリング		家政経済学科 堀越栄子教授	
さいたまＮＰＯセンター避難所の運営		家政経済学科 堀越栄子教授	2016年～
ネットワークでの裁縫道具送付、募金		家政経済学科 天野晴子教授	
謝恩会会費を寄付		理学部 61回生有志	2011年
津波で塩害を受けた植物の再生		理学部 学部生	
「『3·11』以降のための化学反応」の講義による正しい科学的知識の教育	学部3年生向けの講義のなかで福島第1原発事故を教材として取り上げ講義を行った	理学部物質生物科学科 林久史教授	
「被災地とどのように向き合うか」セミナー	「震災と社会的排除」について講演 被災者は同じではないことの確認と「別枠での支援」が必要と訴えた	人間社会学部 岩田正美教授	2011年6月
震災復興と被災者支援	震災孤児支援 新たな支援の可能性を探る	人間社会学部 和泉広恵准教授	

＊表中の項目は、東日本大震災日本女子大学の条件でインターネット検索したもの。肩書き・所属は当時のもの
＊各学部学科の報告よりまとめたもの

2) 学生の取り組み

タイトル	活動内容	主催者 ＊肩書き、所属は活動当時のもの（あるいは閲覧時）	活動時期
参考書宅救便	被災した受験生に学習教材を支援する 学内に回収ボックスを設置して、参考書などの古本を回収 全国12大学のメンバーで活動中 期末テスト勉強会開催	ＣＨＳボランティアサークル 英文学科2年 小菅優美 他4人	2012年10月～ 2015年6月
東日本大震災写真展」@日本女子大学 ～忘れないで、つないでいこう～	もう一度被災地に思いを馳せよう 震災から2年半が経ち、過去として忘れつつあるが、定期的に思い出す機会を作る	ＣＨＳボランティアサークル みちのくCaravan協力	2011年10月
こどもの遊び場作り	福島県南相馬市の保育園で砂場をつくった	住居学科 藤井里咲	
こどもの遊び場作り	室内の遊び場を作った	家政学研究科 佐藤海帆	
栄養士としての支援活動	栄養調査、物資の仕分け管理指導、支援物資に対応した献立て作成と炊出し指導	食物栄養学科 人間生活研究科修了 博士 德野祐子	2011年5月～6月
気仙沼での活動体験	コラボレーションカフェ ～震災活動編	家政経済学科 3年 村上彩紀	
被災した子どもたちの支援	ある企業の被災地支援のプロジェクトに参画 キャラクターを通して被災地の子どもたちにできることをやりたい	家政経済学科 3年 村上彩紀	2011年7月
学生団体「Ｃｈａｎｃｅ ｓｅｅｄ」の立ち上げ	「大学生がもっと気軽に東北に足を運べる機会をつくりたい」というコンセプトで、低価格の東北復興バスツアーを企画、実施することを目的とした団体 震災を風化させないために若者が知り伝える機会を提供	東北復興支援学生団体 Chance-seed 社会福祉学科 3年 水沢友里奈 他2名	2014年6月 2014年12月
「東北憩いカフェ」	目白祭で出店し、東北地方をイメージしたケーキセットを販売 売上げおよび寄付金を、大槌町の仮設住宅の方へ地元の米穀商店から購入、配達する活動の支援金として寄付	食物学科 3年有志	2012年11月

＊表中の項目は、東日本大震災・日本女子大学の条件でインターネット検索したもの。肩書き・所属は当時のもの

3）桜楓会および卒業生の取り組み

タイトル	活動内容	主催者 ＊肩書き、所属は活動当時のもの（あるいは閲覧時）	活動時期
義援金	34,756,845円(2015年3月現在)	桜楓会	2011年～
NPO法人　東北「子どもの村」設立のための資金寄付	「子どもにとって一番大切なのは母親である」 東日本大震災で親を失った子ども達と、養育する家庭を長期的に支援するために設立(2012年6月）に支援	桜楓会仙台支部	
「やりましょう盆踊り」	勤務先である河北新報社に提案 浴衣、履物、小物など募集	桜楓会宮城副支部 支部長 与野珠美	2012年
チャリティーコンサート「東日本大震災に係わる被災学校支援コンサート」	全額被災地に寄付	桜楓会熊本支部 12回生 理Ⅰ 古川紀美子	2011年11月 熊本
「明日を信じて－亡き友に－」	鎮魂の合唱曲を制作し、宮城県でチャリティーコンサートを実施 ＣＤ・楽譜を販売	桜楓会 原田夏子、山口友由実	
エコたわしの販売	仮設住宅で自助活動のため作成しているアクリルエコたわしにメッセージをつけて販売	39回生 英文 蓮見祐子	
被災遺児支援チャリティ公演	名作朗読、ギター、フラメンコの夕べ 翻訳活動	41回生 家政経済 伊藤百合子	2012年4月 文京シビックホール
チャリティーコンサート	震災児の基金集め 全額寄付	社会福祉学科卒業生の会 みどり会 大門彩香	
バザー	仮設住宅で製作したバッグ、エプロン等の販売	社会福祉学科卒業生の会 みどり会	
チャリティーコンサート	ベルリンにて社団法人「津波孤児を助ける会・ＫＩＢＯＵ」設立	オペラ歌手 12回生 英文 柏木博子	ドイツ　ベルリン 9月～6月　5回
放射能測定器寄贈	相馬市教育長（５台）相馬東高等学校（１台）南相馬市（３台） フー太郎の森基金代表（1台）	フー太郎の森基金代表 34回生 国文 新妻香織	
放置自転車の配布	東京都などから200台集め、在宅被災者に配布	フー太郎の森基金代表 34回生 国文 新妻香織	
生活支援物資の配布	お米と味噌60セットをリクエストがあった家庭に配布 仮設入居者に生活支援物資を呼び掛け、配布	フー太郎の森基金代表 34回生 国文 新妻香織	2011年5月～
東日本大震災支援講座	「被災家族支援について考えたことを実践」	桜楓会	2011年11月6日
「被災した大槌子ども基金」設立	支援コンサート続行中	児童 吉岡しげ美	

タイトル	活動内容	主催者 ＊肩書き、所属は活動当時のもの（あるいは閲覧時）	活動時期
東日本大震災PTG支援機構への寄付		桜楓会　宮城支部長 12回生　英文　北川万喜子	
絵本朗読と音楽で平和メッセージ	東日本大震災「わたしのヒロシマ」 キャンペーン活動	27回生　家政経済　森本順子	
東日本大震災・世界の飢餓のためのチャリティーコンサート	ドイツ・日本交流150周年記念コンサート	早稲田・女子大室内合唱団	2011年9月17日

＊表中の項目は、東日本大震災・日本女子大学の条件でインターネット検索したもの。肩書き・所属は当時のもの

4　家政学部学生のアンケート結果から

震災から約4年後の2015（平成27）年1月に日本女子大学家政学部の学部生、修士課程および博士課程の学生を対象として、東日本大震災における支援活動に関するアンケート調査を行った。

日本女子大学の家政学部には、家政経済学科・児童学科・住居学科・食物学科・被服学科の5学科がある。アンケートの詳しい結果は334～341ページに記載してある。ここではそれらの結果を考察し、これからの支援活動につなげていければと考える。

学科別に見るボランティアへの関心度について

アンケートにてボランティア活動に対する関心の有無を聞いたところ、〝学年〟に差はほぼなかったが、〝学科別〟では家政経済学科・住居学科・食物学科・被服学科の4学科は75％前後が関心をもっているのに対して、児童学科は93％もの学生が関心をもっていることがわかった。

また、実際に行った支援活動の対象（被災者支援のボランティアまたは被災者支援以外のボランティア）を聞いたところ、被災者支援のボランティアをした割合は全学科同じくらいだったが、被災者支援以外のボランティアをした割合は、児童学科が他の4学科のほぼ倍であった。

被災者支援を通じて学生が感じたこととこれからの支援について

全体的な被災者支援の活動内容としては、がれき・土砂の撤去が31％、炊き出しや清掃など現地でしか行えない活動を合わせると約56%にもなり、被災者支援を行った人のうち、ほぼ半数が実際に現地に赴《おもむ》き、これらの支援活動を行っていたことになる。またそれらの活動を通じて感じたこととして一番多かったのが、無力感と充実感で17・6%、次いで驚いたが15・7%、感動したが13・7%、辛かったが9・8%となっており、支援者も精神的な葛藤《かっとう》を抱きながらの支援活動だったことがうかがえる。

また支援活動をした学生の感想を見てみると、被災者支援にもさまざまな活動形態があり、その内容によって被災者支援に対して抱く感想も少し違っているように感じられる。

たとえば、実際に被災地に赴いてがれきの撤去などの支援にあたった学生の多くは、被災地の現状を目の当たりにすることで、「TVや新聞で見る現状と、行って実際に見る被災地の様子はまったく違う」や「学生の自分ができることはごくわずかしかなく、無力感を感じたが、この場所で経験したことを他者に伝えることが、私たちにできることだと思った」など、より現実的な感想を抱いている。

そしてそれに加えて、「現地の方から元気をもらい、ボランティアは与えるだけのものではないと感じた」や「被災者の方々の生の気持ちにふれる機会を通して、被災者のことを忘れてはいけないとの思いを強くした」など、被災者と実際にかかわることで、人間的なつながりを意識する感情を強く抱いていることも感じ取れる。そのような感情が、今後も被災者支援を継続していくきっかけとなるだろう。

このように実際に被災地を訪れ、目の当たりにし、被災者とかかわるということが、被災者支援の継続へとつながり、やがては被災地全体の力となり復興へと続いていく大きな原動力になるのではないだろうか。

東日本大震災における家政学部生のボランティア活動に関するアンケート調査

●概要

日本女子大学家政学部の学部生、修士課程の学生および博士課程の学生を対象に、東日本大震災における支援活動に関するアンケート調査を行った。
調査期間は 2015 年 1 月、アンケートは、学部生および修士課程の学生には全員に配布、博士課程の学生は可能な学生だけに配布し、回収した。
主な結果は下記の通りである。

●在籍者数におけるアンケートの回答率について

家政学部に在籍する学部生および大学院生の総数は、アンケート実施時で 1,898 名だった。そのなかでアンケートに回答した割合を、学年別および学科別に算出した。
全体の回答者数は 1,300 名で、在籍者数の 68.5% だった。学年別では、学年が上がるごとに割合が下がっている。学科別では、食物学科が 93% と一番高く、被服学科が 50% で一番低かった。

アンケート回答率（学年別）

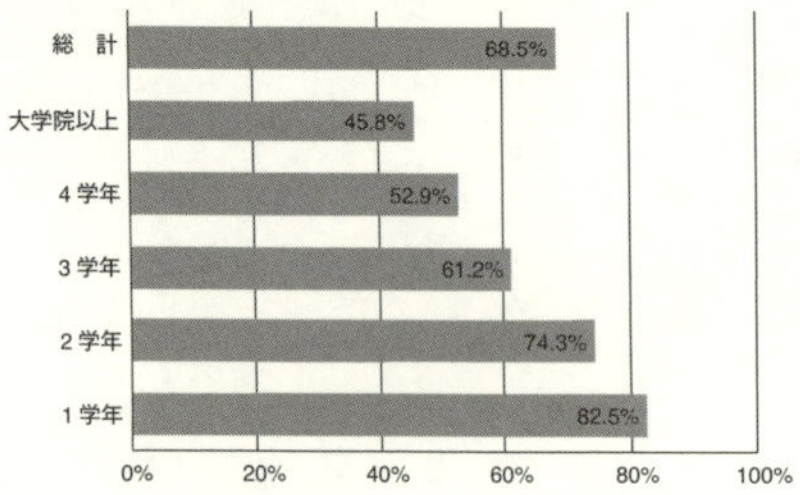

アンケート回答率（学科別）

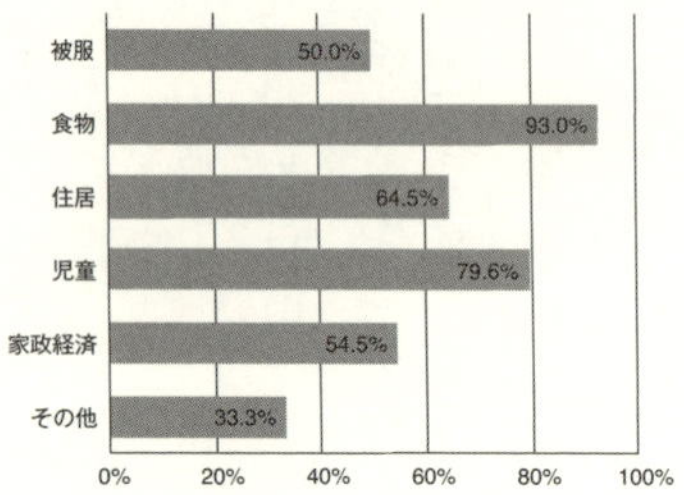

●アンケート回答者の内訳について

アンケート回答者の総数 1,300 名における、学年別・学科別の割合を算出した。その結果が下のグラフである。学年別の内訳は、1 学年が 30%、次いで 2 学年が 27%、3 学年が 20%、4 学年が 19%、大学院以上が 2% となっている。学科別では、児童学科と食物学科がそれぞれ 25%、住居学科が 20%、家政経済学科と被服学科がそれぞれ 15% とい う内訳になった。

アンケート回答者の内訳（学年別）

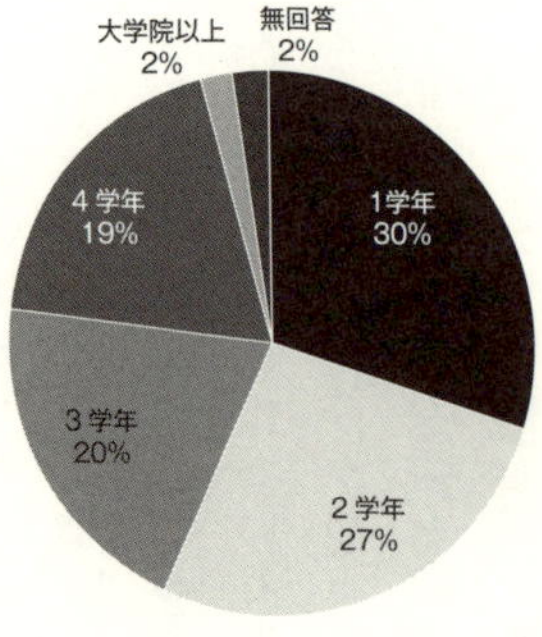

アンケート回答者の内訳（学科別）

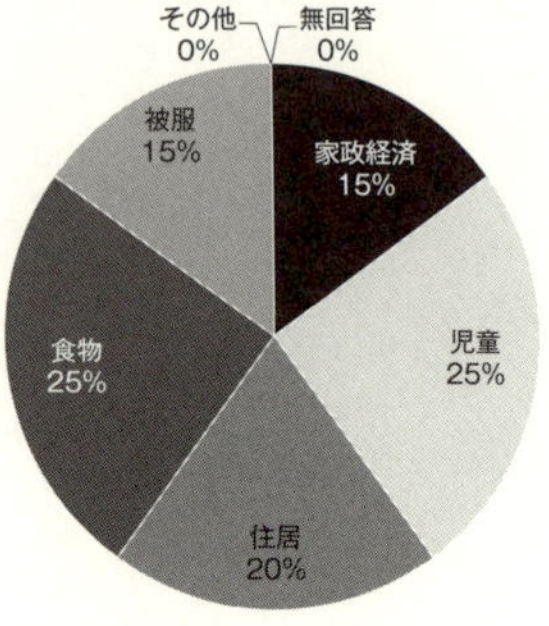

●ボランティア活動に対する関心の有無について（学年別）※無回答は除く

回答があったもののうち、ボランティア活動に対しての関心の有無を学年別と学科別に算出した。学年別で見ると、どの学年も 80% 前後がボランティア活動に関心をもっており、学年による関心の有無に大差がないことがわかる。

ボランティア活動に関心はあるか？（学年別）

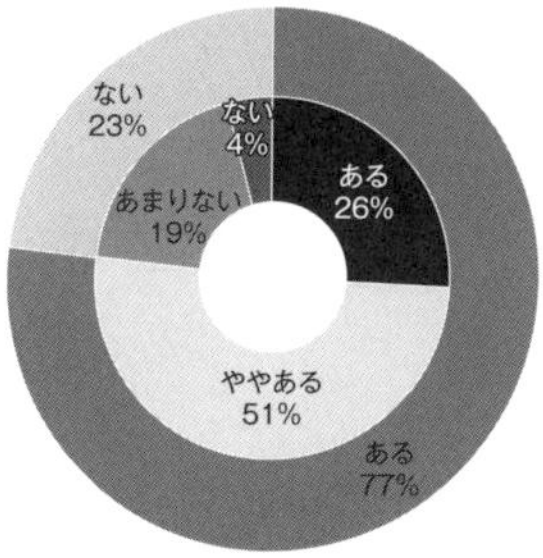

1 学年

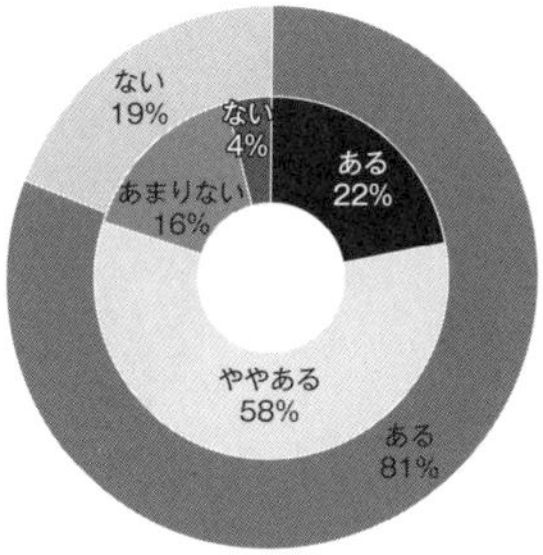

2 学年

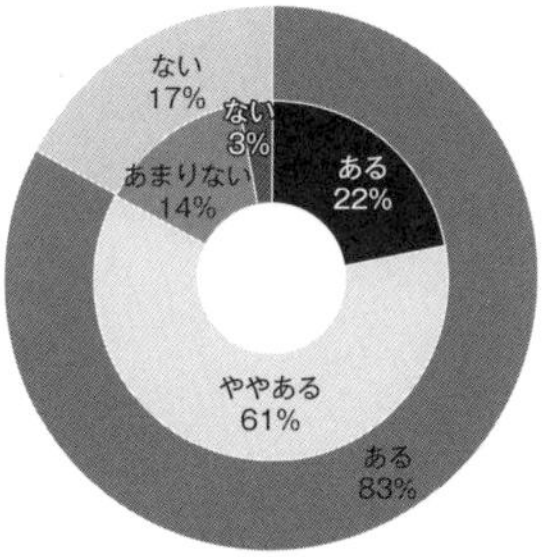

3 学年

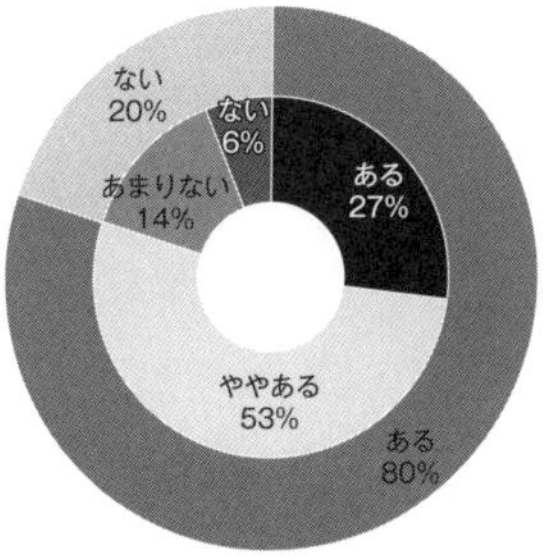

4 学年

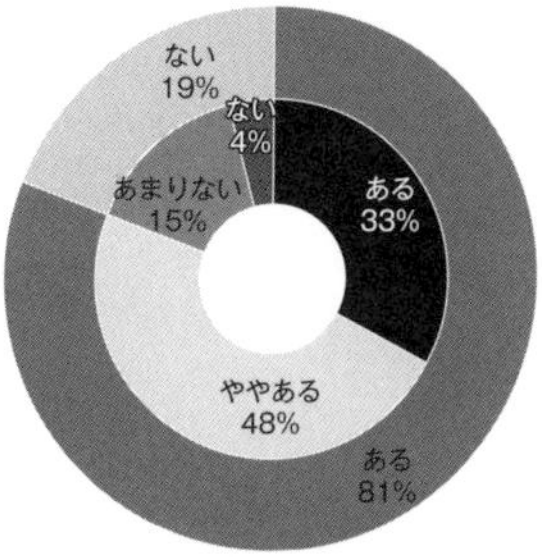

院生以上

●ボランティア活動に対する関心の有無について（学科別）※無回答・その他は除く

続いて、ボランティア活動に対する関心の有無を学科別で見てみると、家政経済学科・住居学科・食物学科・被服学科の75％前後が関心をもっているのに対して、児童学科は93％が関心をもっており、児童学科の学生のボランティア活動に対する関心の高さが読み取れる。

ボランティア活動に関心はあるか？（学科別）

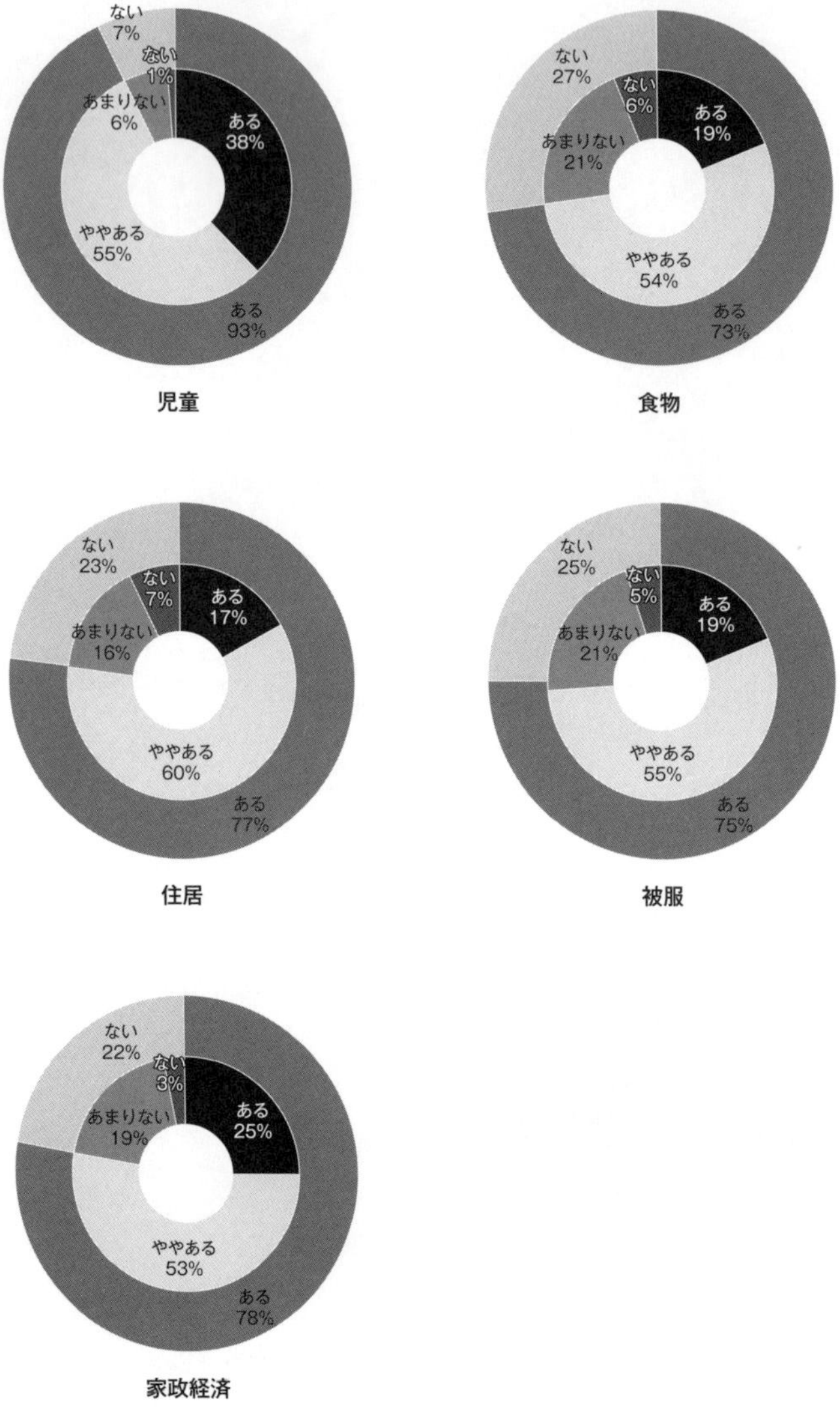

●ボランティア活動の対象について

実際にボランティア活動を行ったもののなかで、どのような活動を対象に行ったのか、その割合を算出した。その結果が下記である。

ボランティアをした人のなかでは、被災者支援以外のボランティアをした人が 452 人で、被災者支援のボランティアをした人の約 5 倍であった。

またボランティアをした人のなかで、被災者支援と被災者支援以外の両方のボランティアをした人が、被災者支援のみのボランティアをした人の約 2 倍であった。一方、被災者支援と被災者支援以外のボランティアの両方のボランティアをした人が、被災者支援以外のボランティアのみをした人の約 7 分の 1 に留まっている。

以上のことから、被災者支援のボランティアをした人は、被災者支援・被災者支援以外といったような枠にとらわれずに全体的にボランティアに対する意識が高い、と考えられる。

ボランティア活動の対象

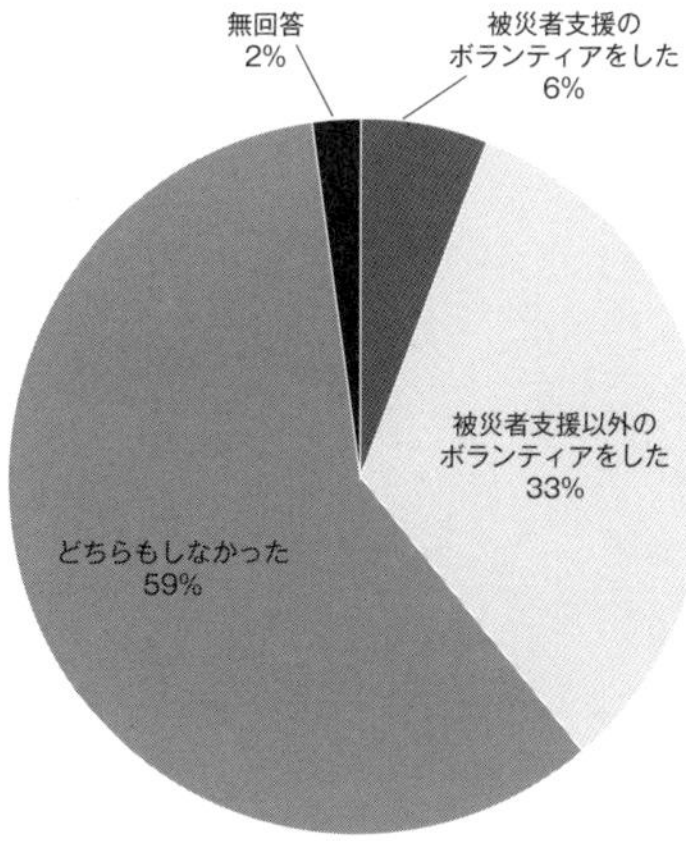

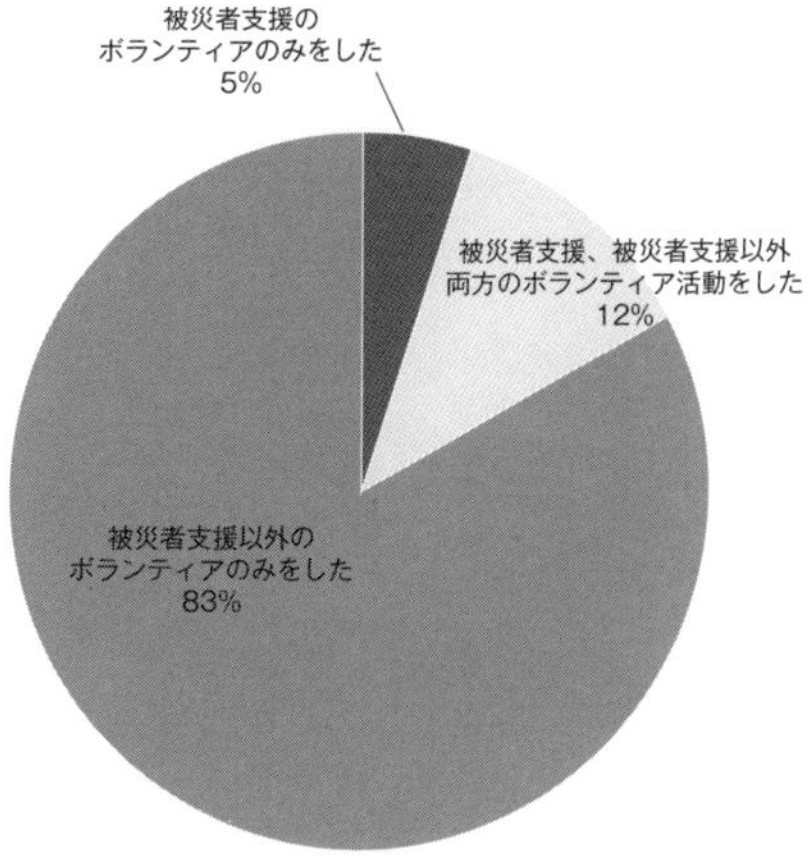

●被災者支援のボランティア活動をした割合について※無回答・その他は除く

回答者 1,300 名のうち、実際に被災者支援のボランティア活動を行ったのは 81 名で、6.2% が被災者支援のボランティア活動を行ったことになる。
また、学年別で見てみると、学年が上がるごとに活動に携わった割合が増えているのがわかる。一方、学科別ではどの学科もほぼ同じ割合になっており、学科の枠よりも学年によって、ボランティア活動に対する意識や活動できる環境が変わってくることがわかる。

被災者支援以外のボランティア活動をした割合（学年別）

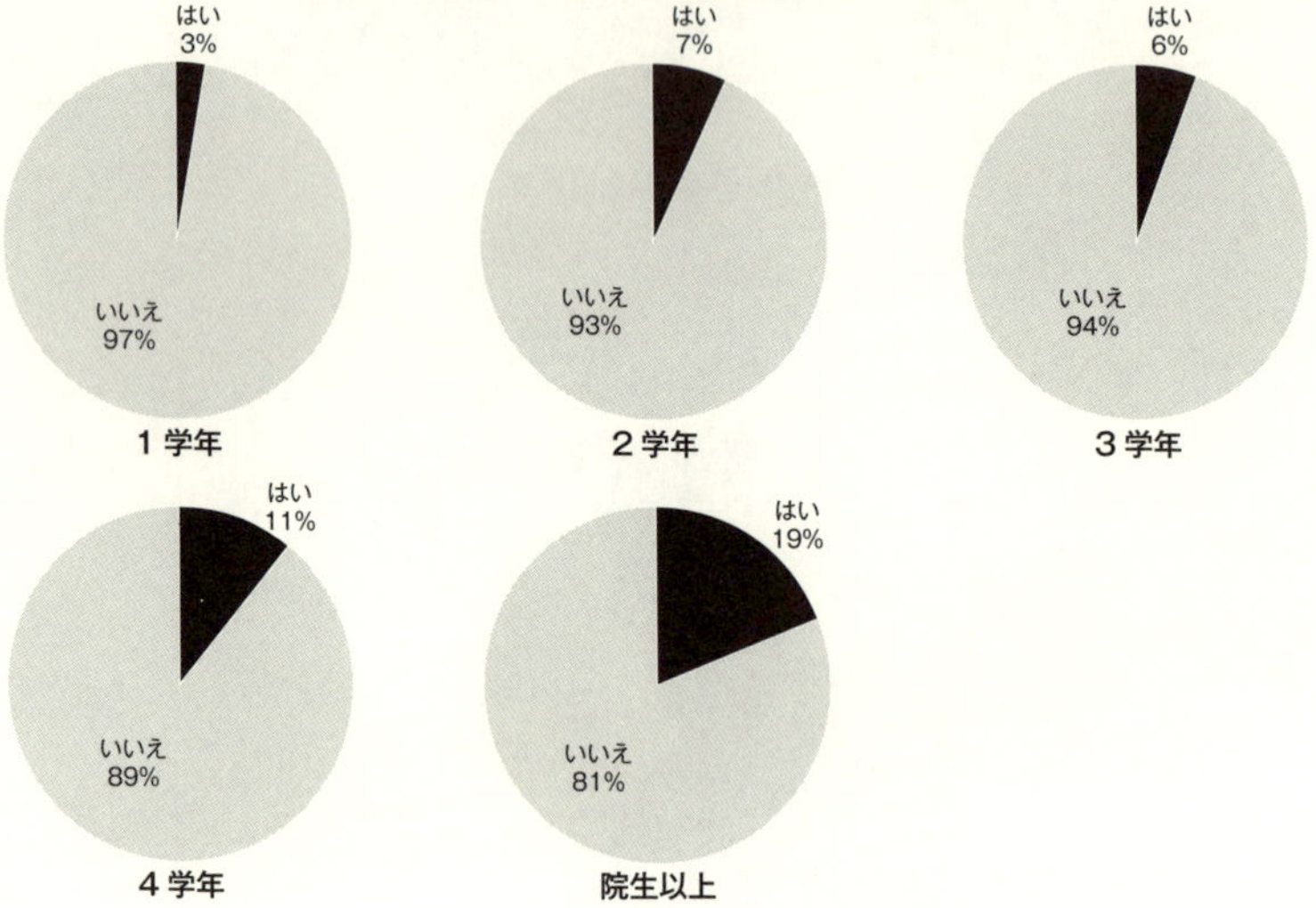

被災者支援以外のボランティア活動をした割合（学科別）

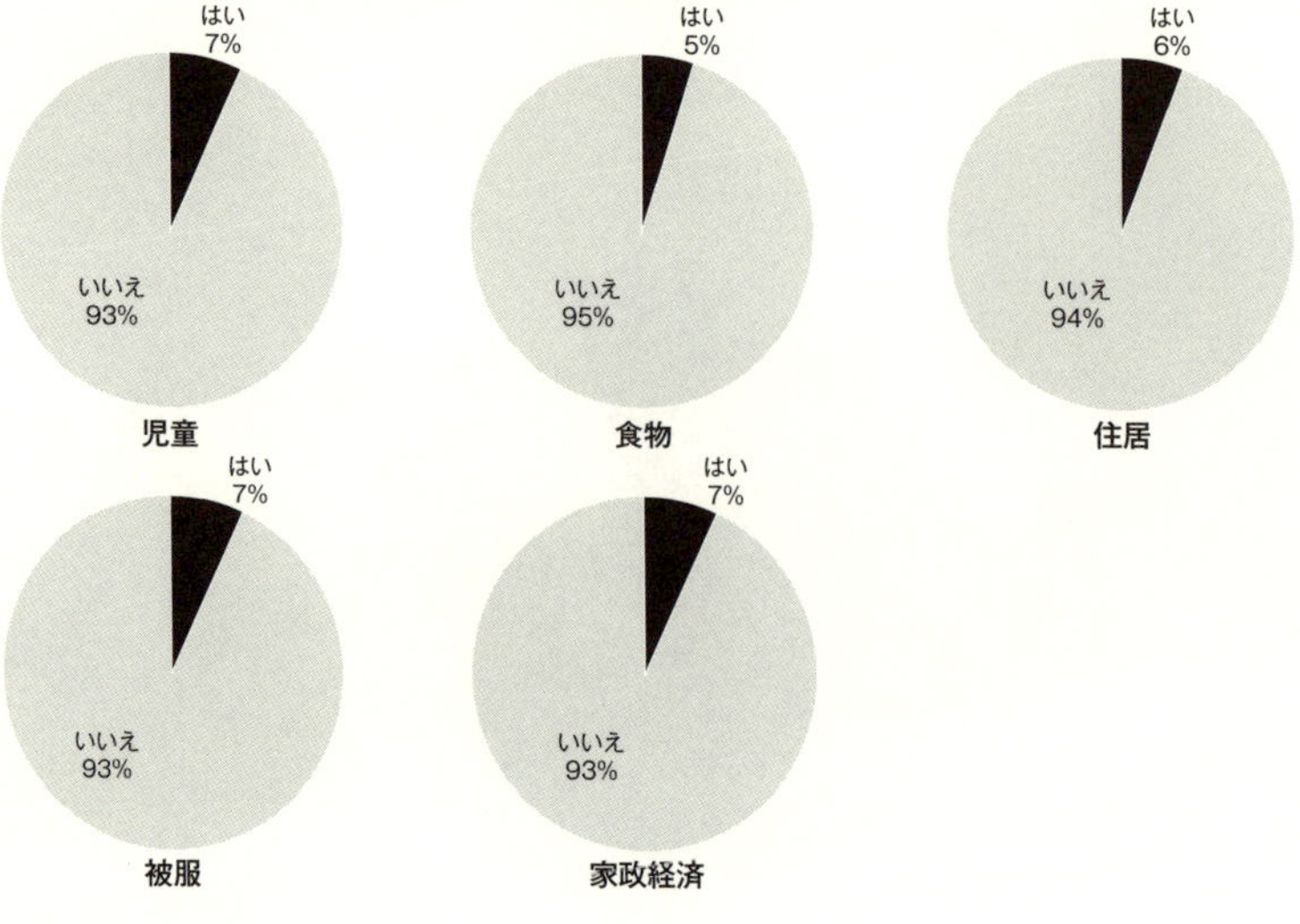

●被災者支援以外のボランティア活動をした割合について※無回答・その他は除く

次に、回答者数 1,300 名に対し、被災者支援以外のボランティア活動をしたのは 453 名、34.8% で、前項の被災者支援を行った割合よりも全体的に増えていることがわかる。
学年別で見てみると、こちらも学年が上がるごとに割合が増えていっている。一方、学科別で見ると、家政経済学科・食物学科・被服学科は 32% 前後と同じような割合になっているのに対し、住居学科は 24% と低く、児童学科は 54% と半数以上の学生が被災者支援以外のボランティア活動を行っていることがわかる。児童学科の学生のボランティアに対する意識の高さをここでも読み取ることができる。

被災者支援以外のボランティア活動をした割合（学年別）

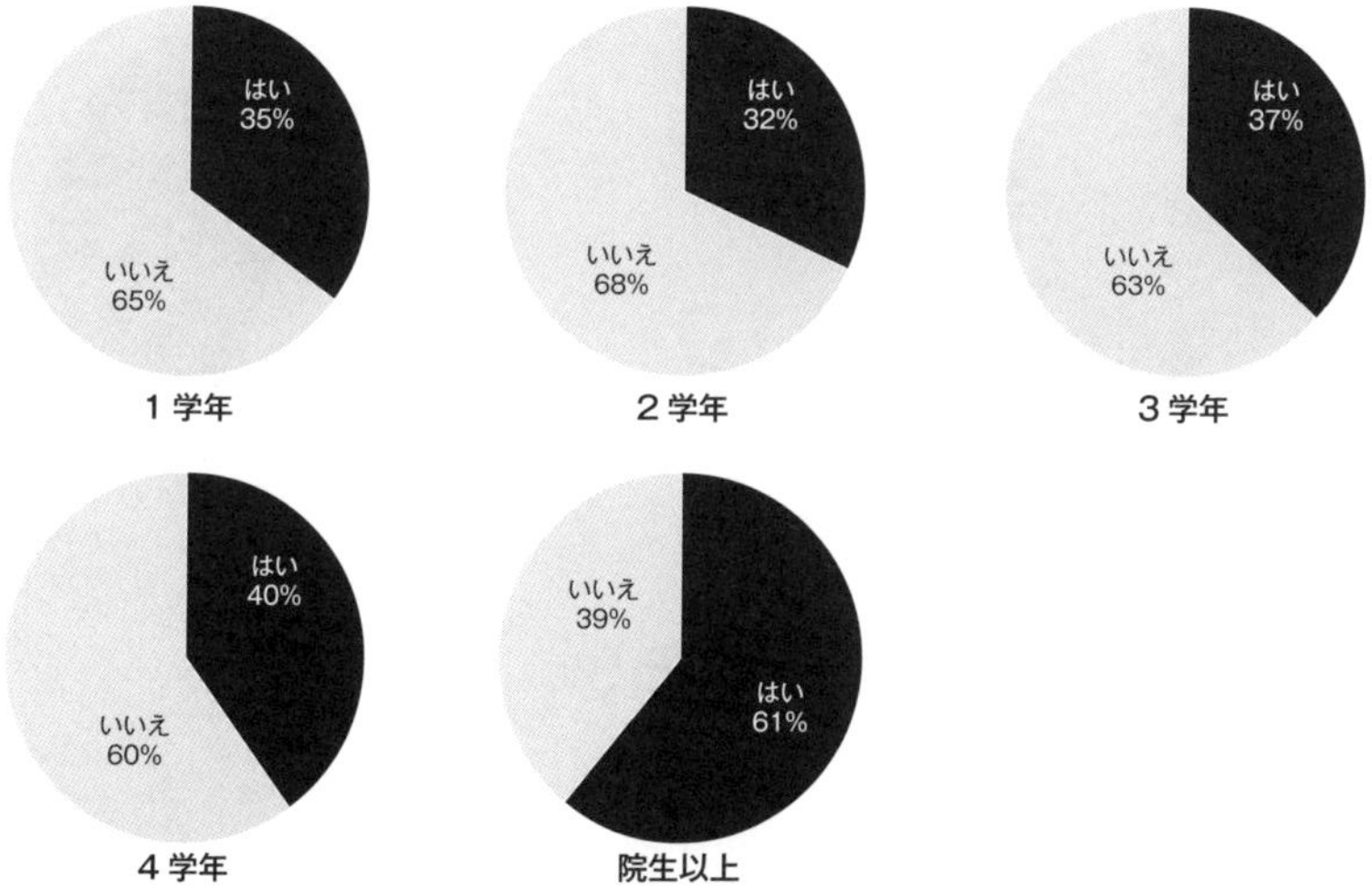

被災者支援以外のボランティア活動をした割合（学科別）

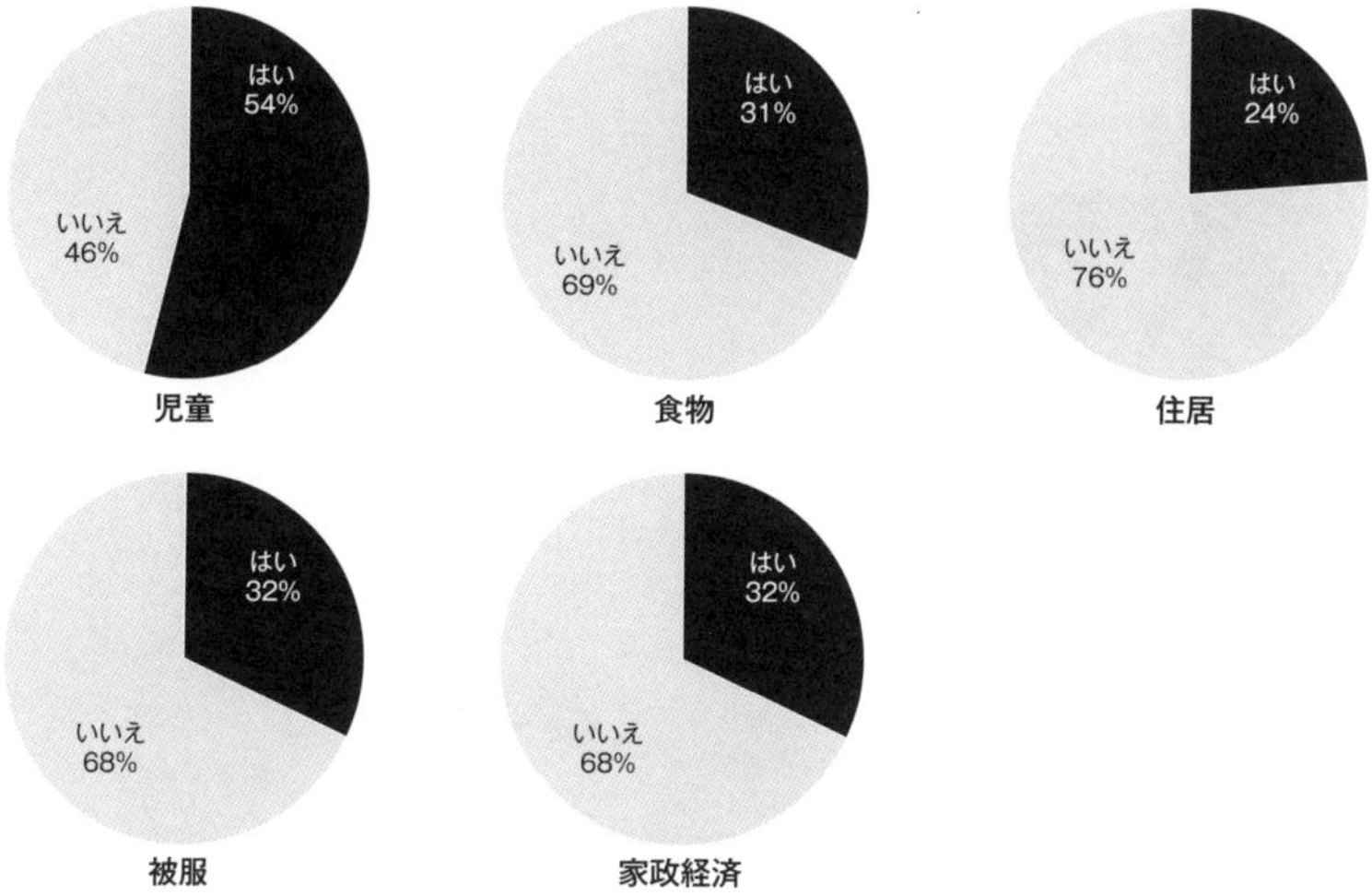

●被災者支援の活動のかたちと活動時期について　※無回答を除く

被災者支援を行ったものが、どのような形態を通じて活動を行ったのか、その割合を調べた。一番多かったのがNGOなどの市民団体で、その次が個人、次いで他大学のサークルや部、本学のサークルや部、となった。
また、被災者支援の活動時期は、震災が起こった2011年が約半数、その後、年数を経るごとに減っている。2016年の震災後5年は、少しでも増えていることを期待したい。

被災者支援の活動のかたち

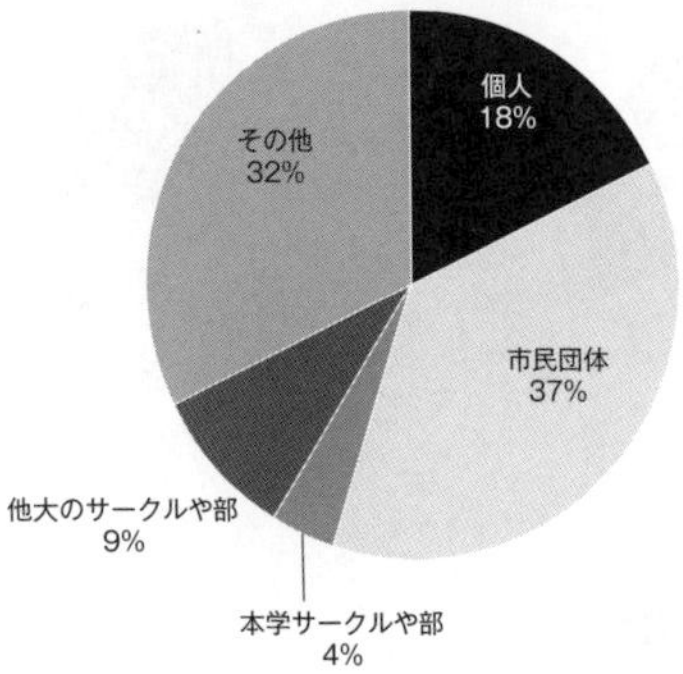

被災者支援の活動時期

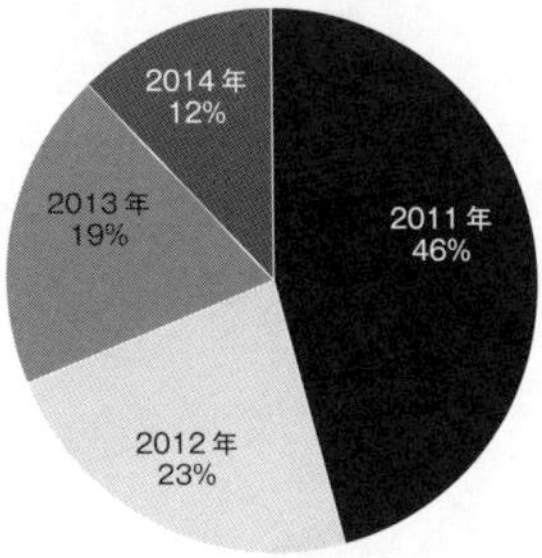

●被災者支援の活動期間と活動地域について　※無回答を除く

被災者支援の活動期間は、1日が一番多く全体の3分の1、次いで2日と3～5日が全体の4分の1であった。なかには1カ月以上の長期にわたって支援を続けている人も全体の6%いた。
また支援活動の活動地域でもっとも多かったのが、宮城県の21名で、全体の28%の学生が支援に訪れていた。次いで福島県の24%、東京都の12%であった。

活動期間

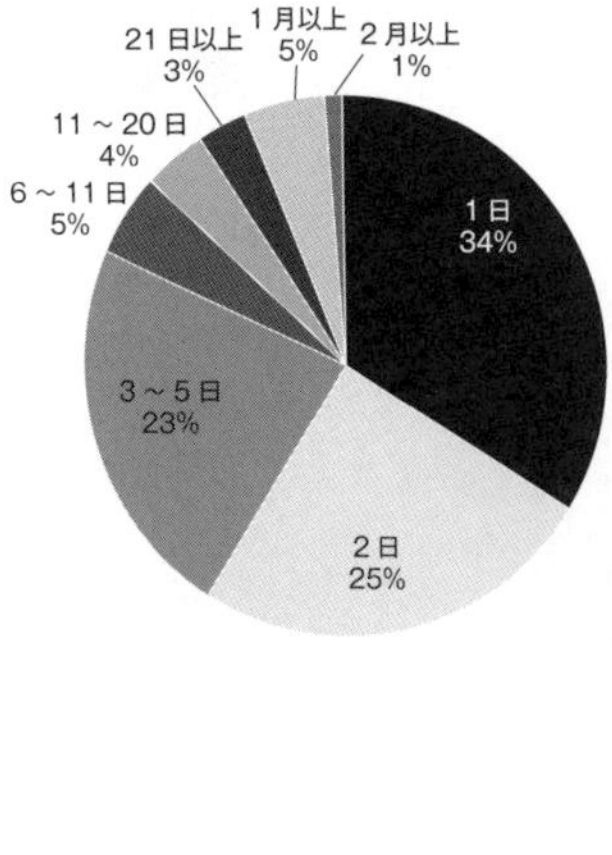

活動地域

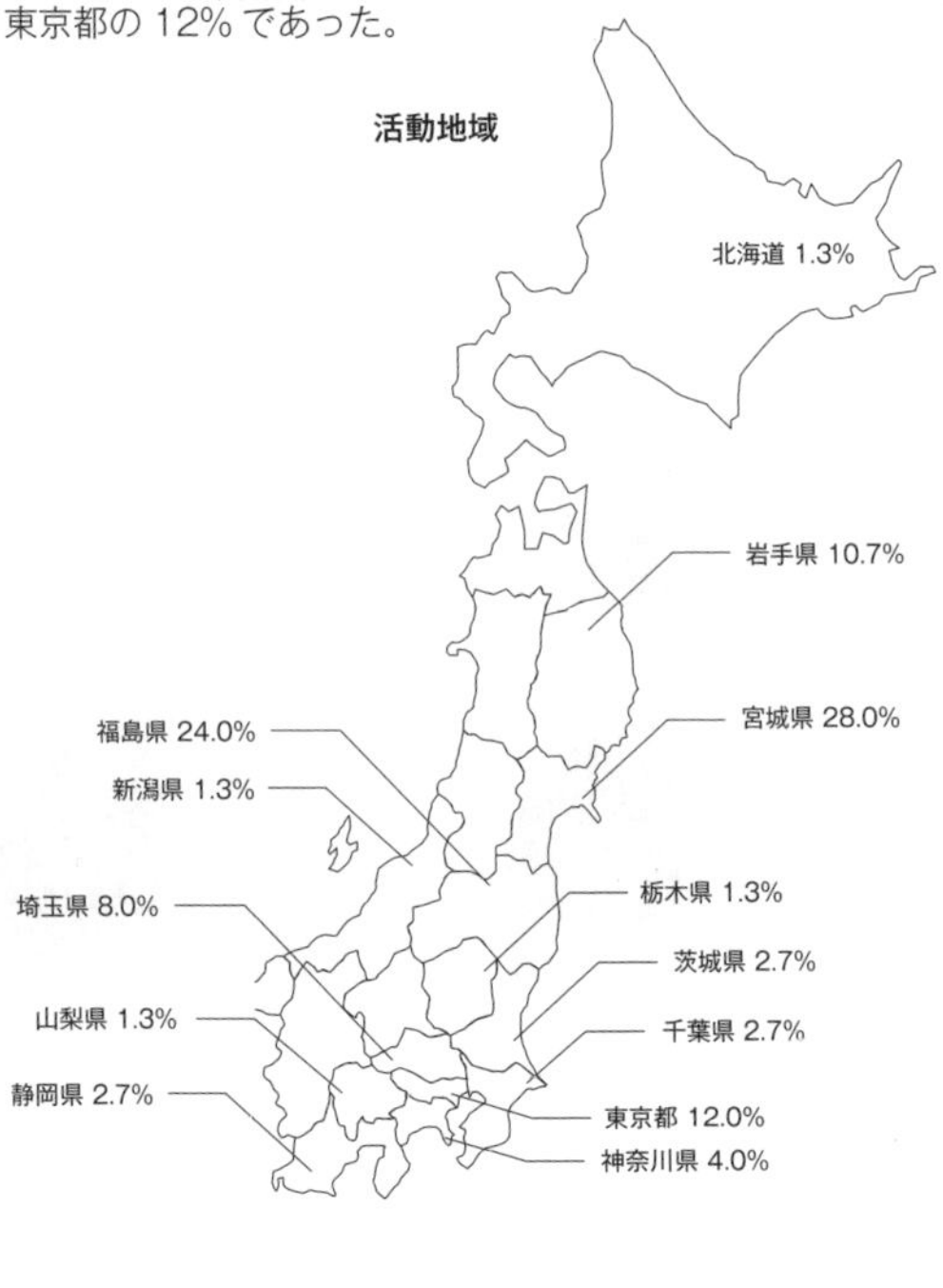

●被災者支援活動の内容について

被災者支援の活動内容でもっとも多かったのは、がれき・土砂の撤去で全体の31%であった。その次に募金活動、次いで清掃やイベントに関すること、子どもに関することであった。前項の活動場所と併せてみてみると、活動場所が首都圏以南の活動内容は、募金活動やその他の内容であると考えられ、実際に被災地に赴かなくとも自分のできる範囲で被災者支援にかかわった学生も多数いたことがわかる。

被災者支援の内容

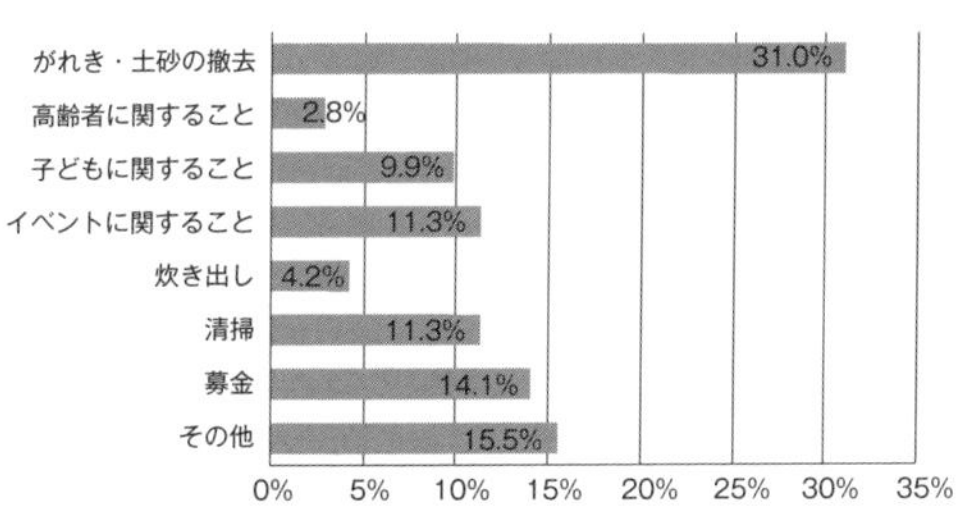

ボランティア活動をして感じたこと

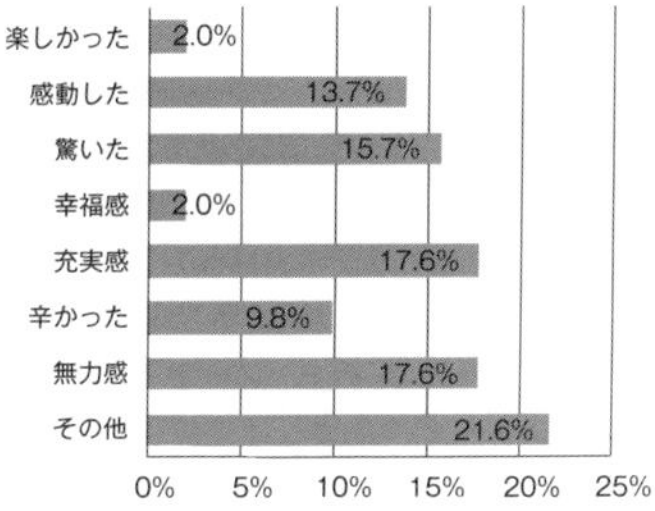

●支援活動をした学生の感想

学科	かたち	地域	時期	期間	具体的な内容	感想
家政経済	NPO	岩手県大槌町	2011, 2012	21 日以上	学習支援	現地の方々から元気をもらい、ボランティアは与えるだけのものではないと感じた。
家政経済	市民団体	北海道函館	2011	11~20日	被災者の方々に手紙を送る。	誰かの笑顔や元気になれるようなことをできることは幸せであり、嬉しい。
家政経済	市民団体	福島県気仙沼	2011, 2012	3~5 日	漁業支援・道の舗装	地元の人はとても元気で意欲的。悲しい現実を目の当たりにした。
食物	市民団体	千葉県浦安市	2011	2 日	液状化による泥の清掃	自分が住んでいる町が危機的状況に陥って初めて、町へ貢献するようなボランティア活動を行った。町の人々との交流を通して、自分の町への愛着を感じる機会となった。
家政経済	他大のサークルや部	神奈川県三浦市	2012	3~5 日	被災した子どもたちと泊まりがけで一緒に遊んだり食事したり、観光したりする。	ときどき、被災したことによる傷が見えたりして、それを遊んでいくうちにたくさんの笑顔に変えられていることに喜びを感じた。
家政経済	個人	埼玉県さいたま市	2012	1 日	さいたま市民から集めたおむつや保存食を被災地へ送るための荷造り。	被災者へ直接何かをやったわけではないので、ボランティアした感じが薄い。
食物	フロンターレの支援	岩手県陸前高田	2011, 2012, 2013, 2014	2 日	サッカー教室	子どもたちの純粋な笑顔が良かった。
食物	市民団体(高校の呼びかけ)	茨城県土浦	2011	1 日	被災者への募金をするためにバザーを行った。	その日は人がこなくて暇であると感じた。
食物	個人	宮城県南三陸 岩手県大船渡 福島県相馬	2011, 2012, 2013, 2014	1ヶ月以上	がれき撤去、漁業支援、農業支援、(仮設住宅のコミュニティー形成支援)、復興商店街のお祭りのサポートなど。	・TVや新聞で見る現状と、行って実際に見る被災地の様子はまったく違うということ。 ・継続してボランティアを続けていくことが大切だということ。
食物	生協	宮城県仙台	2011	3~5 日	会話ボランティア、PCスキルを教える、子どもたちの学習支援、清掃、イベントスタッフ。	・テレビニュース等を見ているだけではわからないような被災地の実情を知った。 ・学生の自分ができることはごくわずかしかなく、無力感を感じたが、この場所で経験したことを他者に伝えることが、私たちにできることだと思った。
食物	大学生協	宮城県仙台	2013	2 日	PCスキルを教える。畑のゴミ拾い	・地震から2年が経っても、まだまだボランティアが必要であること。 ・多くの人が支え、つないできたから、ボランティアができていると実感した。

学科	かたち	地域	時期	期間	具体的な内容	感想
食物	他大のサークルや部	福島県 南相馬	2011, 2012, 2013	1日	ひまわりプロジェクト（当時、土壌の放射線汚染からの回復効果があるとされたひまわりを植え、その種の収穫に参加した）。	実際に現地へ足を運び、実感すること、肌で感じることの重要性を感じた。
食物	個人	宮城県	2012	1日	畑を再び使えるように、畑の土中にある石などを撤去。	私が行ったボランティア活動は震災後時間が経っていたため、大きながれきはない状態だった。しかし自分たちがいる場所も海水が流れ込み、小さながれきや石が運ばれてきたことを知り、被害の大きさを痛感した。私たちが行った活動で、畑が再び使えるようになってほしいと思った。また被災地復興に今後何かしらの形で携わりたいと感じた。
食物	市民団体	宮城県石巻 岩手県 陸前高田	2011	3~5日	避難所の清掃、へどろのかき出し（側溝、マンション床下）。	まだ人手がたくさん必要。
食物	市民団体	岩手県 大船渡 宮城県仙台	2011, 2012	2日	学校（教育）関係者への食物アレルギーについての研修。	現地の悲惨な被災状況を知り、ご苦労を感じた。
家政経済	市民団体	福島県	2014	1日	放射線の影響で無人になった個人宅の雑草抜き。	有名なボランティアのサイト？みたいなところは人が余るくらいだが、足りていないところは足りていない。もっとみな行くべきだ。
家政経済	市民団体		2011, 2012		清掃、思い出の発見	2011年のことなので記憶が薄れてきているが、現地の人たちの“街を再生しよう”という強い思いに勇気づけられた。
住居	県の活動	福島県女川	2013	1日	ちょっとした清掃	・ボランティアといってもさまざまな形がある。 ・災害が起きて、すぐ行かないと意味がないのではないかと思った（やることが清掃くらいしかなくなるので）。
児童	募金	東京都	2012	1日	募金	もっと力になってあげたいと思った。
児童	市民団体	茨城県大洗	2011	2日	がれき撤去	同じ町内でも被害の大きさが違うことに驚いた。
児童	個人	宮城県閖上	2013, 2014	2日	がれき撤去	人の力の暖かみを感じた。
児童	市民団体	宮城県 南三陸	2014	2日	工場の作業手伝い	・2014年でもなお人手不足であること。 ・ボランティアを必要としていること、どんな支援でも助けになることを感じた。

学科	かたち	地域	時期	期間	具体的な内容	感想
児童	市民団体	福島県	2012	3~5日	がれき撤去、離ればなれになった近所の方たちの久しぶりの集まりの際、お茶出しやお話を伺うこと。	がれき撤去で、まだまだ支援を必要としている地域が多くあるということ。
児童	市民団体	宮城県	2013	1日	溝にたまった土を掘って、埋まっているものを探し出す作業。	実際に被災地へ行き、支援がまだまだ十分でないことを痛感した。
児童	高校の有志	新潟県 三条市	2011	1日	募金活動	登校時間の1時間のみで23万円ほど集まり、感動した。全校生徒や先生方も協力してくださり、初めて自然にスーッと涙が出た。私が言い出しっぺだったが、たくさんの人に手伝ってもらい、人と手を取り合う喜びを感じた。
児童	その他	福島県 いわき市	2014	1日	仮設住宅に住む子どもと遊ぶ（遊び場の提供）。	まだまだ支援は必要とされている。
児童	個人、市民団体	埼玉県 坂戸市 福島県 郡山市 沖縄県 久半島町	2013	1ヶ月以上	・福島第1原発事故による避難者の交流会において、託児のボランティア ・福島の子どもたちの保養におけるボランティア（子どもの見守り、生活指導等）。	原発事故による被害は報道されないものがほとんどであると感じた。報道されていても、本来のものとは異なっているように伝えられていることも多いと感じた。
児童	他大のサークルや部	宮城県 気仙沼	2012	2日	仮設住宅・中学校でアカペラコンサート。	目の前に広がる被災地の現状に衝撃を受けた。自分にできることは何なのか、考えさせられる。
児童	市民団体	宮城	2012	3~5日	がれき撤去、牡蠣の養殖の手伝い、仮設住宅への訪問	現場の声を生で聞くことができた。
児童	個人	宮城県登米	2011	3~5日	がれき撤去	テントで眠ったとき波の音が聞こえて、はじめて海が怖いと感じた。活動をしていた場所は大型機が入った後だったので、あまり現実味がなかった。私は一時的な活動しかしていない。
児童	その他	神奈川県 横浜	2013	1日	外国のオーケストラが復興支援コンサートをしたときの手伝い。	何でもやれることはあると感じた。
児童	他大のサークルや部	宮城県 南三陸	2012	2日	がれき撤去	ボランティア活動や、せめても募金をして、少しでも復興の力になりたい。

学科	かたち	地域	時期	期間	具体的な内容	感想
児童	市民団体	宮城県気仙沼 岩手県陸前高田	2012	2日	がれき撤去、現地の方のお話を伺う。	私は、震災から約1年に行ったのだが、1年経っているのに、宮城・岩手の街にがれきがあり、何もないことに驚いた。とにかく驚きであった。
児童	本学の先生と	福島県	2013	1日	仮設住宅に住んでいる子どもと遊ぶ。	場所を作ることが必要だと感じた。
児童	市民団体(ボーイスカウト活動)	埼玉県入間 栃木県那須	2011, 2013	6～10日	・募金活動 ・被災した子どもたちを那須野営場に招いて、外で遊んだり、さまざまなプログラムを通して、子どもたちの支援をした。	・震災後すぐに募金を始めると、通りすがりの人のほとんどが足を止めて募金してくれ、日本人の温かさを感じた。 ・被災した子どもたちは、言葉遣いなどに乱れが見られた。
児童	個人	岩手県	2011	2日	がれき撤去	・土の中から子どものおもちゃや結婚式の写真、プリクラなどが出てきて心が痛んだ。 ・すてきなボランティア仲間に出会えた。
児童	市民団体	埼玉県さいたま市	2011	1日	スーパーアリーナで一時避難されている方に食事を配ったり、さまざまなところから寄せられた支援物資の整理。	重労働で大変だった。
児童	個人	神奈川県麻生区	2011	3~5日	募金活動	自分の力は少しでも、協力することで広がる絆や勇気を感じた。
住居	社団法人	岩手県遠野－大船渡、大槌、陸前高田	2012, 2013	11~20日	がれき撤去、掃除、海水に浸った本を洗う、花壇作り、被災者の方々のマッサージ、話し相手・クラフト作り、側溝の泥だし、海岸清掃、収穫したワカメをまとめる、ホタテ養殖用のはり付け等。	・百聞は一見に如かず。テレビやインターネットで見る世界は知ったつもりになってしまうが、肉眼で見る現地は、足を運んで時間・お金を費やしても見る価値がある。 ・問題（課題）解決は、まず知ることからだと感じた。
住居	本学の研究室	埼玉県鴻巣 東京都文京区	2011	21日以上	シュシュプロジェクト（学生がシュシュ作りの道具を避難所生活者の方々へ送り、被災者の方々にシュシュを集まって作ってもらい、大学で購入してもらう。被災者と購入者が互いにメッセージカードでつながる)。	被災者の方々の生の気持ちにふれる機会を通して、被災者のことを忘れてはいけないとの思いを強くした。

学科	かたち	地域	時期	期間	具体的な内容	感想
住居	研究室のプロジェクト	埼玉県加須	2011	2カ月以上	シュシュプロジェクト「かわいいを贈ろう」をテーマに、避難所の女性の方々と、女子大生のつながりを築くプロジェクト。避難所の方々が作成したシュシュに避難所の方々からのメッセージを添付し、女子大生に販売。購入した学生が、その避難者の方に返事を書き、それを送り返す、という流れのもの。	避難者の方が、何か役割があることであんなに生き生きとした表情をしてくれたことがうれしかった。ただ、この活動はこの年だけで終わってしまったので、その後その避難者の方々がどうされているのかがわからない。継続していけるプロジェクトの必要性を感じた。
住居	その他	宮城県南三陸	2013	2日	被災者の方々に手紙を送る方の家業（わかめの出荷）の手伝い。	被災地の見学と体験を聞くのを兼ねていたが、意外にも撤去が進んでいないことと、がれきや整備以外にも問題がたくさんあるということがわかった。
住居	バイト先	岩手県陸前高田	2013, 2014	2日	被災者の人たちにカフェを開いた。つながりをより感じてもらうために、被災者もエプロンを着用し、カフェを開いた。	地域同士のつながりなどがまだまだ薄いと感じた。
住居	旅行会社のツアー	福島県いわき	2013	1日	綿を作る畑を耕すなど。	今後の復興を見ていきたいと思った。実際にかかわりをもちながら。ずっと行きたいと思っていたので、被災地の状況をテレビで見たものを間近で見ることができて良かった。
住居	市民団体他大のサークルや部	東京都大島	2014	3~5日	がれき撤去、仮設住宅訪問、支援物資の届け。	企業が届ける支援物資の量が同じもので多量で余っていた。
児童	ゼミ	福島県いわき	2013, 2014	3~5日	子どもたちに“遊び場”を提供する。	子どもたちはたくましく生きているけど、やっぱりところどころ支えが必要なところがあると感じた。

学科	かたち	地域	時期	期間	具体的な内容	感想
被服	他大のサークルや部	福島県 南相馬	2013	2日	津波の被害を受けた地域の見学・語り部の方の話を聞く・仮設住宅に住む人たちとバーベキュー。	このボランティアに意味はあるのかと強く疑問に思った。東京都と現地のバス送迎、現地の案内、BBQの準備はすべて現地の方が行ってくれて、私たちが手伝うような形であり、私はただおもてなしされただけにしか感じられなかった。ボランティアで行っているのに、自分たちで何もしていない。本当に意味はあったのか？迷惑をかけているだけではないのか？そう思って以来、ボランティアには行かなくなった。
被服	高校のクラス	東京都 武蔵野市	2011	1日	募金	少しでも被災者の方たちの助けになればいいなと思った。
被服	市民団体		2012	3~5日	清掃	すごく大変だった。
被服	市民団体	福島県	2011	1日	住宅地のがれき撤去	感慨深かった。
被服	友人の募集	宮城県 南三陸	2012	2日	・がれき撤去（流されてしまった住宅地にたまっている泥をかきだす)。 ・地元のものを食べてお金をおとす。	大きな機械では対応できない、範囲がせまい所（住宅の中など）は手作業でないとできないので、とても地道な作業になるし、元通りになるまでは相当長い時間がかかるということを実感した。私が行ったのは震災2年後だったが、復興がまだまだできていないと思った（2年も経ってこれだけ？という感じ)。
被服	市民団体	埼玉県 さいたま市	2011	2日	列の整頓、ご飯の配膳	(3年前のことなのであまり覚えていない…)。
家政経済	個人	静岡県 静岡市	2011	1ヶ月以上	学園祭でのチャリティーCD販売。	東北の高校生にも早く学校生活を楽しめる環境になってほしい。
家政経済	市民団体	埼玉県 さいたま市	2012, 2013	1日	東北へ向けたチャリティーコンサートの開催。	遠くからでも支援することで、現地の人にも気持ちが伝わり、嬉しかった。

あとがき

本書では、「社会に貢献する」生き方を選択できる人になるためにどうすればよいか、支援することで道を切り拓《ひら》いてきた先輩からのメッセージをまとめた。豊かな自己を確立するために、「社会に貢献する」こと。これらについてさまざまな面から調査し、インタビューを実施した後、プロジェクトメンバーは集まって意見を交わした。「おわりに」の「支援者となるための8つのステップ」は、執筆したプロジェクトメンバーによる座談会をしたときの意見を入れて作られたものである。

支援活動を掘り起こし、記録にまとめる研究プロジェクトの構想を練り上げるのに1年、その後2014年度から3年間、本プロジェクトは東日本大震災の被災地である3つの県を調査し、多くの被災者と対話をする機会を得た。調査の途中に壮絶《そうぜつ》な被災体験に息が苦しかったり、苦い思いがこみあげたり、涙がこぼれそうになったりすることもあった。しかし支援者となった方々の言葉は実に爽《さわ》やかで力強く、つらい体験をバイタリティーで乗り越えていったことが感じられ、憧憬《どうけい》の気持ちをもって拝聴《はいちょう》した。先輩のメッセージは実に勇気の溢れるものであった。

これらの一つひとつのインタビュー調査から各被災者の経験を記録にまとめ、さらに凝縮《ぎょうしゅく》して本書の原稿ができている。さらに2016年4月に発生した熊本地震の被災地にも調査を実施し、ここでも多くの卒業生がかけつけてくださり、大地震のときのこわかった思いや考えたことを話してくださった。人と人が向き合って話すことの大切さを改めて感じることができたように思う。

本書に登場する方々、支援者・被災者の方々につないでくださったご関係者、日本女子大学の卒業生、一般社団法人 日本女子大学教育文化振興桜楓会にこの場で深く感謝したい。とくに支援者・被災者につないでくれる方々がいなければ本書の研究調査もできなかった。そして貴重な写真・資料を広岡浅子関連で多忙をきわめるなかで提供してくださった成瀬記念館の協力がなければ、本書は字だけの寂しい本になっていたことであろう。なるべくビジュアルな書籍をめざした本書にとって実にありがたいことであった。途中で関東大震災時の文献の新発見もあり（付属資料参照）、プロジェクトにとって望外《ぼうがい》の喜びとなった。本書第1・2章においてとくに表記のない写真・イラストは日本女子大学成瀬記念館の所蔵である。

また、被服学科原稿にご協力くださった卒業生の藤井香代氏、日本女子大学元特任教授の芹澤昌子氏、卒論で関東大震災後の支援を研究した卒業生の竹中庸子氏、本書のインタビュー部分のテープ起こしや原稿執筆、アンケートデータの分析など主要部分を担当してくれた星景子氏、花房和歌子氏の多大なご尽力に深謝する。プロジェクトの研究調査活動にいろいろな形で協力してくださった日本女子大学の教職員の方々、アンケート調査に協力してくださった教員・学生の皆さん、支援に参加して活躍した当時の大学生の皆さん、そして写真を提供してくださった卒業生、原稿を編集し、最初の草稿読者として応援してくださったドメス出版の編集者矢野操氏、佐久間俊一氏、などたくさんの方の協力のもとに本書は生まれた。

お世話になったすべての方々にこの場を借りて心よりお礼を申し上げたい。

２０１７年5月

研究プロジェクト代表
住居学科　平田京子

執筆者一覧（敬称略・五十音順）

飯田　文子	家政学部食物学科教授	調理学／生活科学一般	第3章1（2）
伊ヶ崎　大理	家政学部家政経済学科准教授	応用経済学／理論経済学	第3章1（5）
石川　孝重	家政学部住居学科教授	建築構造／地震防災	第1章4 付録
請川　滋大	家政学部児童学科准教授	幼児教育学／発達心理学	第3章1（1）
片桐　芳雄	日本女子大学名誉教授	日本教育史	第2章1 第2章2
岸本　美香子	成瀬記念館学芸員		付録
久保　淑子	日本女子大学名誉教授	数学／微分幾何学	第4章2
黒岩　亮子	人間社会学部社会福祉学科准教授	社会福祉学	第2章3 第3章4
後藤　祥子	日本女子大学元理事長・元学長	国文学	第2章4 第4章1
清水　康行	文学部日本文学科教授	日本語学	第3章2
高増　雅子	家政学部家政経済学科教授	生活科学一般／食生活学	第3章1（5）

永田　典子　理学部物質生物科学科教授　植物生理・分子／形態・構造　第3章3

平田　京子　家政学部住居学科教授　防災／住居学　はじめに
第1章1
第3章1（3）
※第5章
第6章
おわりに

増子　富美　家政学部被服学科教授　生活科学一般／衣生活学　第3章1（4）

美谷　千鶴　家政学部被服学科助手　生活科学一般／衣生活学　第3章1（4）

山中　裕子　日本女子大学教育文化振興桜楓会元理事　第1章2
第1章3

※5章　インタビュー者：平田　京子
原稿起こし：花房　和歌子／星　景子

「社会に貢献する」という生き方
日本女子大学と災害支援

2017年5月31日　第1刷発行
定価：本体2400円＋税

編　者　日本女子大学研究プロジェクト　平田京子
発行者　佐久間光恵
発行所　株式会社　ドメス出版
東京都文京区白山3-2-4
振替　0180-2-48766
電話　03-3811-5615
FAX　03-3811-5635
http://www.domesu.co.jp

印刷・製本　株式会社　太平印刷社

ISBN 978-4-8107-0835-6　C0036